"语言规划与全球治理"丛书

国家语委重点科研项目:"国家语言安全关键问题研究"

语言安全
与语言规划研究

沈 骑 ◎著

 復旦大學 出版社

国家安全视域下的语言问题(代序)

刘海涛

浙江大学外语学院

沈骑教授的新作《语言安全与语言规划研究》即将出版,很高兴能成为这部专著的第一个读者。据我所知,本书是国内第一部从总体国家安全观视角探讨语言安全与语言规划关系的学术专著。借此机会,我想就国家安全视域下的语言问题简要谈下自己的一点认识,代为序。

近年来,根据新形势发展需要,我国有关部门增设了国家安全学这一交叉新学科。国家安全学作为系统研究国家安全的学科,重点关注影响、危害国家安全的因素以及揭示国家安全相关方面的规律。在这种形势下,如何从国家安全的角度来研究语言问题,可能是语言学和应用语言学领域的一个重要论题。从国家安全的角度讨论语言问题,首先可能需要考察《中华人民共和国国家安全法》(以下简称"国安法")中是否提及或如何看待语言问题。经检索发现,2015年7月1日开始施行的"国安法"不包含"语言"这个词语,但这并不意味着国家安全与语言无关。因为,人是构成国家的三大要素之一,而人不仅是社会人、经济人,更是语言人。"国安法"第三条明确指出,国家安全工作的宗旨是人民安全,保障是军事、文化、社会安全。尽管没有提及语言,但鉴于文化与语言的密切关系,我们有理由认为语言安全也是国家安全的要素之一。

而关于文化的重要性,"国安法"第二十三条有更具体的阐述"国家坚持社会主义先进文化前进方向,继承和弘扬中华民族优秀传统文化,培育和践行社会主义核心价值观,防范和抵制不良文化的影响,掌握意识形态领域主导权,增强文化整体实力和竞争力。"语言与国家有着千丝万缕的关系,如果从国家安全的角度探讨语言问题,文化应该是一个关键的切入点。事实上,目前已经出版的国家文化安全的相关论著均将语言安全视为文化安全的重要组成部分。

有趣的是,在论及语言、文化、国家安全之间的关系时,不少文献都提到都德的小说《最后一课》,有时甚至通篇只有这一个与语言有关的例子。以史为鉴,学史明理。让我们先回到《最后一课》中1870年代的阿尔萨斯,看看这段历史是否有助于厘清国家、语言、安全、人民、文化、国家意识等基本概念以及加深我们对它们之间关系的理解。

在新近出版的《文化与国家安全》一书中,第一段话是这样的,"对于文化与国家安全的关系,大家并不陌生。中学语文课文《最后一课》中的故事就是一个生动而形象的例子。……老师德麦尔先生无比痛心地说:'……柏林已经来了命令,以后阿尔萨斯和洛林的学校只许教德语。今天是你们最后一堂法语课……'同时,德麦尔先生也满怀希望地说:'亡了国当了奴隶的人民,只要牢牢记住他们的语言,就好像拿着一把打开监狱大门的钥匙。'由此可见,语言是文化的集中体现,文化就是国家安全的重要一环"。也有论者认为,《最后一课》不仅反映了爱国主义主题,也清楚地揭示了语言文字安全与国家安全的密切联系。

《最后一课》也许可以说明:国家之间的战争,会导致强迫性的语言转用;教育对语言政策的实施至关重要;语言具有重要的(国家)身份认同作用;要珍视自己的语言,等等。但我们很难从故事本身直接推断出语言和国家安全的关系,因为,都德所说的不再教法语的事是战争的结果,而给国家安全带来危害(割地)的这场战争并非是由语言引起的。

《最后一课》最早收录在都德 1873 年出版的短篇小说集《月曜日故事集》(*Contes du Lundi*)，是书中的第三篇。但 3 年后在重版时，为凸显其重要性，则调到了第一篇。该文 1912 年由胡适首译为汉语白话文，1920 年被收入商务印书馆的语文教科书《白话文范》，2017 年以前一直都是我国中学语文教科书的保留篇目，成为教科书编写史上不多见的现象。《最后一课》在不同时期完成了教材编写者需要它完成的任务，但故事毕竟只是故事，普法战争后 150 多年的今天，法语已经成为阿尔萨斯地区的主要语言。为什么会这样？不都是最后一课了吗？通过考察阿尔萨斯地区近百年来的语言史，也许能给我们更多的启示。

阿尔萨斯目前是法国东部的一个地区，首府为世界文化历史名城斯特拉斯堡。历史上，阿尔萨斯曾多次在法德两国之间易手，这是人类历史上不太常见的现象，已有大量文献从多种角度、不同时期来研究这一现象。从语言分布地图看，阿尔萨斯正好处于罗曼语族与日耳曼语族的分界区域，这可能也是其成为研究语言与国家关系的样本的原因之一。

自公元五世纪日耳曼人占据阿尔萨斯以来，当地人主要讲一种比较接近瑞士德语的日耳曼方言，即阿尔萨斯语。一般认为，在 15 世纪中叶随着印刷技术的提高与普遍推广，在一定程度上推动了语言的标准化进程。从某种意义上来看，阿尔萨斯地区的首府斯特拉斯堡在德语和法语标准化的起始阶段都发挥过重要作用。但在 17 世纪之前，欧洲各国的现代国家意识尚未形成，国家标准语的概念也还处于襁褓之中，人们对语言与国家之间联系的观念比较淡漠。因此，尽管阿尔萨斯曾经属于多个国家，但没有明显的强迫当地人讲统治者语言的问题。

阿尔萨斯的法德之争始于路易十三时期，但法国对本地区的完全控制是在路易十四手里完成的。在 1648 年到 1871 年第一次法控时期的前 141 年里，尽管 1685 年法国规定阿尔萨斯的所有官方文件都必须用法语起草,但并没有制定、实施真正意义上的语言政策,因此也就谈不上刻意的法语化。这与当时欧洲的整体情况是吻合的,因为当时欧洲大多数国家都没有显性的语言政策。当然,这也与法国人当时对被吞并领土的态度有关,即领土是第一位的,其他的可以照原样运行。阿尔萨斯地区的语言变化始于法国大革命时期。

1789年,法国大革命爆发,阿尔萨斯人在此期间十分活跃,积极参与革命运动,强化了他们对法国大革命催生的现代国家意识与理念的认同。大革命期间形成的"一个国家,一种语言"(或"统一的国家用统一的语言")的理念,影响到后来许多国家的语言政策。例如,1794年7月20日,法国国民大会推出被后世称为"语言恐怖"的法令,即"在起草所有公共法案时,必须而且只能使用法语"。尽管这一条令在40多天后即被废止,但其中所含的理念却渐渐转换为隐性的语言政策开始在法国各地实施。此时的阿尔萨斯属于法国,当然也受到了影响,法语成了当地主要的教学语言。1850—1870年是法语在阿尔萨斯快速传播的20年,当地会说法语的人口增加了不少,但约80%居民的日常用语依然是阿尔萨斯语。到了1871年,该地区只有5万人的日常语言是法语,仅占总人口的3.33%,成了绝对的少数。

1871年,法国在普法战争中战败,法、德两国签订《法兰克福和约》以下简称《和约》,规定法国割让阿尔萨斯地区(除贝尔福外)给德国。为什么贝尔福会成为例外呢?这是因为在《法兰克福和约》签订时,语言分界线也是重要的考量因素。贝尔福地区的居民几乎都讲法语,所以就留在了法国。当然,北部的一些法语地区,出于军事方面的考虑,仍被割让给了德国。但《法兰克福和约》也为割让地的法语居民提供了选择权,可以决定继续留在本地还是移居法国。这也说明,在关乎国家利益和领土的问题中,语言是需要考虑的因素之一,但并不是最重要的因素。尽管"一个国家,

"一种语言,一方领土"的理念含有"语言",但从构成国家的要素看,领土更重要。

在接下来 40 多年的德统期,恰逢刚刚统一的德意志帝国形成国家意识的关键时期,德语自然成了该地区的官方语言。当局极力想把这个讲德语的地区"德国化",以培养居民的德意志国家公民意识,但法语仍然是法语区的主要教学语言。我们在这里一再提到教学语言,提到学校,特别是小学的教学语言,不只是因为都德的《最后一课》说的是小学语言教育的事情。因为,无论你如何理解国家的本质,无论你从精神的、社会的,还是物理的层面来理解国家的内涵,你都避不开下面的问题:人们该如何想象出一个国家认同,想象出一个共同体? 在构建共同体的过程中,尽管语言被看作区分"他者"和"我者"的便利工具,但教育可以改变工具的用途或让工具更为有效。学校是一个国家展示自身形象并将其根植于孩子内心的理想之地。当然,教育对国家意识形成的作用不仅限于中小学。换言之,教育的目标不只是强化国家意识,也应有助于建构和界定国家意识。

从 1919 年到 1945 年,阿尔萨斯又在法德之间转了两个来回,但无论是在法国还是在德国控制期间,语言政策均比以前更加强硬,只允许使用所在国的主要语言,对其他语言则限制使用。有调查显示,2012 年该地区会讲阿尔萨斯语的人只有 43%,而这个比例在 2001 年是 61%,1997 年 63%,1946 年 90.8%,1900 年 95%;按年龄划分,60 岁以上的人 74% 会讲阿尔萨斯语,45—59 岁的 54%,30—44 岁的 24%,18—29 岁的 12%,3—17 岁的 3%,阿尔萨斯语已经显露出濒危迹象。这些数据说明,语言转用不仅需要时间,也与相关语言政策及其执行的力度密切相关。转用越成功,对原语言的伤害也越大。

总之,阿尔萨斯的国家身份认同与其语言认同是错位的。从语言上看,阿尔萨斯更倾向于德意志,但在欧洲国家意识的形成时期,阿尔萨斯归属法国管理,更倾向于认同法国大革命提出的社会契约与自由平等的观念,而不太认同德意志基于民族和语言的国家观念。另外,尽管阿尔萨斯语是一种日耳曼方言,但在德语标准化的关键时期,它属法国管辖。这在一定程度上阻碍了阿尔萨斯语与德语之间的互通,也拉远了阿尔萨斯与德国的距离,进而影响到当地居民对德意志国家的认同。但从另一个角度看,穿过如此曲折的时光隧道的阿尔萨斯,也向我们展现了语言、国家、文化、认同之间的复杂关系。这种涉及语言、艺术、心理的文化复杂性也形成了在一片领土上融合两种文化(德、法)于一体的独特的阿尔萨斯文化,而且当地居民对本地区的认同意识要高于相邻的法国地区。

阿尔萨斯的历史毕竟太曲折,反映的可能不是语言与国家安全之间的普遍规律,但在以下几个方面对我们仍然有所启示:语言不只是交际和思维的工具,也是文化的容器和塑造国家意识的手段;语言与国家安全有关系,但与领土等硬性的要素相比,它是一种软性要素,往往容易被忽略;人是构成国家的最重要因素,人离不开语言,如果将国家视为机器,语言便是这台机器中最重要的软件之一,对国家意识的形成和国家机器的正常运行至关重要;软件的突然替换会引起警觉,但温水煮青蛙式的渐变更需警惕。换言之,人还是那些人,说的语言也可能还是原来的语言,但思想上,可能已完全不同了;语言极有可能成为这种"换心术"的工具,在"换心"过程中,教育是无形的"手术台";教育也是语言治理、形成国家认同与精神的重要手段,这其中学校的作用极为关键,教什么、用什么语言教都可能会影响到与国家安全相关目标的达成;国家要把教育的主动权牢牢抓在手里,防止其他机构通过各种手段向学生,特别是世界观正在形成的中小学生,灌输有损国家安全的思想。因此,语言政策的制定者,需要根据社会的变化适时调整语言功能的治理优先级,合理规划人、语言、国家之间的关系,使软件可以匹配硬件,坚持总体国家安全观,构筑全方位的国家安全体系。

随着"一带一路"倡议的开展和"人类命运共同体"理念的提出,语言规划(治理)的目标、对象,也有了新的变化,需要从新的全球治理体系出发,在更为广阔的国际环境和更为错综复杂的国际关系中考虑和平衡人、语言以及社会之间的关系。语言治理不仅要顺势而为,也要与时俱进、因时而变,更要注意隐规则的作用,不能觉得有了规定与条文,就可以高枕无忧。语言的本体安全固然重要,但从国家安全的角度,更应该防范的是在工具的外衣下暗藏的那些想改变软件运行模式的恶意行为。教育在国家意识的构建中扮演着不可替代的角色,也是国家机器的软件系统安全平稳运行的保障。

当前,我们正处于新时代"百年未有之大变局"中,上一次的百年变局,是中国人的觉醒年代,这次的百年大变局,是中国人的腾飞时代。一百年前,觉醒时代,语言曾经扮演过重要的角色。一百年后的今天,人类的发展同样离不开语言。如何与时俱进,直面人类社会史无前例的语言超级多样性引发的种种问题,是摆在语言学家面前的迫切任务。从国家安全的角度看,"安全第一、警钟长鸣、防微杜渐、防患于未然"的前提是我们需要深入探究与语言文化相关的影响国家安全的因素及规律,只有这样才能更好地服务于国家安全战略的制定与实施。从这个意义上说,沈骑教授的这本新作具有极其重要的意义,因为无论是"防微杜渐",还是"防患于未然",其中的"防"都是一种有意识的行为,而语言规划的本质正是人类有意识、有目的地针对语言的活动。

目 录

绪论 ·· 1
　一、从传统安全到总体国家安全 ·· 2
　二、应用语言学安全观的学科演进 ······································ 10
　三、语言在总体国家安全中的作用 ······································ 18
　四、语言安全规划研究的意义与价值 ··································· 22
　五、本书结构与主要内容 ·· 27

第一章　国家安全视域下语言观的嬗变 ······························· 30
　第一节　语言作为战争武器的工具观 ··································· 31
　第二节　语言作为认同标志的政治观 ··································· 36
　第三节　语言作为安全议题的问题观 ··································· 42
　第四节　语言作为战略要素的资源观 ··································· 58
　本章小结 ·· 64

第二章　语言安全与语言规划理论 ······································ 66
　第一节　中国语言规划的安全维度 ······································ 66
　第二节　国际视野中的语言安全理论 ··································· 73
　第三节　国家安全视域下的语言安全规划 ···························· 81
　本章小结 ·· 102

第三章　语言安全规划的价值范式 ········· 104
　第一节　公共政策学视域下的价值定位 ········· 104
　第二节　语言安全规划的价值定位体系 ········· 108
　第三节　语言安全规划的规范性价值观 ········· 111
　第四节　语言安全规划的描述性价值观 ········· 120
　本章小结 ········· 133

第四章　语言安全规划的基本内容 ········· 136
　第一节　语言安全规划的问题领域 ········· 138
　第二节　语言安全规划的对象层次 ········· 167
　第三节　语言安全规划的内容类型 ········· 184
　本章小结 ········· 199

第五章　语言安全规划的国际比较 ········· 202
　第一节　美国语言冲突的制度化考察 ········· 203
　第二节　阿联酋"Vision 2021"语言战略探析 ········· 217
　第三节　欧洲难民危机中的语言问题论析 ········· 227
　第四节　苏格兰盖尔语保护与语言战略规划评析 ········· 236
　第五节　丹麦高校"双语并行战略"研究 ········· 251
　本章小结 ········· 267

第六章　人类命运共同体视域下的语言安全战略 ········· 270
　第一节　话语共同体：人类命运共同体理念的基本条件
　　　　 ········· 272
　第二节　国家语言能力：构建全球治理体系的战略保障
　　　　 ········· 276
　第三节　语言安全战略："一带一路"建设的基础性工程
　　　　 ········· 282

第四节　全球治理视域下的中国语言安全规划………… 304
本章小结……………………………………………………… 316

结语 ……………………………………………………… 318
参考文献 ………………………………………………… 321
后记 ……………………………………………………… 345

绪　　论

世界正处于大发展大变革大调整时期,和平与发展仍然是时代主题。世界多极化、经济全球化、社会信息化、文化多样化深入发展,全球治理体系和国际秩序变革加速推进,各国相互联系和依存日益加深,国际力量对比更趋平衡,和平发展大势不可逆转。同时,世界面临的不稳定性不确定性突出,世界经济增长动能不足,贫富分化日益严重,地区热点问题此起彼伏,恐怖主义、网络安全、重大传染性疾病、气候变化等非传统安全威胁持续蔓延,人类面临许多共同挑战。

——习近平[1]

我们虽身处人类历史上科技最为发达的时代,但恰恰是被不安全感和无助感折磨得最厉害的一代人。毫无疑问,我们生活在史上最安全的社会中,然而与客观事实相反的是,我们反而比史上任何一个社会都感觉威胁更大,更不安全,更加恐惧,更容易遭受惶恐。

——[英]齐格蒙特·鲍曼[2]

---

[1] 习近平,2017,决胜全面建成小康社会,夺取新时代中国特色社会主义伟大胜利[R],北京:人民出版社,第57—58页。

[2] Bauman, Zygmunt. 2006. *Liquid Fear*[M]. London: Polity, 85.

社会科学与人文科学对气候和环境变化导致的社会后果的研究几乎是一片空白,仿佛社会秩序崩溃、能源矛盾、大规模移民、安全威胁、恐惧、极端化反应、战争和暴力经济等等都不属于它们的研究范畴。从学科历史的角度看,世界范围内的生存环境发生变化,这一明显具有学术研究价值的情况,会像现在这样遭到社会科学与人文科学的漠视,也真是前所未有。这说明,人们既不具备决断力,也丧失了责任感。

——[德]海拉德·威尔则①

一、从传统安全到总体国家安全

人类和平与发展是一个永恒的话题,安全则是和平与发展的基础与前提条件。在人类历史上,时时刻刻都面临着形形色色、程度不同的威胁与危机,生存安全与发展安全一直是关乎人类命运的主题。冷战结束之后,国际安全场域变换,时空交错,使得各类安全问题日益凸显,对人类社会和民族国家提出了严峻的挑战。全球化浪潮更是推动着不同文明的冲突与融合,将人类置于世界性安全的威胁与隐患之中。在全球化时代,和平并不意味着安全,发展也并不一定带来安全。随着国际安全形势的风云变幻,70多年来,国际形势已经从"战争—和平—安全"拓展到了"和平—发展—安全"阶段,这不仅表明以军事安全和政治安全为主导的国际安全问题,开始从"战争与和平"取向转向了"和平与发展"的现实空间,而且随着进入新世纪以来的非传统安全问题日益凸显,"发展与安全"问题,渐渐浮出"水面",成为国际社会关注的热点问题。由此不难看出,二战之后国际社会对于安全问题的诉求是在不断

---

① [德]海拉德·威尔则,2013,不平等的世界21世纪杀戮预告[M],史行果译,北京:中国友谊出版公司,第27页。

变化的,人类社会对于安全提出了更广泛、更深远的价值目标:"安全是发展的前提,也成为发展的核心"①。

国际安全研究正是源于人类社会对于"安全"的忧患考虑。从学术发展史角度看,安全研究形成于第二次世界大战后,特别是在冷战开始之际,当时关于国家如何防止外部和内部威胁的讨论,促成了安全研究正式进入学术视野②。随着全球化的到来,一些全球普遍性威胁和人类从未遇到过的生存性威胁不断涌现,由此形成了与战争等高强度危险相异的国际安全问题,这些问题改变着世界范围内的安全环境和安全理念。在此背景下,"非传统安全"研究迅速成为与人类命运息息相关的新研究领域。

非传统安全研究源自人类对"非军事问题"的关注,主张以更为广阔的视野,审视人类社会共同关注的全球性和跨国性问题。"非传统安全"一词最早见于美国普林斯顿大学国际关系学者理查德·乌尔曼(Richard H. Ullman)1983年发表的论文之中,他把人类的贫困、疾病、自然灾害、环境退化等问题均纳入安全的范畴之中③。同年,英国伦敦政经学院著名国际关系学者巴里·布赞(Barry Buzan)也对非传统安全进行了初步研究,他不仅提出了"人的安全"问题,也强调要重视与军事和政治安全相对应的经济、社会和环境领域中的安全问题④。国外学者多关注非传统安全的某一特定领域进行研究,更多研究具体的安全问题,而且由于各国各地区所面临的非传统安全威胁不尽相同,所以,国外对非传统安全进行的系统性研究尚不多见。

---

① 余潇枫等,2013,中国非传统安全能力建设:理论、范式和思路[M],北京:中国社会科学出版社,前言,第1页。

② [英]巴里·布赞,[丹麦]琳娜·汉森,2011,国际安全研究的演化[M],杭州:浙江大学出版社,第9页。

③ Ullman, R. H. 1983. Redifining Security[J]. *International Security*, 8(1): 129-153.

④ Buzan, Barry. 1983. *People, state and fear: The national security problem in international relations*[M]. Chapel Hill: The University of North Carolina Press.

相对而言,系统的非传统安全研究在中国更受关注。早在1994年就有学者提及这一概念。自2003年至今,一系列论著、期刊论文和图书相继问世,一大批研究机构先后成立,将这一领域研究推到了学术研究前沿[①]。学术界关于"非传统安全"的概念和定义存在一定争议[②]。非传统安全作为一个具有动态性、复合性和多维性的概念,其现实和理论处于复杂的变化与拓展趋势之中。中国学界针对各类非传统安全威胁,从安全的理念、主体、重心、领域、实质、价值和维护等方面来区分传统安全与非传统安全[③]。这一领域的代表性学者们,如浙江大学余潇枫等从不同角度综合考虑之后,狭义地将非传统安全界定为:"一切免于由非军事武力所造成的生存性威胁的自由。"[④]这一定义体现出非传统安全的三个基本特征:

第一,非传统安全与传统安全的交织联系

狭义上的非传统安全定义多从现代国际关系角度出发,是对传统安全必要的补充和拓展,凸显出非传统安全对非军事安全问题的特殊关注。这一定义不仅将非传统安全与传统安全进行了区分,也表明两者之间的交织联系。众所周知,传统安全以军事安全

[①] 相关研究最早见于王勇,1994,论相互依存对我国国家安全的影响[J],世界政治与经济,第6期,第2—4页。后续重要研究成果参见王逸舟,2003,重视非传统安全研究[N],人民日报,2003年5月22日,第7版;陆忠伟,2003,非传统安全论[C],北京:时事出版社;余潇枫、潘一禾、王江丽,2006,非传统安全概论[M],杭州:浙江大学出版社。2011年,《非传统安全研究》刊物正式创刊;自2012年起,社会科学文献出版社连续推出《非传统安全蓝皮书》系列报告;在研究机构建设方面,近些年一批专门的非传统安全研究机构先后建立起来,如浙江大学非传统安全与和平发展研究中心、华中科技大学非传统安全研究中心、塔里木大学非传统安全与边疆民族发展研究院、浙江警察学院东盟非传统安全研究中心和上海社会科学院非传统安全研究中心等。

[②] 关于非传统安全的定义,国内一直存在不同观点,主要有领域与观念说、因素说、行为体说和交织论四种观点。相关定义的讨论参见余潇枫,2017,非传统安全概论(第二版)[C],北京:北京大学出版社,第43—45页。

[③] 赵远良、主父笑飞,2011,非传统安全与中国外交新战略[C],北京:中国社会科学出版社,第29—30页。

[④] 余潇枫、潘一禾、王江丽,2006,非传统安全概论[M],杭州:浙江大学出版社,第52页。

和政治安全为主要内容,权力、军事、武力和战争是传统安全的核心体现和保障。相比之下,非传统安全则关注如何应对不用枪炮的"非传统战争"以及非战争威胁。例如:网络信息战、电子战等涉及信息主权的威胁,也属于军事安全范畴,但并非传统战争范畴,它具有非传统安全特征。再如,如果从政治认同角度出发,政治安全也进入了非传统安全领域,因为政治认同作为政治价值归属的自我确定,是政治共同体的价值基础①。这也是传统安全与非传统安全相互交织的重要问题。在全球化日益深入的当下,这种相互交织关系也预示着以传统和非传统来界定安全,显得不合时宜。

第二,总体国家安全领域的拓展

总体国家安全概念的提出,是对非传统安全理论的替代与超越。非传统安全在很大程度上拓展了安全的领域,同时也扩展了人们对安全的认知和意识范围,为总体国家安全观的提出奠定了理论基础。自20世纪中叶以来,一些世界性的非传统安全威胁相继产生,如生态环境不断恶化、人口问题日益突出、经济发展失衡、贫富两极化严重等,这些问题都引起了人们对于安全的担忧。进入21世纪后,恐怖主义、气候、能源、粮食、金融、信息等安全问题成为安全研究的重要议题,尤其是自从以"9·11"恐怖袭击为标志的"非国家行为体"带来的国家安全威胁不断涌现时,各国对非传统安全议题给予了越来越多的关注与研究。在此背景下,非传统安全将经济安全、文化安全、社会安全、信息安全、教育安全等都纳入其范围,无疑提升了人类社会对各类安全问题的全面认知和清醒判断。党的"十九大"明确提出总体国家安全观的国家安全思想,其中就列举了11个重要领域——政治安全、国土安全、军事安全、经济安全、文化安全、社会安全、科技安全、网络安全、生态安

---

① 余潇枫,2017,非传统安全概论(第二版)[C],北京:北京大学出版社,第39页。

全、资源安全与核安全,体现出总体国家安全观既重视传统安全又重视非传统安全,拓展了安全领域的思想。

第三,非传统安全凸显安全的层次

首先,信息化社会打破了传统物理空间的限制,致使安全问题形成了纵向互动联系。民族、国家的安全边界被无限延展,除了国家安全之外,全球安全、地区安全、社团安全、国民安全都已经成为安全的重要方面,需要予以考虑。其次,全球化社会的流动性特征,更是打破了国际与国内、发展与安全、传统安全领域与非传统安全领域的区隔,形成了你中有我、我中有你的安全新态势。最后,在非传统安全视野下,生存状态和发展状态也体现出多元化的层次。如果以生存与发展的优化状态为行为体努力追求最高价值目标,那么非传统安全的价值目标可以体现为:优化状态(优态)、弱化状态(弱态)、劣化状态(劣态)和危险状态(危态),由此形成有序的安全梯度[①]。

基于上述三大非传统安全的基本特征,余潇枫提出了"优态共存"的概念,采用积极的立场理解安全问题。为此,他对安全的界定从"免于威胁的自由"转向"获得解放的自由",即通过强调安全与个人生存状态的相关性,揭示安全的本质意义,并提出非传统安全的广义定义,即:"行为体间的优态共存"[②]。以"优态共存"来界定安全,使安全理念的外延拓展至安全能力的建设层面,更加凸显出安全观念与安全价值的重要性。

---

① 余潇枫认为在全球体系中,任何一个层次行为体的现实境况都可以展示为一个生存与发展的状态序列,如果以生存与发展的优化状态为行为体努力追求的最高价值目标的话,那么生存与发展状态可以标示为四个层次:优化状态(优态)、弱化状态(弱态)、劣化状态(劣态)和危险状态(危态)。他认为"优态"是安全指向的对象,是安全达成的价值性条件,反映出独立身份的行为体的生存能力与可持续发展的生存境况。他指出:"共存"是安全获得的互惠性条件,表征的是行为体追求安全的平等性和交互性,所以,优态共存是非传统安全的实质和价值目标。参见余潇枫,2017,非传统安全概论(第二版)[C],北京:北京大学出版社,第45—47页。

② 余潇枫,2004,从危态对抗到优态共存——广义安全观与非传统安全战略的价值定位[J],世界经济与政治(2)。

中国政府高度重视非传统安全问题，自2001年起，正式开始在关键性政策文件与讲话中使用非传统安全一词。2002年，中国发表的《中国与东盟关于非传统安全领域合作联合宣言》指出：非传统安全问题需要加强地区和国际合作，中国与东盟各国互为近邻，在应对非传统安全问题方面存在广泛的共同利益。自党的十六大以来，非传统安全不断上升为国家战略，成为党代会讨论与报告中的高频词汇。值得一提的是，2012年，党的十八大报告中提出的非传统安全议题有：经济安全、信息安全、粮食安全、社会安全、公共卫生安全、公共安全、生态安全、海洋安全、能源安全、国际安全等。2014年，"国安委"的首次会议将非传统安全放入总体国家安全的战略高度来考虑。2017年，习近平总书记在党的"十九大"报告中明确指出："坚持总体国家安全观。统筹发展和安全，增强忧患意识，做到居安思危，是我们党治国理政的一个重大原则。必须坚持国家利益至上，以人民安全为宗旨，以政治安全为根本，统筹外部安全和内部安全、国土安全和国民安全、传统安全和非传统安全、自身安全和共同安全，完善国家安全制度体系，加强国家安全能力建设，坚决维护国家主权、安全、发展利益。"①

2020年以来，突如其来的新冠肺炎疫情席卷全球，世界范围内的"抗疫行动"凸显了人类社会安全的现实意义。传统观点认为，公共卫生问题属于生物医学的技术性问题，是流行病学专家的专业领地。但是，随着全球化社会的发展，重大突发性公共卫生危机逐渐走出医学领域，对社会、经济和政治产生了重要影响。如何治理全球卫生问题成为全球治理与安全的一项严峻挑战。新冠疫情蔓延至今，依然还是挥之不去的人类社会安全威胁之一。这在很大程度上印证了德国社会学家乌尔里希·贝克对全球风险社会的预言。种种迹象表明，人类世界正处于一种前所未有的高度不

---

① 参见人民网发布的报告全文：http://sh.people.com.cn/n2/2018/0313/c134768-31338145.html。

确定状态之中。

2021年7月1日,习近平同志在庆祝中国共产党成立100周年大会上的讲话中未雨绸缪,明确提出"以史为鉴、开创未来……必须进行具有许多新的历史特点的伟大斗争,增强忧患意识,始终居安思危,贯彻总体国家安全观,统筹发展和安全,逢山开道、遇水架桥,勇于战胜一切风险挑战"①。由此可见,非传统安全作为总体国家安全观的重要组成部分,已日益受到重视。面对百年未有之大变局,总体国家安全观视域下的非传统安全在治理理念、思维和方略方面都有了极大拓展和进步,非传统安全能力建设的任务也日益艰巨。与此同时,在非传统安全体系中,一些以往并不被关注甚或是被忽视的基础性问题也开始进入人们的视野。

在现实主义视域下,物质化的竞争与冲突是安全研究的重点,这类研究主要关心与军事有关的物质方面,相比之下,语言往往作为一种附属的、可有可无的角色,处于国家安全研究的边缘地位。即便语言问题受到关注,也仅仅被视作外交或是军事斗争的工具。但随着冷战时代的结束,人们在不断探索影响国家安全的决定因素时,发现很多非物质因素(如观念、宗教、种族和意识形态)正在成为引起冲突与战争并对国家安全构成威胁的新来源②。

语言学作为人类最古老的学科之一,始终都在探究人类语言发展与演化过程中的规律,试图探寻语言与人类社会发展之中的内在联系。但是传统的语言学研究主要关注语言本体和语言结构问题,对语言的应用乃至社会语言状况并不在意,更没有对语言安全问题有过深入研究。有一些语言学家认为语言安全并不是一个研究问题或是研究领域。一方面,有人认为语言学研究与安全问

---

① 习近平.在庆祝中国共产党成立100周年大会上的讲话[N].人民日报,2021-07-02(002)。
② 刘永涛,2014,话语政治:符号权力和美国对外政策[M].上海:复旦大学出版社,第116页。

题没什么关系,语言学研究就该关心学科内部的问题;另一方面,有人认为语言安全研究是学界在"赶潮流""凑热闹"或是"蹭热点"。相信语言学界持有上述两种看法的人不在少数,这也完全可以理解。也许面对总体国家安全,语言学家能做的工作还很有限,但是无论是关注语言学本体研究,还是对语言学研究范畴拓展有所疑惑的人,都有必要认清楚学术研究的"初心"是什么?一个学科存在的价值和使命何在?都需要对自己从事的语言教学与研究发出灵魂的拷问?学科何为?在现代社会,没有一个学科可以在"象牙塔"中寄生而对外部世界不闻不问,人文社会学科对生命要有责任和担当。既然安全与发展是人类社会的重要现实问题,那么语言学就必须对这一重要问题进行必要的探索与研究。

随着学科交叉日益深入人心,以问题为导向的社会应用研究逐步成为一种重要的研究范式,一度"高冷"的语言学研究也开始"接地气"地关注社会现实。在安全研究经历语言学转向的背景下,语言安全问题逐步受到国内外学界的关注。事实上,作为语言学的重要分支之一的应用语言学研究一直对安全问题格外关注,安全问题对于应用语言学的学科发展也起到了极为重要的影响和推动作用。在这样的学科发展大背景下,语言安全与语言规划研究也正成为一个不容忽视的新领域。

进入全球化时代,世界科技与经济活动快速发展,随之而来的全球问题就是人的流动性和文化的混杂性,这是当今全球治理需要面对的两大挑战[①],这也是突发公共卫生事件构成全球威胁的根本原因。在全球风险社会中,语言看似无形,实则关键。语言在医患沟通、国际救援、应急救助、疫情信息传播与医学知识传播等方面都发挥着重要的作用。在本次新冠疫情中就暴露出不少语言安全问题,说明应急语言能力在应对重大突发公共卫生事件的实

---

① 高奇琦,2017,全球治理、人的流动与人类命运共同体[J],世界经济与政治,2017(1)。

用价值与作用①。应急语言能力问题不仅表明国家语言资源与语言能力建设的必要性,更凸显出了国家语言安全与语言规划研究的紧迫性。在总体国家安全观视域下,语言安全问题是一个现实世界的真实问题,亟待深入探究。

二、应用语言学安全观的学科演进

一个学科从创生到发展,并不是偶然的学术现象。应用语言学从发轫到兴盛的学科发展史,其实是与安全问题紧密相关的。有人认为应用语言学起步于语言学家自觉地、系统地使用语言描写的语言教学研究。这个看法从英语教学史的发展轨迹看,似乎并不成立,是一个"时代错误"②。事实上,应用语言学的学科发展肇始于国家军事安全的重大需求。

应用语言学作为一个得到认可的学科,产生于20世纪40年代,当时正值二战期间,美军面对海外作战使命与战略布局需要,急需加强军队人员的外语能力。在这样的军事需求下,美国著名语言学家布龙菲尔德和弗里斯等人临危受命,将自己的理论研究与语言描写应用于大规模的语言教学项目中,而这些项目恰恰就是美国军队在美高校创办的军队特殊语言培训项目,大批美国高校的外语教师被抽调加入这个项目,专门教授从美军中选拔的人员学习参战国的语言③。当时美国几所顶尖高校,包括哈佛大学、哥伦比亚大学和密歇根大学都参与了这个关涉国家安全利益的培训计划,包括赵元任先生在内的语言学家都被征召从教,教授美国军官中文。

这个军队特殊培训计划主要是为了在短期内为军队官兵服

---

① 沈骑,2020,后疫情时代中国语言安全规划的三大要素[J],当代外语研究(04)。
② [英]A. P. R. 豪厄特,H. G. 威多森,2016,英语教学史[M],刘振前等译,北京:商务印书馆,第420页。
③ 同上书,第420—421页。

务,培养其能够在海外作战的基本语言能力,该方法曾被戏称为"大兵方法"①。美军的军事需求催生了语言研究成果的积极转化,语言学家们将自己的研究成果直接应用于特殊教学实践之中,同时也积累了语言教材、教学资料等学科发展的材料,还激发了面向语言教学法的研究。这在很大程度上,构成了应用语言学学科发展的现实条件。

二战之后,应用语言学的发展进入正规化阶段,一些重要的学术刊物,如 ELT Journal 和 Applied Linguistics 分别于1946年和1948年创刊。1957年爱丁堡大学成立了应用语言学系,1959年美国应用语言学研究中心在华盛顿成立。这些学术机构与系科,都是以探究语言教学与语言学习为目标,目的是解决二战后欧美国家社会中越来越多的多语交际问题,成为多语社会交际服务的一个应用性学科。

二战之后,随着冷战铁幕的到来,美国应用语言学更强调服务于国家安全利益。1958年,在"国防教育法案"授权下,美国政府强化了对所谓"敌对国家"的语言和文化的教学与研究。一方面,美国政府,特别是军方,加大了对关系到国家安全的关键语种外语教育的投入,同时启动对多语种机器翻译和心理语言学等研究的特别项目,投入了大量资源。正是由于政府重视,当时这些极为尖端的应用语言学研究领域得以逐步发展壮大,并经过几十年的发展演进,最终为后来出现的计算语言学、机器翻译、自然语言处理和神经心理语言学等新兴学科打下了坚实的基础。

另一方面,为了满足战后全球治理、称霸世界的需要,美国政府早在二战期间,就启动了以语言文化为基础的区域国别研究。在第二次世界大战中,随着美国的军事行动从本土扩展到欧洲、亚洲乃至广袤的非洲和太平洋地区,这个年轻的国家第一次认识到

---

① [英]A. P. R. 豪厄特,H. G. 威多森,2016,英语教学史[M],刘振前等译,北京:商务印书馆,第420—421页。

其对全球知识严重匮乏的问题。由于美国在上述海外很多地区的军事占领、直接控制和管理任务与日俱增,对海外知识和外语能力产生了重大战略需求①。彼时的美国,由于建国时间较短,对世界知识的储备和研究远远落后于欧洲老牌国家建立在殖民时期积累的国别区域知识库系统,也缺乏基于不同国家语言文化的"战略情报"观念,从而无法了解世界不同国家、地区和民族独有的观念、思想、文化等话语体系。为此,自1942年以来,美国军方就与美国一些著名的大学合作,启动了以"地区与语言"为名的海外知识培训项目,其中包括大量的外国地区与语言学校课程。当时参与军方项目的美国众多高校由此经历了有关全球范围内语言、文化和社会科学(尤其是地理学与人类学)课程方面史无前例的扩张②,从而为二战后美国逐步完善区域国别研究体系,建构全球知识话语系统资源库打下了坚实的基础。到20世纪60年代末,美国区域国别研究已在社会科学各学科和高等教育的知识体系中占很大比重,在全球知识库建设过程中,美国一改其素来虚弱、零散的研究格局,在规模和水平方面均有了长足的进步③。

同样,欧洲的应用语言学研究迎合和服务于多元社会转型与变迁的现实需求。20世纪60—70年代以来,在日益扩大的市场环境下,大量移民涌入,寻找跨国就业的机会。雇主与雇员在语言

---

①② 牛可,2016,地区研究创生史十年:知识构建、学术规划和政治——学术关系[J],北京大学教育评论(1)。

③ 在美国国家外语研究中心(NFLC)对于国家外语能力的定义中,我们注意到其定义特别考虑到了国家在不同领域和部门对于外语能力的需求,如在学术、政府行政、个人应用、文化遗产和海外拓展各部门的外语需求,这其实也说明国家外语能力蕴含着其不可或缺的领域外语能力。National capacity refers to the ability of the country to respond to demands for competencies in particular languages. The NFLC has contributed significantly to the understanding of the dynamics of national capacity in foreign languages and has developed a paradigm that reveals the complex relationships among national need, demand, supply, and capacity within the academic, government, private, heritage, and overseas sectors. 参见:http://www.nflc.org/policy/national_language_capacity。

交流过程中，由跨文化交际障碍带来的迫切需求，以及广大移民语言融入的现实需求，在很大程度上推动了欧洲应用语言学对语言教学交际法（CLT）的偏爱。可见，欧洲应用语言学正是在不断变化的社会形态中，为解决社会最为关切的交际能力问题，建构民主开放和多元并存、日渐依存的国际社会而努力，同时也由此确立了自身的学科地位①。

但是，应用语言学的发展之路并非"一片坦途"。经过战后几十年的发展，在学科内部，应用语言学者对"什么是真实世界的问题"并没有达成共识②。一部分研究者关心二语习得理论研究，对现实的语言教学问题不太重视，另一部分研究者研究兴趣则更为分散，无法形成研究合力。对此，1978年，著名语言学家博纳德·斯波尔斯基（Bernard Spolsky）对当时应用语言学发展现状提出了尖锐的批评和深刻反思，他指出应用语言学从广义看存在着研究范围不确定性和模棱两可性，分类过于离散，没有研究的重点，学科面貌不清晰，"已经成为一个除了传统语言学理论、语言学史和语言描写以外所有的学科了，成为一个所有带连字符号的语言学（hyphenated linguistics）"③。在他看来，狭义的应用语言学研究定位语言教学，学术视野过于狭窄，导致对应用语言学学科性质认识错误。他明确指出：

"众多语言学家认为他们的研究领域不能受到实践相关活动一丝一毫的侵蚀（corrupted），对他们来说，语言学就是纯粹的科学，语言学的研究兴趣仅是为了增加人类的知识而已。然而，另一部分语言学家则宣称语言学

---

①② Kramsch, C. 2005. Post 9/11: Foreign Languages between Knowledge and Power[J]. *Applied Linguistics*, 26(4): 545-567.

③ Spolsky, Bernard. *Educational Linguistics: An Introduction*. Rowley, MA., Newbury House Publishers, 1978: 1-2.

能够为语言教育中出现的任何问题提供'灵丹妙药',并能迅速为语言规划和语言教学提供帮助、发挥作用并解决困难。我认为这两种极端的观点都是错误的,因为尽管语言学常与语言教育相关,但很明显的是,他们的关系并不是直接的。"①

斯波尔斯基的观点极为深刻,因为直到今天依旧有人对应用语言学的学科属性抱有错误的认识。比如:理论语言学家一直认为应用语言学是语言学理论的应用,因此,应用语言学似乎还是要为这些语言学理论的应用而服务。而在40年前,这位语言学家就对应用语言学的学科发展遭遇到的危机发出了"醒世恒言"。我们注意到,正是基于这样的学术观点,斯波尔斯基本人的学术兴趣一直在发生变化,从最初的外语教学到社会语言学,从语言测试到教育语言学,从语言政策到语言管理,基本涵盖了应用语言学所有的重要领域。尽管他本人对自己学术发展路径的解释仅仅只是"研究兴趣变化"②,但是,如果从整个应用语言学的流变来看,斯波尔斯基的学术之路正是应用语言学逐步从语言教学,开始向更为广阔和现实的语言社会应用领域的大胆尝试,体现出一个学者孜孜以求的探索精神。

如果说斯波尔斯基一针见血地提出了应用语言学学科问题,并发现其危机的话,那么提出解决问题方案的人应该是韩礼德先

---

① Spolsky, Bernard. *Educational Linguistics: An Introduction*. Rowley, MA., Newbury House Publishers, 1978:1-2.

② 2017年,我们有幸接待并对斯波尔斯基的学术道路进行了简短交流,他在评价自己学术兴趣变化时,强调了偶然性。他认为自己开创教育语言学这个以语言教育政策为核心,解决现实语言教育问题的新学科,就是出于自己对当时应用语言学的不满;他对语言测试的研究兴趣,是由于他接触到了美国ETS中心的托福考试所致;而他从事语言政策与规划研究,并于2002年创办Language Policy(Springer)这个学术刊物的初衷,也是因为他有幸去美国国家外语研究中心(NFLC)做高级访问学者的经历激发了他的研究兴趣。

生(M. A. K. Halliday)。

1990年,在希腊召开的第九届国际应用语言大会上(AILA),著名语言学家韩礼德以题为"应用语言学面临的挑战"作大会主题发言。出乎与会学者意料,韩礼德并没有谈论应用语言学学科内部的微观话题,相反,他深入浅出地从宏观角度提出语言学研究应该同21世纪人类社会面临的诸多社会现实问题联系起来,他认为语言的使用不仅能够影响人们的观念,而且会改变人们的行为,构成一系列的社会问题,最终构成人类社会生态环境失衡。韩礼德认为人类社会和语言两个方面正在发生危及人类生存的生态环境渐变,由于语言的渐变正在推动着生态环境的变化。因此语言学家不可袖手旁观,放任自流。他认为应用语言学研究应对经济发展、社会转型与政治变迁等问题负有学术责任[①]。

如今,虽然大师远去,但我们依旧可以在不少社会语言学、语言规划、话语分析研究的著作中,看到不少国际知名学者在前言或后记中回忆自己学术成长过程中提到,韩礼德"应用语言学面临的挑战"这篇近30页篇幅的论文对他们学术旨趣的模塑所发挥的作用。从这些文字中,我们依稀可以感受到韩礼德先生对于语言学与社会应用相结合、直面现实等关键问题的学术关怀。正是由于韩礼德先生的这一极具时代前瞻性的大会报告,使得这些应用语言学的"未来之星"找到了研究方向。事实证明,他的这个主题发言影响深远,在很大程度上改变了应用语言学研究的学术轨迹,为语言研究的发展指明了社会转向的新方向。

应该说,韩礼德先生对应用语言学研究的真实世界问题做了很好的梳理和分析。进入21世纪以来,各种语言接触日趋频繁、语言竞争日益加剧、语言生态危机四伏、语言冲突乃至语言安全等

---

① Halliday, M. A. K. 2001. New Ways of Meaning: The Challenges to Applied Linguistics[A]. In A. Fill & P. Mühlhäusler (eds.). *The Ecolinguistics Reader: Language Ecology and Environment*[C]. New York: Continuum. pp. 175-202.

问题不断显现。在这些语言问题背后,我们看到很多世界性问题,如世界范围的生态危机、环境恶化,全球化和新自由主义思潮泛滥,民族问题日益激化,社会问题频发,种族冲突与文化矛盾此起彼伏。"9·11"恐怖袭击给一度自认为安全的西方世界"当头棒喝"。我们的世界充满了不安全的因素和风险,而这一切和语言是否有关,语言学研究能为此做些什么?应用语言学何为?这些正是韩礼德在很多年前提出的学科之问。

正如美国加州大学伯克利分校的学者克莱尔·克拉姆契(Claire Kramsch)教授所言,应用语言学需要全面思考在不断变化的世界中,理解并成功与他人交流问题,更要明确知识、权力与学科发展的互动联系,应用语言学需要强调的是实践理论中的知识发现[1]。

克莱尔的观点是对应用语言学发展的精准定位,她认为应用语言学作为科学研究的领域自它诞生之日起,就始终为国家经济竞争和国家安全服务,一直维系着与社会政治之间的互动联系[2]。她特别指出,在后"9·11"时代,全球正面临着各种安全风险与反恐形势下,应用语言学应该在其理论建构中反映出现实状态、类别,甚至要对现实问题进行塑造,并就其进行公开的讨论。因此,应用语言学应对现实问题进行回应,不能局限于语言的描述及语言学理论的阐释。应用语言学与政治关系密切,政治工具的重要作用在于"塑造"问题的能力。应用语言学家的责任在于表现语言问题与宏观的历史及地缘政治条件间的联系,并据此重新"塑造"相关的问题[3]。

近十多年来,国内不少语言学家纷纷建议提升语言学在国务院学科目录中的学科地位,建议将语言学列为一级学科。学者们发出的这些声音,是出于对语言学这个学科的热爱,也是出自专业

---

[1][2][3] Kramsch, C. 2005. Post 9/11: Foreign Languages between Knowledge and Power[J]. *Applied Linguistics*, 26(4): 545-567.

建设的迫切需求,体现出中国语言学人对于语言学服务国家,对接国家战略,造福社会的学术担当。但是,到目前为止,一次次学者们的建议,一场场学科建设会的召开,一篇篇呼吁文章的发表,甚至两会代表的建言献策,似乎还没有起到应有的效果,语言学成为一级学科的梦想依旧没有实现。原因何在?

与克莱尔文章发表的同一年,2005年,在首届"语言与国家论坛"上,时任国家语委副主任、教育部语信司司长李宇明先生曾经语重心长地说:

> "一个时期以来,(语言学)学术研究对于国家的支援不够,语言学家在几个领域节节败退:一是中学语文课改过程'失语',课改没有看到中国语言学的研究成果;二是在对外汉语教学方面,主流语言学家投入的精力也不多;计算机方面也是如此。应用语言学在认识上是上去了,实际工作没上去。一个学科对国家贡献少的时候,国家也不会重视。"①

李先生的话振聋发聩!他实际上是提出了应用语言学研究的社会责任,如果按照李先生的观点推测,目前中国语言学,特别是应用语言学在对国家支援方面的贡献其实还很不够。就服务国家而言,应用语言学在中国还有很长的路要走。值得一提的是,李先生在2020年疫情来临之际,首倡语言学必须投入到"抗疫"第一线,并提出"国家应急语言能力建设"这一战略命题。由他组织并亲自领导、国内众多语言学者参与成立的"抗疫语言服务团"在最短时间内就组建完成,为奔赴湖北各地疫区提供医疗救助的医护人员提供方言服务,为语言学界做出了表率,用事实证明了语言学

---

① 郭熙,2006,"语言与国家"高层论坛纪要[J],语言科学(2)。

完全可以为"抗疫"工作服务。

2010年,北京外国语大学文秋芳教授前往美国马里兰大学的高级语言研究中心(CASL)访问,这次看似平常的学术访问,改变了文老师的学术轨迹。在她事后撰写的论文中,她回忆到一个细节:在她与CASL研究人员交换名片时,发现她的名片右上角写着"语言研究为国家服务"的字样,这对她触动很大:"我原以为在美国这样的国家,研究人员不会公开地向外界宣称自己的研究是为国家服务;我也没有想到语言研究与国家利益有如此直接的关系。"[①]回国之后,文老师决定将"自己语言研究的才华用于解决国家长远与眼下急需的问题,为维护国家传统与非传统安全利益贡献自己的力量"[②]。

从上述文字中,我们不难感受到文秋芳教授这位蜚声海内外的应用语言学家对于应用语言研究的新认识和学科安全观。我们认为这应当成为当前中国应用语言学研究的安全观,这也是中国语言学对国家支援、争取学科话语权的最为直接的方式之一。

三、语言在总体国家安全中的作用

应用语言学的学科发展历程说明了语言在二战后的几十年中对于维护与拓展国家安全的重要作用,也清晰地展示了语言学研究对接社会与现实需求的必要性。语言与国家安全与社会稳定休戚相关。那么,当人类进入全球化时代,特别是在总体国家安全视域下,语言究竟扮演着怎样的角色与作用?

第一,语言是总体国家安全的根本保障

语言是国家安全的根本保障,这体现出了语言最基本的工具价值观属性。冷战结束之后,世界进入多极化和复杂化发展的政治格局之中,在世界范围内的安全风险与威胁呈现出高度的渗透

[①②] 文秋芳,2014,美国语言研究的基本特征:服务于国家安全战略——以马里兰大学高级语言研究中心为中心[J],云南师范大学学报(哲学社会科学版)46(03)。

性、隐蔽性、叠加性和多样性。在世界范围内的各类安全问题相互交织、相互作用,此消彼长,若隐若现,解决起来难度较大;恐怖主义与跨国犯罪等突发事件此起彼伏,交织复杂,渗透性强;边境疆域与虚拟世界跨越时空界限,变幻无常,安全隐患层出不穷。从语言的使用与应用功能看,这些安全问题都与语言有着直接或是间接的联系,构成形形色色的语言安全问题。众所周知,语言是人类沟通与交流的工具。从语言工具观的视角来看,语言作为总体国家安全的重要介质和信息载体,在防范与应对各类安全问题的沟通与交流过程中起到了重要的保障作用。强大的国家语言能力,尤其是应对与防范总体国家安全风险与危机的语言应急管理与掌控能力,是当前保持国家政治与社会稳定的重要基础;在中国企业走出去的过程中,语言服务能力也是保障海外利益、提升风险抗御能力的基本保障;在网络空间,基于多语种的现代语言技术和语言智能技术,也可以为网络安全与信息安全保驾护航;在城市化进程中,城市语言治理和语言环境的营造是提升城市社会治理与城市管理水平的基本条件;在应对国际反恐、公共卫生与抗震救灾等突发公共安全事件中,国家语言应急能力与语言援助服务功不可没。很难想象,如果没有语言,一个国家、一个社会乃至一个领域的安全能力建设将何从谈起。

第二,语言是总体国家安全的重要领域

语言作为总体国家安全的重要领域,凸显了语言权利观的安全特质。尽管在习近平总书记提出的总体国家安全观中,语言安全并不在其列,但这并不说明这一问题不重要。正如空气与水的意义和价值一样,语言安全问题因其普遍性和基础性,使其成为现代社会得以稳定发展与繁荣的基本保障。事实上,语言自身、语言地位与使用以及语言使用者的身份认同等问题,都构成了语言作为一个总体国家安全具体领域的主体性地位。近年来,总体国家安全在重视不同安全领域的同时,日益重视人的安全问题。而人在本质上是

"语言动物",语言权利是人的基本权利,语言安全问题也同时关涉语言权利观,是国家政治安全的构成要素。在现代多民族国家中,不同人群使用的语言就具有民族标记和政治识别的功能,语言的使用与传播在国家建构与社会治理中发挥着重要的作用。在国际政治舞台上,语言民族主义与语言分裂主义"你方唱罢我登场",给国家安全带来极大隐患。例如,董希骁通过对中东欧地区新独立国家语言名称争议的分析,认为由于分裂型语言民族主义和整合型语言民族主义之间的博弈,相关国家的语言权利之争将会变得更为激烈①。

第三,语言是总体国家安全的关键资源

20 世纪 70 年代以来,语言资源观正式被提出。语言学家颜诺和鲁宾曾专门指出:将语言视为一种社会资源是语言规划的起点,也是语言规划的基本逻辑,语言作为资源的重要性在于其在多语社会中的交际和身份价值②。语言资源观认为,语言是国家安全能力建设中不可或缺的关键资源。如果说语言工具观凸显了语言能力在总体国家安全领域的显性价值和实用价值,而语言权利观彰显出语言安全在总体国家安全领域中特有的隐性价值和象征意义的话,那么语言资源观则是从战略高度全面审视语言的价值,构建多元整合的语言安全观。语言资源观认为,语言不仅具备工具价值和权利价值,同时也具有经济属性、文化属性、政治属性、智识属性和社会属性③,分别对应于经济安全、文化安全、政治安全、教育安全、社会安全、公共安全等诸多非传统安全领域的深层次问题。例如从经济安全与发展角度看,语言不仅是工具,更是一种经

---

① 董希骁,2019,从语言名称争议看中东欧语言民族主义新动向[J],国际论坛(1)。
② Jernudd, B. H. & J. Rubin. 1971. Towards a theory of language planning [A]. In J. Rubin & B. H. Jernudd (eds.). *Can Language Be Planned?* [C]. Honolulu: The University of Hawaii Press. 195-215.
③ Ruiz, R. 2010. Reorienting language-as-resource[A]. In J. Petrovic (Ed.), *International Perspectives on Bilingual Education*[C]. Charlotte, NC: Information Age. pp. 155-172.

济要素。首先,在国家脱贫攻坚战中,通用语言是降低交易成本的关键,在实现区域经济发展中的作用不可低估;其次,语言产业与语言服务是对国家与企业经济发展息息相关的重要业态,当前在大数据与人工智能高速发展的新态势下,语言智能产业是方兴未艾的"朝阳产业";在"一带一路"建设中,面对语言与文化千差万别的国家与地区,语言对于降低中国国际贸易和海外利益拓展过程中的经济安全风险至关重要,在交易过程中的语言成本不仅体现在商务沟通层面,还渗透进入了对象国制度和文化层面。根据跨文化管理中的冰河模型,文化"冰河"分成积雪层(政治、法律、科技等)、冰冻层(教育制度、社会组织和价值观)和河水层(语言、思想、宗教等),语言要素和思想与宗教一样,处于无法轻易触及的河水层①。可见,在文化冰河之上,语言"暗流涌动""静水流深",语言安全是中国企业走出去战略中亟待重视的问题。

  自党的"十八大"以来,中国从"本土型"国家向"国际型"国家转变。在参与全球治理的战略指引下,"一带一路"倡议提出、"亚投行"创立,"自贸区"建设加速,这一切都表明中国正以更加自信、更加主动的心态在全球治理中发挥重要参与者、建设者和贡献者的作用,推动全球治理体系变革,履行一个国际大国的责任与义务。在推进全球治理新格局过程中,语言不仅仅是沟通和交流工具,同时也是中国提高参与全球治理能力,打造人类命运共同体,服务和完善全球治理体系变革的重要战略资源。正如李宇明先生所言:在你中有我、我中有你的全球化时代,人们需要最大限度地学习和借鉴不同国家语言资源去认识和发现世界、描述与转述世界,同样也需要语言来适

---

① 范徵等,2018,中国企业走出去跨文化环境因素探究[J],管理世界(7)。

应与建构世界①。从这个意义上看,基于语言资源观的语言安全规划研究意义重大。

四、语言安全规划研究的意义与价值

在总体国家安全视野下,基于语言工具观、权力观与资源观的交互影响,如何科学管理和规划语言生活,保持语言文化认同,维护和谐的语言生态秩序,成为世界各国政府和语言管理部门关注的焦点问题,加强面向社会和应用的语言研究,已经成为一个不容忽视的重要议题。

在这方面,语言学家责无旁贷,韩礼德就指出"多语社会中的语言规划是一种积极的活动,而语言学家的角色就是土木工程师,负责实施政策,并帮助社会避免由于实施某项不可能成功的语言政策而造成灾难"。② 韩礼德对于语言规划寄予很高的期望,认为语言学家的介入主要通过语言规划活动进行。韩礼德指出,虽然语言是一个自然演变的过程,但在相应的历史阶段和时间里以及具体的地方有必要加以管理。这不是对信息的管理,而是对构成信息的系统(即语言)进行的管理③。

人类社会很早就开始语言规划活动,从中国秦始皇时期的"书同文"到古巴比伦国王聘用双语者从事商业贸易,从古"丝绸之路"上的粟特人充当中国与中亚各国交往的语言中介到我国唐代长安城开设译馆提供语言服务,再到中国历史上大规模的佛经翻译活动,这些都是早期的语言规划活动等,但是真正意义上的语言政策与规划研究(LPP研究),起步于20世纪的50年代。经过60多年

---

① 这一观点受益于李宇明先生于2018年11月11日在同济大学召开的首届"一带一路"外语教育规划圆桌会议的重要讲话,李先生在论及语言和全球治理关系时,指出语言具有发现世界、描写和适应世界的三大功能。在此特表谢忱!

②③ Halliday, M. A. K. 2001. New Ways of Meaning: The Challenges to Applied Linguistics[A]. In A. Fill & P. Mühlhäusler(eds.). *The Ecolinguistics Reader: Language Ecology and Environment*[C]. New York: Continuum. pp. 175-202.

的发展与繁荣,语言政策与规划研究已经成为具有鲜明跨学科特色的应用语言学研究新领域。

从学科体系上看,语言政策与规划以语言学为基础,得到了社会学、政治学、教育学等多学科的滋养,是社会规划、教育规划和文化规划的重要部分之一。近些年来,中国语言规划研究已经成为语言学研究新的热点领域,研究基础、学科建设、学术组织、学术刊物等相继产生并一应俱全。同时,政府支持与社会需求都促使这一学科迅猛发展。

从语言规划的学科发展史看,语言规划是人类有意识地对语言发展的干预,也是对人类语言多样性的一种调节。传统的语言规划研究的初衷是为了解决战后新兴发展中国家的语言问题,应对现代化进程中亟待解决的沟通与交际问题,因此,在相当长的一段时期内,语言规划的目的较为单一,将语言规划看成是从国家与政府层面,为解决多语世界的交际与沟通障碍,自上而下实施的"语言工程"。在相当长的一段时期内,语言规划领域仅限于两个方面:一是语言自身的规划,即语言本体领域规划,如语言文字现代化、标准化与辞书编纂等活动;二是语言使用的规划,即语言地位的规划。这一规划活动是对社会中不同语言地位与使用功能的分配进行规定。

随着全球化日渐加速,语言规划的视野开始从社会语言学向语言社会学转变,关注重点也逐步从语言本体与语言使用状况,开始转向语言的使用者与语言更为广泛的应用功能。因此,语言规划的重心开始转移到"人"的维度之上,日益关注人类语言多样性与整个语言生态系统的和谐发展上来。正如美国语言学家罗伯特·库珀(Robert Cooper)所言:"语言规划是对语言和人以及社会之间关系的规划"[1]。为此,他认为语言规划是"旨在通过语言

---

[1] Cooper, R. L. 1989. *Language Planning and Social Change*[M]. Cambridge: Cambridge University Press. p. 35.

符号的习得,结构和功能分配而影响他人行为的一种长期细致的努力和追求"①。在概念界定上,李宇明先生认为语言规划是重要的社会治理活动,是研究语言功能之学,涉及政府或是学术部门为特定目的对社会语言生活及语言本身所进行的干预、调整与管理,同时他认为每个人、每个家庭、每个社区都在主动进行语言规划,语言规划具有"自上而下"与"自下而上"两种相辅相成的规划路向并存之势(李宇明,2015)②。

长期以来,语言规划和国家安全的关系主要局限于军事领域和军队语言规划研究层面,对总体国家安全领域的关注不够。国外就有学者指出,语言规划应当成为安全规划的一个重要领域,不仅需要研究通过语言教育,增强国家语言能力来强化国家安全,更应该重点考虑语言对安全领域的作用与贡献③。国外相关研究著述颇多,立论丰富,但不足之处在于没有集中对语言规划在非传统安全领域的语言问题进行综合考察和分析,虽视角多样,但缺乏整体规划视野,致使相关研究无法揭示语言规划的基本特征与应用价值。

在全球化语境下,语言的安全价值在加强和促进国际政治、经济、社会和文化等诸多领域的沟通和互动中日益提升。不少中国学者都注意到了这个动态变化对于语言规划的影响。赵守辉和张东波认为,随着全球化进程的日益加速,国际范围与地区间的交往加强,由此衍生出更多更复杂的跨国问题,语言规划首当其冲④。戴曼纯指出基于国家对于语言的安全需求,语言规划的安全价值

---

① Cooper, R. L. 1989. *Language Planning and Social Change* [M]. Cambridge: Cambridge University Press. p.45.
② 李宇明,2015,语言规划学的学科构想[J],语言规划研究(1)。
③ Liddicoat, A. J. 2008. Language Planning and Questions of National Security: An Overview of Planning Approaches [J]. *Current Issues in Language Planning*, 9(2): 129-153.
④ 赵守辉、张东波,2012,语言规划的国际化趋势:一个语言传播与竞争的新领域[J],外国语(4)。

在于政治功能、军事功能以及社会安全价值[①]。因此,面对日益纷繁芜杂的非传统安全问题,语言安全就是语言规划的应用价值所在,开展语言安全规划研究尤为重要。

开展总体国家安全领域的语言安全规划研究,具有重要的学术价值、理论价值与应用价值,同时也体现出其创新意义。

第一,学术价值

语言安全规划研究的学术价值,首先在于对语言政策与规划研究的学科意义。随着语言学研究向宏观社会语言学领域发展与深入,语言安全逐步成为应用语言学研究的重要方向,同时也是语言规划的重要目标与价值取向,是语言规划与语言政策学科亟待突破并深耕的重要学术领域。开展语言安全规划研究,有利于加深与拓宽中国语言规划与语言政策研究的深度与广度,拓展学科发展空间。

其次,语言安全规划研究有利于延展总体国家安全研究的学术新方向。长期以来,国家安全研究者们并未将语言安全作为一个明确的研究领域,大多数相关研究均将语言问题置于文化安全领域,由此窄化并弱化了语言安全问题在国家安全中的范围与影响,不利于总体国家安全观视域下建构语言安全的独立学术价值。

最后,语言安全规划研究对于中国应用语言学的学术转型具有重要意义。从应用语言学的学科安全观看,新时代中国应用语言学发展必须以国家利益与国家安全为己任,将语言安全作为学科立足点,推进以语言安全问题为核心,基于现实语言生活实践的重大问题研究,从而为语言学科在国家学术体系中争取应有的学科地位和学术话语权,真正将语言学建设成为一个一流学科。

第二,理论价值

语言安全规划研究不仅对语言政策与规划学科发展具有重要

[①] 戴曼纯,2011,国家语言能力、语言规划与国家安全[J],语言文字应用(4)。

意义，同时也有利于拓展语言规划理论的范围与空间，有助于构建具有中国特色的语言规划理论。现有语言规划理论主要来自西方，先后出现了语言规划的经典理论、批判理论和后现代理论等范式。中国作为一个语言规划实践大国，在语言规划理论建构，特别是语言规划理论国际化方面还有很长的路要走。就语言安全理论而言，现有理论的主要贡献来自欧美国家。中国语言安全研究还缺乏较为全面的理论框架和研究体系，这与中国作为语言学研究大国的地位是极不相称的。因此，本研究希冀初步探索语言安全理论框架的构建和研究体系建设，为中国语言规划理论发展做出贡献。

第三，应用价值

语言安全研究的现实目标是探索国家语言安全规划发展战略。语言安全是语言规划的应用价值所在。本研究将语言安全作为研究核心，从安全对象层次和安全问题领域深度挖掘总体国家安全视域下语言规划的现实问题，探索其意义，探求现实语言安全问题的应对策略。在全球化背景下，语言安全是各国各民族和平发展的基本前提和保障，本研究以总体国家安全中语言安全问题为导向，分析与探讨语言安全规划的范式与路径，为避免语言矛盾、语言冲突、语言群体事件乃至语言战争的发生提供预警和应对措施，为语言安全规划和机制的出台提供现实参考与理据。具体而言，语言安全研究的应用价值体现在3个方面：一是为建构科学合理的国家语言安全发展战略提供现实参考与依据；二是为政府、相关管理部门和各级企业规避与应对语言安全风险的规划与管理策略提供理论指导与实践参考；三是语言安全规划研究可以满足"一带一路"建设中的语言需求。"一带一路"，语言铺路！语言规划，安全为本。语言安全规划研究将为"一带一路"建设提供语言安全信息服务，可为"一带一路"沿线政府部门、各类企业等提供有力的语言服务支持与保障，更可为国内沿线地区语言规划的制定与实施提供现实参考。

第四,创新之处

近年来国家语言安全研究逐步在国内受到关注,相关研究从概念探究到实证研究,不断涌现。但目前国内研究尚未从系统和整体层面对语言安全研究进行深入探讨。与现有研究相比,本研究的创新之处体现在以下3个方面:

一是跨学科视角新。本研究借鉴国际安全研究理论,立足语言学,融合政治学、传播学、教育学、经济学和国际关系等多学科理论视角,提出"总体国家安全领域的语言安全",开辟了语言与安全研究的新领域,拓展了研究视野。

二是研究问题意识强。本研究通过构建5个安全层次和10个问题领域探讨语言安全,基本涵盖了现实语言生活领域中的语言安全问题,从多层次、多领域和多维度构建语言安全规划研究体系,并对主要研究问题进行了深入挖掘与分析,体现出研究的整体性与系统性。

三是研究方法的多样性。本研究在文献研究、国际比较研究和历史研究等方法基础上,结合实证量化研究、案例分析和个案调查法,融合定量研究与质性研究于一体,研究视野从宏观政策制定至微观语言规划,具有一定的方法创新意义。

五、本书结构与主要内容

本书由绪论、6个独立章节和结语构成。绪论部分首先梳理安全研究学科发展史,回顾从传统安全到非传统安全的学术流变,分析并总结非传统安全领域的3个基本特征。随后通过爬梳应用语言学学科发展的历史脉络,论证应用语言学从创生到发展,从学科遭遇危机到后"9·11"时代的学科走向。从国外应用语言学创立到中国语言学研究的时代使命,都体现出将安全问题作为真实世界问题进行研究的学科转向,揭示出其学科发展的安全观,由此进一步提出了语言安全规划研究的重要性。

第一章探讨总体国家安全视野下的语言观变迁问题。本章从国家安全领域中语言问题入手,挖掘和整理不同语言观的重要文献,爬梳现有研究的脉络,厘清从语言问题观向语言政治观、权利观,再到语言资源观的理论演进和规划范式变迁。

第二章全面论述语言安全与语言安全规划的理论体系。现有国内研究存在语言与安全、语言与国家安全等基本概念混乱不清的问题。针对关键概念界定不清,论述含混的研究现状,本章明确了语言安全的概念与内涵。同时,基于国内外语言规划理论,提出了语言安全规划的研究体系,建构了语言安全规划的研究框架。这对于国内语言安全理论具有重要创新价值,对于国际语言安全规划的研究体系亦有重要理论贡献。

第三章从语言规划的价值维度,深入探讨语言安全规划的价值范式。语言规划的价值体系研究是国内语言规划研究的盲点,本章通过语言安全这一核心概念,借鉴并创新语言安全规划的价值定位体系、规范性价值观与描述性价值观,将语言问题观、语言权利观、语言资源观与语言能力、文化危机、话语安全与国际话语权等现实价值命题有机融合,构建较为完整且具有解释力的语言安全规划的价值体系。这对于推进语言规划价值维度的研究具有重要意义。

第四章提出语言安全规划的基本内容。基于研究框架,本章提出语言安全规划的十个问题领域,五个对象层次和八个主要规划类型,不仅拓展国内语言规划研究的领域和类型,丰富语言规划学的研究范畴,还为开展语言安全规划提供现实蓝图和实践参考,有助于推动语言安全规划学的发展。

第五章是语言安全规划的国际比较研究。该章节基于国际视野,基于语言安全规划框架,分析和探讨五个国际语言安全规划的真实案例,全面展示了国际语言安全问题的现实状况,分析不同语言安全规划案例问题的成因,并考察国际语言安全的理论和现实。本章结合国际比较的经验与做法,为中国语言安全规划研究提供借鉴和参考案例。

  第六章是语言安全规划的中国战略研究。结合上述理论研究与实地调查探访,本章基于构建人类命运共同体这一重要理念,以中国参与和推动全球治理为战略定位,为"一带一路"建设提供语言安全战略规划的建议,具有重要的理论创新价值和现实参考价值。

  结语章节是对全书内容的归纳与总结,对全书研究的主要问题、研究内容、理论创新与相关案例研究进行概括性阐述。同时,也对本研究的局限性做出必要说明,并对未来语言安全规划后续研究进行展望。

第一章
国家安全视域下语言观的嬗变

> 语言既是影响社会交际、人类和睦的'问题',又是人类重要的文化资源乃至经济资源。过去我们多把语言看成问题,主要工作也是解决语言问题。而现在必须更加关注语言作为资源的属性,如果把语言看作问题,看作影响交际和人类和睦的问题,便会致力于语言统一,而对许多语言的消亡并不关心;如果把语言看作资源,看作人类重要的文化资源乃至经济资源,人们便会着力保护和开发这种资源,维护语言多样性,努力抢救濒危语言。
>
> ——李宇明[①]

纵观安全研究的发展轨迹,语言与国家安全关系密切,语言问题始终与安全问题相伴相生,如影随形。事实上,由于语言障碍所构成的安全威胁由来已久,长期存在。从军事安全角度看,自近代以来的历次战争中,都可以看到战争双方为解决语言沟通问题所做出的不懈努力。简要梳理国家安全战略演进史,不难发现国家安全视域下的语言观在形态和价值取向的变迁,同样经历从传统安全观到总体国家安全观的转变过程。国家安全研究视域下的语

[①] 李宇明,2010,中国语言规划续论[M],北京:商务印书馆,第8页。

言问题主要分为语言作为战争武器的工具观、语言作为认同标志的政治观、语言作为安全议题的问题观以及语言作为战略要素的资源观四类。

第一节 语言作为战争武器的工具观

众所周知，语言是人类沟通的载体与工具，较多研究仅仅关注语言在国与国，人与人交往中的工具性价值。但是语言在危及国家安全和人民生命的战争中，究竟起什么作用？从近现代战争史视角看，语言最早作为一种特殊的军事武器进入国家安全研究视野，其工具性价值备受学界关注。

国外研究主要聚焦于语言（特别是外语）在战争中作为军事情报和信息技术条件下的作用，同时也注意到不同军事部门在战争时期对于专业语言技能与语言能力的需求问题。在这方面，较为有代表性的研究是美国学者科特·E. 穆勒（Kurt E. Müller）的研究成果，他在美国乔治城大学战略与国际研究中心出版的专著里，系统阐述了外语对国家安全的重要意义和价值。作者丰富的军校履历极大扩展了其研究视角，使他能够从现实、历史和对策三个角度全面揭示美国在冷战时期为维护国家安全在语言规划方面做出的不懈努力。他首先从国防安全角度探讨美国政府特殊部门对专门人员的语言需求、训练和语言技能维持现实状况，并结合政府对特殊情报搜集和分析人员，以及语言翻译专家的迫切需求进行系统分析；然后又从历史角度回顾美国在两次世界大战、朝鲜战争、越南战争期间的语言需求以及在战争中暴露出来的军队语言能力严重不足的问题；最后，作者从外语教育、语言保持、语言资源库建设、语言培训等方面提出应对策略[1]。

---

[1] Müller, K. E. 1986. *Language Competence: Implications for National Security*[M]. New York: Praeger Publishers.

近年来,关于语言在战争中的工具价值研究依然是国外学界关注的热点。较有代表性的成果是由英国雷丁大学希拉里·福体特(Hilary Footitt)教授与英国南安普敦大学迈克尔·克里(Michael Kelly)教授联合主编的《帕尔格雷夫战争中的语言》系列丛书(自2012年至2016年,已出专著或编著共计12本)[①]。该系列丛书从历史比较角度,全面展示在两次世界大战(包括欧洲战争与中国抗日战争)、中东战争和波黑战争期间,语言如何在战争、冲突以及维和过程中发挥重要作用,揭示出语言支持与保障在战争过程中是情报搜集与分析、战前准备部署、地面行动、军队调动和难民安置等重要工作中不可忽视的环节。从这一系列成果可以看出,语言具有双重功能:一是在公共政策维度上,军事语言和话语的应用具有战争动员、议程设置和宣传功效;二是战场上的具体语言使用,例如语言在军事准备和部署、在战争中的交际与沟通以及在战争中的翻译/口译等具体领域也扮演着极其关键的角色[②]。这些都是传统战争领域中语言体现出的工具沟通属性。

---

① 这套书的出版得益于两位教授主持的英国人文艺术研究会(AHRC)课题:"战争中的语言"。该研究的出发点是将战争作为一个不同语言背景人群的邂逅和遭遇,重点探索战争中语言的作用是什么,战争中不同语言是如何被应用、动员和学习的,不同语言职业如何服务并推动战争进程?课题基于二战及战后的欧洲(1944—1947)和波黑战争及维和时期(1995—2000)两个特定的战争时期的历史档案和现实调查,采用比较研究和个案研究法,揭示了在战争中形形色色的语言使用者,如情报人员、侦听人员、广播译者和口译者等人群是如何在战争中发挥各自语言才能和特长,同时也从公共政策视野,审视不同战争场景下的特殊语言政策与规划问题。本系列丛书集结了十二部研究战争语言的著作,剖析语言在对外战争、内部战争、侵略战争、维和行动以及战地人道主义援助等各个方面的重要作用,从应用语言学、社会学、翻译学、跨文化交际、历史学、政治学、国际关系和文化研究角度切入,为语言研究提供一种跨多种学科的研究方法。这些著作内容涉及一系列不同时期和地点的战争冲突及语言相关的战时活动,重点关注语言与军队、战时跨国交流、维和行动以及战争中的口笔译。具体课题信息可以参见:https://www.reading.ac.uk/languages-at-war/。

② 《帕尔格雷夫战争中的语言》已经出版的12部书系目录及简介:1)《北约运作当中的语言难关:政策制定、行动、与专业化》,冷战结束后40年间,北约在波斯尼亚—黑塞哥维那、科索沃、阿富汗等地区分别实施了若干军事干涉,而在这一系列行动中,如何与当地民众正确、有效地交流对于北约区域战略的成败至关重要。该书介绍了北约军事联盟如何面对语言挑战、确保任务不因语言障碍和缺少理解而失败。(续下页注)

总体而言,国外研究具有明显跨学科底色,且研究方法多样,这些研究特征极大推进了"战争中的语言"这个重要领域的研究深

(接上页注) 2)《二战中法国的区域语言政策》,在二战德国占领法国期间,法国的各个区域语言成为了当地民众一种维护身份认同的方式。该书从历史和社会语言学角度出发,详尽分析了战前、战时、与战后法国各地区(包括布列塔尼、法国南部、科西嘉岛、以及阿尔萨斯)推行的多种语言政策。3)《以色列地区阿语教育的创新:以色列地区阿拉伯研究的安全和政治问题》,该书介绍了持续的阿以冲突如何改变并影响了以色列地区的阿语教育工作。4)《战争语言:1940—1947 英国对欧的战争贡献与外语》,该书为研究二战期间英国在欧洲战场的经历提供了一种全新的视角;从战争体系框架制造、情报收集,到军事占领、解放战争、战后恢复,本书记录了英国二战期间一系列关键事件当中语言的重要作用。5)《语言与军队:军事结盟、军事占领、与和平构建》,该书在 18 世纪至今开展的多项案例研究的基础上,探索了军事结盟、军事占领、以及和平构建过程当中外语的重要作用。6)《战争语言:军事冲突中的语言政策与语言交流实践》,该书强调了战争与冲突当中外语的重要性,认为掌握外国语言、熟悉外国文化特性是准确理解战争走向的关键。通过案例研究,本书系统总结了外语在情报收集、战略部署、士兵和平民会议、军事占领、以及和平构建等过程当中不可忽视的作用。7)《语言与一战:战时跨国交流》,该书考察了大量记录一战期间语言变化的文献,在众多国际学者的共同努力下,详尽还原了战时跨国交流的各个方面,包括前线语言使用、前后方沟通、口笔译、语际对比、战时宣传与语言操控、以及战时语言记录。8)《语言与一战:战争描述与战争记忆》,尽管过去近一个世纪,我们的当代语言中依然留存着若干一战时期出现的词汇和术语,与此同时,国际上不同学者发表的研究 1914—1918 年间战争语言的论文多达三十余篇。关注的一系列问题具有史学意义,包括战时书信日记的语言本质、战时语言变化的记录、战时报道和战争文学中的语言、战争回忆录的语言。9)《战争与翻译:英法 20 世纪 40 至 60 年代的战争文学与回忆录》,该书着重研究战争文学的国际出版发行在构建二战文化记忆过程中的作用。尽管战争很可能发生在语言不同的国家之间,但从翻译的视角阅读战争文学并不多见,而事实上,有关二战和种族屠杀的知识恰因各种翻译文本才得以传播。该书的研究围绕几部重要的法语战争小说及其英文译本展开,系统分析了战时小说出版结构如何促进跨境文学交流、战争小说翻译策略、战争小说译本与民族整体战争记忆的关系、以及战争写作中的双语现象。在此基础上,作者进一步阐明小说中描绘的战争创伤经翻译后引发的政治和道德问题。这些有趣的内容适合翻译专业师生或研究战争文学与回忆录的学者阅读。10)《翻译和平:波斯尼亚—黑塞哥维亚地区维和行动、冲突、与语言》,该书通过分析 20 世纪 90 年代波斯尼亚—黑塞哥维亚地区国际维和行动过程中出现的语言问题,详细论证了语言差异如何成为国家冲突的一部分,并进一步解释了联合国和北约的武装力量如何获得语言支持、克服种种交流障碍。11)《在暴力冲突中求生:1931—1945 年中国抗战中的翻译官》,该书考察了中国抗日战争时期(1931—1945)鲜为人知的翻译历史,其各章回顾了中国的翻译官作为当时国内、国际各方(国、共、日)角力的重要军事、政治战略人才是如何接受培训和部署的;同时详细讨论了外交政策的改变如何影响翻译工作、译员的职业习惯如何在训练和与各组织互动中形成。12)《战争罪法庭上的口笔译证据:在法庭角力中工作》,该书以动态视角考察了前南斯拉夫国际刑事法庭上的庭审互动,其中各证人在口译人员的帮助下进行作证,各方律师进行辩护,也有翻译参与,而法官则在经过翻译的证词与其他证据基础上做出裁决。具体书目信息,参见:http://www.springer.com/series/14615。

度和广度。

同样,国内研究也很早就关注到语言在战争中的工具性价值。研究进路主要有两条:一是晚清鸦片战争中语言问题的历史研究;二是现代军队语言能力研究。

历史研究中较为关注的话题是晚清时期遭遇到的几次战争中的翻译问题。中国台湾学者苏精从翻译史角度考察了鸦片战争前夕,尤其是禁烟运动期间,两广总督林则徐主持的一项翻译英文图书和报纸的活动,以期"探访夷情,知其虚实,始可以定控制之方"[①]。另一项意义深远的翻译史研究来自中国香港学者王宏志,通过对历史文献的搜集、整理与分析,聚焦于第一次鸦片战争中的中英双方译者,发现在当时的战争过程和战后谈判过程中,清政府一直轻视译者的角色,致使中方在整个战备、战时和战后过程中始终处于极为被动的位置。然而,面对第一次以武力打开中国大门战争机会,英方在翻译人员准备方面格外重视,努力克服语言障碍和翻译问题,直至最后完全占据并操控战争中的翻译权[②]。此外,该学者还考察了鸦片战争期间,清政府官员与英方关于香港问题谈判时由翻译导致的负面影响[③]。

近年来,大陆学者屈文生通过深入分析中英、中美不平等条约

---

① 中国台湾学者苏精通过深入细致的历史考察,从《澳门新闻纸》这部"中国人所为的第一部英文中译作品"、具有重要意义与价值的文献,发现在当时中外互动紧张的关键时刻,身负重任的林则徐虽有亟欲开眼看世界的用心,但是囿于翻译人才的匮乏,只能临时征调雇佣四名译者来对军情夷务与时事百态进行勘侦。通过比对细查,苏精认为当时四个译者的翻译质量堪忧,译文错误和信息缺失严重,"这些局限、不足与错误,甚至有意操弄的译文,导致林则徐虽然睁开了眼,看到的却是笼罩着一层薄雾也有些扭曲变形的世界!"参见苏精,2017,林则徐看见的世界[M],桂林:广西师范大学出版社,第49—50页。

② 王宏志通过比较中英双方战争中的相关史料,发现在中方的文书里,全然不见中方有过对翻译问题的注意和讨论,在最初阶段,中方竟然将翻译的责任交于不合格的通事,后来甚至完全放弃了翻译权,任由英方处理所有文书往来以及会晤的翻译。反观英方,自始至终都非常关注和尝试认真处理语言障碍和翻译的问题。上述研究参见王宏志,2011,第一次鸦片战争中的译者:上篇:中方的译者[C],翻译史研究(2011),上海:复旦大学出版社,第82—113页;王宏志,2012,第一次鸦片战争中的译者:下篇:英方的译者[C],翻译史研究,上海:复旦大学出版社,第1—58页。

③ 王宏志,2014,"给予"还是"割让"——鸦片战争中的琦善与义律有关香港谈判的翻译问题[C],翻译史研究,上海:复旦大学出版社。

的翻译史问题,揭示翻译活动对于中外条约史和中外关系史研究的重要意义①。上述翻译史研究,通过发掘在历史深处沉寂的文献,用鲜活的案例,揭示出翻译这一重要语言规划活动在战争中不容忽视的价值和意义。

除了翻译史研究之外,国内学者同样关注晚清鸦片战争期间,军事语言人才培养的问题。栗进英和易点点通过分析晚清军事需求,深入考察了京师同文馆、珲春俄文书院、新疆俄文学馆对于外语人才培养的情况,同时以个案介绍了福建船政学堂的军事外语人才培养问题。福州船政学堂是中国近代海军教育的发轫,与其他洋务学堂培养外交、翻译或是科技人才不同之处在于,福建船政学堂按照外语语种,即法文学堂和英文学堂采用先进的西方军校教育模式,以培养懂外文的军事指挥人才为目标②。

近年来,军队语言能力建设的研究受到国内学界重视。这方面研究以外国军队语言能力建设的国际比较研究为主。文秋芳等学者分别对美军、俄军和英军外语能力建设的历史、现状和培养体系等问题进行了较为深入的研究分析③。这些研究以现代化战争为基点,探索国外军队在语言能力建设中的经验与做法,为新时期中国军队提升语言能力提供了重要参考与借鉴。2016 年,国家社科重大项目"国防和军队改革视野下的国防语言能力建设研究"课

---

① 相关研究成果有:屈文生,2013,早期中英条约的翻译问题[J],历史研究(6);屈文生,2017,《望厦条约》订立前后中美往来照会及翻译活动研究[J],复旦学报(社会科学版)(1);屈文生,2017,笔尖上的战争:《望厦条约》订立前顾圣与程裔采间照会交涉研究[J],浙江大学学报(人文社会科学版)(5);屈文生等,2021,《不平等与不对等:晚清中外旧约章翻译史研究》[M]. 北京:商务印书馆。

② 栗进英、易点点,2010,晚清军事需求下的外语教育研究[M],长沙:湖南大学出版社,第 89—96 页。

③ 相关论文参见:文秋芳,2011,美国国防部新外语战略评析[J],外语教学与研究(5);文秋芳、苏静,2011,美军外语能力及其形成——来自美国《国防语言变革路线图》的启示[J],外语研究(4);张天伟,2013,美国军队外语能力的培养体系及其启示[J],外语研究(6);李迎迎,2013,新时期俄罗斯军队外语能力建设概观[J],外语研究(6);王玉珏,英国军队外语能力建设历史及现状评析[J]. 解放军外国语学院学报(6)。

题正式立项,标志着在中国军队创新改革和强军建设的时代背景下,军队语言能力正成为学界研究热点新领域。所谓国防语言能力建设,是指"一个国家面向国防建设、军事斗争准备、战争行为所储备的语言能力和语言运用能力"①。在这个新兴研究领域,已经有一批研究成果陆续面世②。

纵观上述国内研究,我们发现,无论是从历史研究角度,还是从军队语言能力建设角度研究语言在战争中的价值和运用,都是从传统军事安全视角审视语言在维护军事安全中的工具性价值。同时,通过对照国内外研究成果,我们也发现在语言作为战争武器的工具观下,国内研究领域相对狭隘,研究深度也亟待大幅拓展。通过梳理国内外研究现状不难看出,强大的国家语言能力是维护和强化国家军事安全的重要保障。新时期,语言对于军事安全的重要作用不仅不应减弱,反而应该进一步加强。

第二节 语言作为认同标志的政治观

中国著名语言学家许国璋先生在论及语言的主要功能时,曾提出语言不仅是人与人交流感情和传输信息的中介,也是人们认知世界和描写世界的工具,同时,他也指出语言是文化信息的载体和储存文化的容器③。许先生对语言的基本认识,为我们走出单一的语言工具主义认知,进入语言多元功能探索提供了重要启示。事实上,人们正是通过语言来认知世界、感知外界、储存记忆并建构自我身份认同。语言社会学奠基人,美国学者费什曼(Joshua

---

① 梁晓波,2018,"国防和军队改革视野下的国防语言能力建设研究"专题[J],云梦学刊(2)。
② 相关成果有:李洪乾,2014,中国军事维和人员外语技能培养现状及其途径研究[J],高等教育研究学报(2);李洪乾、梁晓波,2018,语言战略化背景下我国国防语言教育现状及策略研究[J],云梦学刊(2)。
③ 许国璋,1986,语言的定义、功能、起源[J],外语教学与研究(2)。

Fishman)指出:语言不仅用来"载道",语言本身就是"道",足以引起爱憎,足以显示社会地位、人际关系;反映情境、话题以及言语社区的共同目标和价值观①。换言之,语言不仅仅是一套表义符号和结构系统,也不仅仅是人类社会重要的沟通和媒介工具,其本身就是一种社会建构,体现为制度、规约和观念,承载着价值观念和政治功能,蕴含着权利诉求和权力操控之间的博弈关系。

进入21世纪以来,国内外学者开始将语言作为身份认同的重要标志之一,探索其政治功能的研究。荷兰语言学家阿佩尔和穆斯肯曾提出一个十分有趣的观点,他们认为民族和国家的政治史与语言发展和演化的历史联系密切,人类语言接触与语言冲突的历史正是世界政治史的反射与映像②。这两位学者都提出人类历史上不同语言接触的现象,语言接触产生了沟通和交流的需求,同时也赋予语言特殊的政治功能。英国语言学家丹尼斯·艾哲从历史角度,运用五个典型案例,将领土完整、民族主义、区域自治、计划语言和语言法令等政治问题与语言问题紧密结合在一起,揭示在现代民族国家的政治生活中,语言往往会成为民族国家试图发展自己的区别性特征的首选,是民族国家寻求身份的一种手段,也是民族身份的重要组成部分③。

语言与政治息息相关,一方面,语言关系是国家政治安全的基础。从近十几年来国际上出现的一系列政治波动和冲突经历来看,语言关系的和谐稳定,对于国家政治安全意义重大。若是在一些重要的语言问题上,语言关系处理不当,单纯的语言问题就有可能引发或是激化为政治问题,进而威胁和影响国家的政治安全。

---

① [美]乔书亚·费什曼.1971.语言社会学[M].黄希敏译,台北:巨流图书公司,第8页。
② Appel, R. & Muysken, P. 2005. *Language Contact and Bilingualism*[M]. Amsterdam: Amsterdam University Press.
③ Ager, D. 2001. *Motivation in Language Planning and Language Policy* [M]. Clevedon: Multilingual Matters Ltd. pp.13-39.

另一方面,国家语言认同是国家政治安全中的一个核心问题。国家政治安全不仅是指国家统一和政治稳定,同样还表现为国家认同、民族认同、政治认同和文化认同等方面,国家语言认同与上述四个认同更是关系密切。在国家安全研究视野下,语言和政治关系密切,相辅相成。语言既是政治的工具,也是国家政治安定的要素。在现代民族国家中,语言是一种具有政治意蕴和身份标识的符号系统,体现出将语言作为身份认同的政治观。

语言政治观脱胎于二战后现代民族国家的建立与重建。二战之后,一些旧殖民地纷纷解体并独立,民族复兴运动兴起,新成立的政府面临着众多民族语言和原殖民地语言之间的抉择问题,语言矛盾突出。因此,多民族国家的政府都将语言作为解决民族交际和政治统一、缓解民族隔阂和政治矛盾的重要"抓手",从政治高度实施语言规划并强制实施。在这个过程中,语言同化主义和语言民族主义成为当时的代表思想。从政治角度看,语言问题与民族问题关系最为紧密,因为在区分民族的各种标准中,语言是对民族或是族群识别的最为直接、最为明显的标记之一[①]。

然而,从世界范围看,语言同化主义和语言民族主义的效果并不明显,相反,在一些地区还激化了民族矛盾,一些极端的民族主义还造成了政治分裂。例如苏联后期由于独尊俄语、忽视其他民族语言的政策,一味压制其他民族语言的做法成为导致社会动荡乃至国家分裂的重要诱因之一,这种语言观影响深远,从冷战结束至今,在独联体国家中,因语言冲突和语言安全问题引起的政治和社会问题此起彼伏。时至今日,无论是中亚部分国家的"去俄语化",还是乌克兰克里米亚地区的俄语地位之争,都说明忽视语言多样性、以简单粗暴方式处理语言问题所导致的政治危机。

进入20世纪60—70年代后,随着世界范围内民权运动的兴

---

① 褚孝泉,2016,世界强势语言的产生[M],上海:复旦大学出版社,第82页。

起,移民和族群问题成为很多西方国家的棘手问题,如何在行政和教育等领域的社会语言使用层面处理移民族群的语言问题,成为亟待解决的政治问题。语言权利问题处理不当,会激发来自不同语言社区中人与人之间的矛盾,导致语言冲突,乃至语言战争的出现。此外,从立法角度看,如何协调个人语言权利和群体语言权利之间的关系,也是一个棘手的政治问题。客观上,将语言作为权利的政治诉求,突破了单一语言工具主义的视域,将语言问题上升到了社会、文化和政治层面。

在国外研究中,英国学者苏·赖特(Sue Wright)的学术贡献可谓"独树一帜"。她是较早关注到语言在具有交际作用的同时也具有标识政治身份作用的西方学者之一。她特别强调了语言学研究的现实问题意识,尤其是语言的政治观,她认为:

> "语言是人们通过社会化融入社团和社会的主要手段,也是人们表达意义的主要方式。语言构建人类社会,促进团结和合作,但也在社会内部和社会之间的权力以及资源分配上起到关键的作用。在非民主社会里,语言是对通过非语言方式建立起来的等级制度加以区分的标志;在民主社会里,它就是权力本身,原因是民主社会中的权力最终源于领袖劝说选民赋权的能力。"①

苏·赖特结合欧洲政治研究,敏锐地提出自1945年以来,在欧洲逐渐打破政治经济壁垒,中东欧新兴国家相继独立建构,同时在大规模移民和人口流动的社会变迁背景下,不同民族和国家的社会、族群乃至个体之间的交际问题突出,需要反思传统的"一种语言、一个国家和一个民族"的观点,必须全面审视语言在民族国

---

① [英]苏·赖特,2012,语言政策与语言规划——从民族主义到全球化[M],陈新仁译,北京:商务印书馆,第7页。

家构建和欧洲整合进程中的作用①。她基于自身的政治学研究背景,将语言学与政治研究融合起来,认为语言不仅在全球化进程中,在欧洲民族国家构建和欧洲一体化进程中扮演着举足轻重的角色,语言问题在很多领域都给欧盟这一超国家组织的正常运行和政治稳定带来诸多的挑战,例如欧洲通用语问题、英语霸权问题和移民问题等,都对多语多元的民族国家身份带来不容忽视的政治问题②。

作为一位坚持语言作为身份标志政治观的学者,苏·赖特认为语言交际功能与政治功能在传统单一民族国家或自给自足的封闭社团中,语言交际功能和政治功能之间的关系是互为补充共生的③。然而,全球化进程使得这种"小国寡民"的社会形态发生了巨大变化。人际交往逐渐增多,人员流动性大幅增加,不同语言社区成员之间的交往日趋频繁。语言接触、语言顺应、语言转用、语言融合、语言同化甚至语言冲突的出现,在很大程度上是由于人们在成为双语者的过程中,作为他们身份标志的语言并不是他们在多数交际活动中所需要的语言④,而这一问题造成了这些人群自我身份认同与建构的焦虑与不安。应该说,苏·赖特将语言与政治相结合的研究范式具有较大创新意义,她不仅拓展了传统的语言学的研究领域,同时也将政治学的研究视野扩展到关涉国家政治安全的语言问题上。

近十多年来,国外对语言政治观研究不断深入。在这一领域集大成者,当属苏·赖特和爱尔兰利默里克大学的海伦·凯莉-霍尔姆斯(Helen Kelly-Holmes)教授,她们以联袂主编的身份自2006年起在帕尔格雷夫出版社(Palgrave)合作出版《语言与全球

---

①② Wright, Sue. 2000. *Community and Communication: The Role of Language in Nation State Building and European Integration* [M]. Clevedon: Multilingual Matters Ltd.

③④ [英]苏·赖特,2012,语言政策与语言规划——从民族主义到全球化[M],陈新仁译,北京:商务印书馆,第7页。

化》丛书。该丛书重点关注在全球化背景下,国际政治与社会急剧变动,民族与国家传统泾渭分明的边界日渐模糊,语言在不同社会领域频繁地接触中,触发全球化与本地化之间身份建构与重构的问题,由此导致了一系列前所未有的社会结果。相关论著不仅关注语言意识形态、语言冲突、语言排斥、少数族裔语言身份、城市语言使用等社会语言学领域问题,同时还关涉国际化城市多语身份、跨国劳工语言障碍、移民语言融入问题、国际难民安置中的语言问题、社交媒体社区语言、青少年网络语言文化等语言社会学问题,极大拓展了语言作为身份认同的政治研究空间[①]。

相比之下,中国国内对语言作为身份认同的政治研究刚刚起步,尚不够深入,有极大的发展空间。国内不少学者已经注意到语言与国际政治之间的关系,在理论与实践层面做出了实质性的学科性探索,对国际关系中的话语身份问题进行了深入探讨,这类研究一方面以国际关系学者为主,研究的切入点是将话语作为一种政治建构来分析国际关系中的身份问题[②]。另一方面研究主要由社会语言学者开展,他们从社会文化身份角度入手,考察不同语言生活与经历对语言使用者身份认同的影响,然而这类研究对政治

[①] 这套《语言与全球化》丛书已经出版 31 部,代表性著作包括:Block, D. 2006. Multilingual Identities in a Global City; Harris, R. 2006. New Ethnicities and Language Use; Mole, R. 2007. Discursive Constructions of Identity in European Politics; Williams, C. 2007. Linguistic Minorities in Democratic Context; Mar-Molinero, C. & Stevenson, P. 2009. Language Ideologies, Policies and Practices: Language and the Future of Europe; Mar-Molinero, C. & Stewart, M. 2009. Globalization and Language in the Spanish-speaking World: Macro and Micro Perspectives; Carl, J. & Stevenson, P. 2009. Language, Discourse and Identity in Central Europe; Oakes, L. & Warren, J. 2007. Language, Citizenship and Identity in Quebec; Duran, C. S. 2017. Language and Literacy in Refugee Families; Dovchin, S. et. al. 2018. Popular Culture, Voice and Linguistic Diversity: Young Adults on-and offline.

[②] 相关研究参见:孙吉胜,2017,后结构主义国际关系理论视域下的身份与对外政策[J],国外理论动态(10);孙吉胜,2017,国际政治语言学:理论与实践[C],北京:世界知识出版社。

层面的身份问题关注不够①。总体而言,国内政治学对于语言和身份的研究依旧停留在话语政治层面,没有真正关注现实社会中的语言与身份政治问题,而语言学研究者则缺乏政治学视野,未能洞悉语言现象与语言使用背后的政治身份领域。通过上述国内外研究的比对,不难看出以语言作为身份认同的政治观研究,在国内具有广阔的探索空间,值得学界更多关注。

第三节 语言作为安全议题的问题观

二战结束至今 70 多年来,语言与国家安全的勾连日益明显,在语言工具观与语言政治观的"一明一暗"双向互动之下,语言问题逐渐成为总体国家安全领域的一个基本构成要素,成为一个不容忽视的安全议题。语言自身问题也关乎国家利益,成为国家安全中的一个重要问题和研究对象。语言问题处理不当或应对失策,会在一定程度上损害或威胁国家利益,给国家安全带来风险与隐患。语言作为安全议题主要体现在语言问题安全化与语言生态危机两个方面。

一、语言问题安全化

"语言问题安全化"由国内学者王建勤提出,其核心理念深受国际关系研究领域哥本哈根学派的安全化理论观照②。哥本哈根学派认为安全化(securitization)就是将一些非传统的安全事务上

---

① 相关成果参见:高一虹,2013,大学生英语学习动机与自我认同发展:四年五校跟踪研究[M],北京:高等教育出版社;奚洁,2017,全球化语境下的语言认同与外语教育规划研究[M],南京:南京大学出版社。
② 王建勤教授最早提出这一说法之后得到刘跃进教授的呼应,并在其《为国家安全立学:国家安全学科的探索历程及若干问题研究》一书中专章阐述。参见:王建勤,2011,语言问题安全化与国家安全对策研究[J],语言教学与研究(6);刘跃进,2011,国家安全体系中的语言文字问题[J],语言教学与研究(6);刘跃进,2014,为国家安全立学:国家安全学科的探索历程及若干问题研究[M],长春:吉林大学出版社。

升到安全事务的过程,由国家通过非常规的、激进的政治化手段,打破规则,依靠"存在性威胁"的出现来推进,进行特殊的议程设置、部署和安排,解决国家安全面临的威胁和隐患[①]。

语言问题安全化的一个典型案例是美国外语教育战略的演变。从关键语言教育战略到国家外语能力建设,国内外相关研究日趋丰硕,基本勾勒出美国外语教育战略的演变轨迹及其特点[②]:在现代国家中,美国是最早赋予外语教育以国家战略意义并实施相应规划的国家之一,最早从国家安全角度规划外语教育,最早提出"国家安全语言倡议"战略计划,最早将国家利益与外语教育挂钩,也是最早提出国家外语能力建设的国家。从语言问题安全化视角看,美国外语教育战略经历了战争语言—冷战语言—安全语言的演变过程。

二战期间,美国的外语教育一度被赋予了战争语言的价值。

---

① 在哥本哈根学派看来,安全是超越一切的政治规则和政治结构的一种途径,实际上就是一种所有政治之上的特殊政治。安全化因此可以被视为一种更为激进的政治化描述。从理论上看,所有的公共问题都可能被置于非政治化的范围(例如公共视域中的语言问题),从使其政治化(例如把语言问题作为国家政策的一部分,需要政府的决心和资源配置,或者需要一种不同以往的公共治理体制)到使其被安全化(例如将语言问题作为"存在性威胁"提出,需要国家和政府采取紧急措施,以及能够证明这些措施即便超出了政治程序的正常限度,但依然不失为正当)。相关研究参见:[英]巴瑞·布赞等,2003,新安全论[M],朱宁译,杭州:浙江人民出版社,第32—35页。

② 相关成果参见:Cardinal, L. & Sonntag, S. K. 2015. *State Traditions and Language Regimes* [M]. Quebec: McGill-Queen's University Press;王添淼、李伟言,2006,美国K-12教育中国家外语教育目标述评[J],外国教育研究,(11);贾爱武,2007,以国家安全为取向的美国外语教育政策[J],比较教育研究(4);鲁子问,2007,外语政策与国家安全:美国的经验与启示[J],当代教育论坛(4);沈骑,2009,整合与创新——美国高校外语教育的变革策略探析[J],现代教育科学(2);孙渝红,2009,语言战略与国家战略[D],重庆:西南大学;王淳,2010,安全诉求与认同危机:论美国国家语言战略的重塑[J],国外理论动态(9);刘文宇、王慧莉,2010,当代美国外语教育现状及政策的演变[J],外国教育研究(7);季舒鸿,2012,美国外语教育战略演变与现状分析[J],国家行政学院学报(6);戴曼纯,2012,以国家安全为导向的美国外语教育政策[J],外语教学与研究(4);张治国,2012,中美语言教育政策比较研究[M],北京:北京大学出版社;文秋芳、张天伟,2013,美国国家外语能力建设模式分析[J],外语教学与研究(6);龚献静,2013,第二次世界大战后美国高校外语教育发展研究[M],青岛:中国海洋大学出版社;谢倩,2014,外语教育政策的国际比较研究[M],武汉:华中科技大学出版社;刘美兰,2016,美国关键语言战略研究[M],上海:复旦大学出版社。

美国政府出于军事目的,为应对第二次世界大战的军事所需,动用了一切力量参与军事人员的外语培训,并雇用大批在美语言学家和外语教学法专家投入军队外语教学。同时,美国政府还委托各大学为军事人员专门研发语言培训计划,为了在 36 周内迅速提高听、说和文化适应方面的技能,1942 年启动了"军方特别训练计划"①。培训计划在短期内通过非常规措施培养了大批掌握外语口语能力的军事人员,目的都是为了提高参战人员的外语水平。美国整个战争期间还启动了其他的外语培训计划,这些计划在短时间内迅速提高了军事人员的外语能力,对于后来的外语教学法发展也有一定影响。

二战结束之后,冷战铁幕降落,美苏两国及各自阵营都进入互相敌对和竞争状态。早在 1954 年,美国现代语言学会秘书长威廉·莱利·帕克(William Riley Parker)就向美国国务院下属的联合国教科文组织(UNESCO)特别委员会提交了一份"指南报告"。报告利用美国现代语言学会提供的翔实数据,分析美国国家外语能力的匮乏现状,提出美国应该从国家安全利益高度系统规划外语教育。这份报告的提出,在美国产生了重要影响②。

1957 年 10 月 4 日,苏联卫星(Sputnik Ⅰ)上天,震惊美国上下,在美国随后实施的《国防教育法》(1958)中,将数学、科学和外语教育列为"新三艺",将外语教育目标确定为满足国防需要培养合格的人才。1978 年,美国白宫成立的总统特别委员会调查国家外语能力和需求,1979 年该委员会提交报告反思美国国家外语能

---

① 孙曼丽,2012,从"能力本位"到"表现标准本位"[D],福建师范大学。
② 帕克提出的这份指南报告,从二战后美国所面临的全球治理角色和国际担当角度出发,从国家利益角度提出国家外语能力的重要性,同时指出外语教育应该如何规划来确保和提升国家安全能力。这份报告自 1954 年由美国政府印刷出版后,在美国学界和政界受到关注,随后在 1957 年和 1962 年先后推出了第二版和第三版,这在当时处于冷战初期的美国学界,特别是外语教育研究领域,产生了深远的影响。参见 Parker, W. R. 1954, 1957, 1961. *The National Interest and Foreign Languages* [R]. Washington: U.S Government Printing Office。

力与国家安全需求之间的差距正在加大,并将提升外语能力的目标局限于"沟通同盟,分析敌对国家,并赢得自由国家的信任和支持"。这份报告完全将起到理解和沟通文化的外语作为用于对抗其他意识形态的工具,其实质就是将外语置于美国冷战框架体系,完全背离了美国1975年赫尔辛基协议中关于维护安全和合作的精神①。这种将外语教育绑在冷战框架内的霸权思想受到了美国应用语言学家的严厉质疑和强烈批评②。

美国语言问题安全化的特色更体现在其安全语言战略的实施。在非传统安全形势影响下,特别是2001年美国"9·11"事件发生之后,国家安全问题被逐步放大,并被迅速扩展到了语言问题上。国家安全语言问题当仁不让地成为与美国国家安全息息相关的重要议题。2003年,美国众议员拉什·霍尔特(Rush Holt)在其提交的《国家安全语言法案》中,首次提出"国家安全语言"这个概念③。2006年,小布什政府颁布的"国家安全语言计划",也正是沿用了这个概念,正式将语言和国家安全的关系从战略上对接。

事实上,国家安全语言这个概念并不是一个"新概念"。1958年,根据《国防教育法》,美国确立了三个层次的关键语言(critical languages):第一层次6种(汉语、日语、阿拉伯语、北印

---

① 1975年8月,芬兰赫尔辛基举行了关于国际安全与欧洲合作的会议,共37个国家包括美国、加拿大、除阿尔巴尼亚、安道尔的全部欧洲国家签署了赫尔辛基协议(Helsinki Accords),旨在改善共产主义阵营与西方国家的关系。会议倡议各国增进团结,克服对抗,加强世界和平和安全,推动全人类的基本权利、经济和社会进步。根据该协议,美国和其他签约国"承诺鼓励和推动外国语言和文化学习,以便增进相互之间的文化理解",参见Burn, B. B. 1980. The President's Commission on Foreign Language and International Studies: Its Origin and Work[J]. *The Modern Language Journal* (1): 7-8.

② Kramsch, C. 2005. Post 9/11, Foreign Languages between Knowledge and Power[J]. *Applied Linguistics*, (4): 545-567.

③ Holt, R. 2003. Introduction of National Security Language Act[Z]. Congressional Record: Dec. 9. 参见:王建勤,2010,美国"关键语言"战略与我国国家安全语言战略[J],云南师范大学学报(哲学社会科学版)(2)。

度-乌尔都语、葡萄牙语和俄语);第二层次 18 种;第三层次 59 种①。《国防教育法》的最终目标并不仅仅是为了外语教育本身,更重要的目标是美国在全世界的地位和利益。在《国防教育法》的指导下,美国政府加大了对外语教育和区域研究的资助,特别是"关键语言"地区。

在冷战及其结束后相当长时间内,"关键语言"教育战略频频出现,其语种范围不断调整与变化,但是无论是服务于冷战军事情报目的,还是致力于提升美国在全球贸易中的竞争力关键语言教育项目或是计划,美国政府均给予大力资助和扶持②。

随着冷战终结,美国政府对外语教育"热情"一度减弱。然而,"9·11"恐怖袭击事件却再次触动了美国政府的国家安全神经,政府对外语教育的"兴趣"提高到顶点,调用了国防部、国土安全部以及军队的力量和资源推动一系列外语教育政策和法规出台。2006 年 1 月 5 日,美国国务院、教育部以及国防部联合召开美国大学校长国际教育峰会,时任总统布什在会上正式提出"国家安全语言倡议",决定拨款 1.14 亿美元资助以国家安全为目标的一系列语言项目,由此确立了以国家安全为价值取向的外语教育政策。美国政府和军方提出这一外语战略的初衷主要是为了应对未来国家安全的不确定性,指向性非常明确。美国总统布什在会上指出该战略是一个大范围的计划,涉及国防、外交、情报和教育。

与过去"关键语言"战略不同的是,这个"国家安全语言倡议"不仅将各类资源投入与国家安全有关的情报搜集、军事翻译、侦听等重要国家安全领域,培养国家安全急需的阿拉伯语、汉语、日语、朝鲜语、俄语以及印度语族、波斯语族和土耳其语族等"涉及国家

---

① 从丛、李联明,2008,美国高校外语教学服务国家安全战略的启示[J],南京社会科学(10)。

② Scollon, R. 2004. Teaching Language and Culture as Hegemonic Practice[J]. *The Modern Language Journal*(2):271-274.

安全语言"的高级专门人才①,而且经费也不再投入相关高校,而是直接拨款在高校建立的研究机构,这些研究机构直接听命于政府和军方。由此不难看出,这项计划的推行立足于美国在世界的地位以及美国在世界上的全球竞争能力,包括其在世界贸易体系中的竞争实力。由此可见,为了应对来自非传统安全的挑战,美国的方案是联合各方力量以达到国际竞争和全球治理上的语言优势。提升关键语言能力的主要目的不仅仅是为了国家安全,更是为了美国在世界上的地位②。

诚然,美国采用语言问题安全化的做法在应对恐怖袭击的关键时期确实发挥了历史性作用。但由于受到2008年世界金融危机冲击,美国政府财政紧缩,大幅度减少了在国家安全语言计划上的投入,语言问题安全化的实施效果大打折扣。需要指出的是,过度将语言问题安全化的做法会带来很多潜在问题。

首先,美国外语战略仅为军队特殊领域服务,其适用面小。美国军方在战略实施中扮演重要角色,军方的关注点在于语言的工具价值,即针对军事情报翻译和口译人才训练语言信息技术、语音识别技术等。为了缓解语言人才短缺,军方在美国国内各大高校调用了不少"关键"语种师资,用以培训相关军事情报人员。同时,在中东地区,美国军方也征用了不少精通当地语言的人加入军事翻译和联络工作。但由于中东问题的胶着状态和美国在阿富汗的全面撤退,军方对这方面的经费投入也不断萎缩。

其次,美国外语战略对于外语教育关注不够,对外语资源开发和利用动力不强,对外语教育的投入十分有限。据美国威斯康辛麦迪逊大学世界语言教育(World Languages Education)研究专家

---

① Committee on Homeland Security and Governmental Affairs. [EB/OL] http://www2.ed.gov/about/inits/ed/competitiveness/nsli/about.html.
② 参见美国国家安全语言倡议的简要说明:http://exchanges.state.gov/universitysummit/nationalsecuritybriefing.htm。

弗朗索瓦·涂尚教授(Francois Tochon)介绍[①],他曾经在2007年获得过美国教育部资助项目,负责在美国几所高校建立土耳其语网络课程,供美国学生自主学习,这一项目也得到土耳其政府和大学的支持。然而,2009年,由于美国政府削减外语教育,致使他无法完成后续的课程开发工作。更为严重的是,他注意到由美国军方主导的"国家语言安全倡议",误解甚至是曲解了外语教育的真正价值所在。他认为美国政府以国家安全倡议的名义,由军方投入较多的经费用于军事情报搜集和监听等领域,但并未有效开发和利用美国丰富的外语资源,将提升国民的外语能力和跨文化理解能力作为外语教育政策的价值取向。他认为这种狭隘的安全观不仅不能提升美国国家语言安全的能力,相反,这种"竭泽而渔"的做法还会造成一种与冷战情绪直接关联的民族主义思潮和盲目排外文化,是对20世纪90年代美国外语教学委员会提出外语教育跨文化目标"5C"原则的倒退[②]。

笔者在与华盛顿大学语言学习中心负责人交流时了解到,该校近十年来,由于经费紧张,学生语言需求不高,外语专业招生和世界语言课程选修人数不断下降,主要语种由原来60种减少为不到20种。究其原因,是美国政府对高校外语教育的投入不足。该负责人不无惋惜地说,该校外语系科中,教授外语的语言教师

[①] 2013年3月,笔者曾与涂尚教授共同筹办首届国际语言教育政策研讨会(上海外国语大学),之后,笔者也在西班牙、中国台湾等地国际会议上就外语教育政策价值问题与涂教授有过深入交流与探讨。他曾深刻指出,如果一味仿效美国狭隘的语言安全化的做法,将对外语教育发展乃至整个国家外语能力建设带来不良影响。

[②] 20世纪末,在美国外语教学委员会(ACTFL)组织专家学者成立了"全国外语教育目标课题组"。该课题组在广泛调查研究的基础上,结合当代语言学理论,联合编制了《面向21世纪的外语学习标准》——Standards for Foreign Language Learning: Preparing for the 21st Century(1996年初版),1999年该学习标准的修订版改名为Standards for Foreign Language Learning in the 21st Century(以下简称《标准》)。《标准》将美国外语教学归纳为五个目标,即:运用外语交际(communication);获得知识,体验多元文化(cultures);贯连其他学科,获得信息(connections)比较、洞察语言与文化特征(comparison);参加国内外多元社区(communities)。因为这五个目标都是以C开头的单词,所以《标准》所定的外语教育目标又称"5C"外语教育。

(language instructor)无法得到终身教职，致使一些关键语种课程无法开设。由于外语教育经费捉襟见肘，该语言中心在聘请来自南亚国家的研究生担任相关语种助教的职位时，也显得力不从心，缺乏相应的资源配套来支撑这些语种的正常教学。

第三，语言安全化思维致使美国开发与利用外语资源不力。与美国高校外语教育形成鲜明对比的是，美国社会对于外语资源需求却很大。以汉语学习为例，笔者发现在华盛顿大学的孔子学院很受华大学子欢迎，不仅选修学生多，而且中国语言文化推广活动也备受学习者青睐。在波特兰，当地商会和跨国公司都将汉语能力和西班牙语能力作为员工的重要语言技能。在华盛顿州的中小学中，汉语与法语、德语、日语等语种一样受到学生和家长的重视，西雅图不少小学和幼儿园都以汉英双语教育作为办学特色。

然而事实上，美国对外语资源开发与利用并不充分。因为外出调查的缘故，笔者经常在搭乘优步（UBER）网约车过程中发现优步司机大多是外来移民，且多以亚非拉国家的为主。出于专业敏感意识，笔者总会询问司机的国籍及其所掌握的语言。据不完全统计，在笔者调查的外来移民司机中，居然有多人都是以"关键语言"为母语，其中包括阿拉伯语、索马里语、斯瓦希里语、普什图语、波斯语、印地语、阿姆哈拉语、库尔德语、尼泊尔和孟加拉语等。以微软公司所在地附近的贝尔维尤（Bellevue）小城为例（这个人口不足20万人的小城以外来移民多而著称），据统计，截至2017年，该市拥有说86种不同语言的居民。一个小小的湖滨城市的外语语种数量已经超过了当时中国国内能够开设语种最多的高校。可见美国作为一个多语移民社会，其外语资源是何等丰富！但是，如何传承与发展这些外语资源，却是美国政府必须面对的价值难题。正如一位祖籍为伊拉克的优步司机所言，他很担心自己的两个女儿在美国没有充分的机会学习和了解祖国的语言与文化。他认为两个孩子在美国这个"大熔炉"中成长对其母语文化发展很不利,毕竟他的孩子自出生至今还未回到过那个有着辉煌悠久历史的文明古国。

美国政府通过宣布美国"国家安全语言计划"这一"言语—行为"启动了安全化程序。这是因为美国认为国家安全因语言问题受到了威胁,而这种"存在性威胁"的来源主要是国家外语能力危机。语言问题被安全化,意味着美国政府,尤其是军方可以通过非常规手段,动员全国上下所有的资源来提高国家所需要的外语能力。尽管在非传统安全风险日益严峻的今天,一国政府通过安全化策略,可以较好地实现社会整合并强化社会认同。但是,由于美国政府对于外语教育政策价值的狭隘认知,语言问题安全化却最终演变为带有浓厚冷战色彩的关键语言战略。语言问题安全化背后所体现的语言意识形态最终也成为美国排外民粹主义的借口和托辞。2017年,美国总统特朗普上台后推行的民粹主义政策,对外来移民加紧控制和排斥,歧视少数族裔语言和文化的言论频出,这种反全球化的行径已经给美国外语教育发展带来了更为严重的影响。

与此同时,美国学者认为美国外语教育过度政治化,不顾及本国公民实际情况,对本土公民的外语教育缺乏必要投入,也没有给予多语人群应有的外语教育权利[①]。2016年至2017年,笔者在美国华盛顿大学访学期间,在与美国学者交流中也发现,他们对美国外语教育政策持批评态度居多,认为美国只关注语言问题安全化这一政治"传统",对国内日益严重的多语问题置之不理,未能将民众外语教育的公共价值诉求与国家利益两者有机融合。事实证明,将国家语言能力与国民现实需求刻意割裂,过度强化语言问题安全化的做法,难以为继。此举无益于实现真正的国家安全。

---

① Cardinal, L. & Sonntag, S. K. 2015. *State Tradtions and Language Regimes*[M]. Quebec: McGill-Queen's Univeristy Press.

二、语言生态危机

正如生态环境一样,语言生态危机会引发国家语言资源安全问题,同样也会带来国家文化安全问题,甚至影响整个国家安全。从世界各国语言生态状况来看,语言生态呈现出的危机主要体现在语言应用的两个层面:

1. 语言单一性的风险

日本学者津田(Tsuda)教授指出:"语言是文化,是人类社会的认同源泉,语言本身就在创造我们的文化环境,它们不仅仅是工具,而且还是使我们成型并影响人类发展的环境"①。作为文化多样性的代表之一,语言多样性在全球化浪潮下,正面临着单一化与多元化的困境,人类语言的整体安全与生态发展受到了前所未有的威胁与挑战。语言是身份认同的"标记",也是族群记忆的"容器",由全球化引发的国际人口流动以及由此带来的移动型多语社会正成为一个世界性问题,在这样的现实语言生活图景下,语言单一化导致了一系列政治和安全风险。

首先,单一语言意识形态受到多元文化的冲击。在多民族国家,不同语言的生态平衡关系非常重要,如果国家语言政策奉行的是单语主义意识形态的话,语言生态一旦失衡,对于灭亡的语言和幸存的语言来说,都是一种灾难,将会导致严重的语言文化危机②。2001年,"9·11"恐怖袭击使美国这样的"移民国家"更加清醒认识到语言对于国家安全的战略价值和意义。美国学者塞缪尔·亨廷顿(Samuel Huntington)提出的"文明冲突论"③背后,折射出美国这样一个以多元文化大熔炉著称于世的"民主国家"中,

---

① 转引自蔡永良,2011,从文化生态视角解读语言衰亡[J],外语教学与研究(1)。
② 蔡永良,2011,从文化生态视角解读语言衰亡[J],外语教学与研究(1)。
③ [美]塞缪尔·亨廷顿,2003,文明的冲突与世界秩序的重建[M],周琪等译,北京:新华出版社。

那些处于弱势地位的语言在"英语唯一"这一单语主义意识形态下的反抗与抗争①。

其次,单一语言观也会影响国家经济竞争力。英国学者霍根-布伦(Hogan-Brun)认为传统的单一观不仅不利于当前世界经济一体化趋势,也会在很大程度上构成全球经济交往融通的障碍,她的专著从历史和现实角度探讨了多语并存对于世界经济贸易发展的成本与收益,同时提出在多语世界构建"多语经济学"的观点②。随着全球经济重心向亚洲转移,英国作为传统商业大国的地位呈现出"自由落体"式衰退,国民外语水平的不足,已经直接影响到了英国在国际商贸活动中的竞争力,在全球经济竞争中面临着语言能力欠缺的窘境。就连素来以向全球传播英语语言和文化而著称的英国文化委员会,也不得不发布《面向未来的多种语言》(2014)调查报告,分析英国所面临的外语不足的危机,号召国民加强外语学习,提高多语能力,提升在全球竞争中的语言沟通能力。2014年,国际著名的《哈佛商业评论》刊文,提出全球跨国企业需要重视语言在其海外扩张战略中的地位和作用,其中专门提到企业精英人才需要加强语言培训,包括国际通用语言能力和外派国家当地语言和跨文化能力的学习③。

最后,单一语言观难以应对全球治理的危机。2015年至今,世界性的难民危机对各国治理能力提出严峻的挑战。据欧洲统计局统计,到欧洲避难的难民输出国主要为叙利亚、阿富汗、科索沃、厄立特里亚、塞尔维亚、巴基斯坦、伊拉克、尼日利亚、俄罗斯和阿尔巴尼亚。语言沟通不畅,语言服务不济,都是由难民输入带来的

---

① 关于美国语言单一或是英语唯一的语言意识形态研究,参见蔡永良、王克非,2013,从美国英语官方化运动看语言的统一与同化功能[J],外语教学与研究(6)。
② Hogan-Brun, G. 2017. *Linguanomics*[M]. London: Bloomsbury Academic.
③ Neeley, T. & Kaplan, R. S. 2014. What is Your Language Strategy[J]. *Harvard Business Review* (7).

语言问题,由此给欧盟的社会治理能力提出了新的考验①。法国语言学家海然热就对世界范围内影响语言与文化多样性的单一语言意识形态提出强烈批判,他通过大量史实,运用语言学的方法对单一语言对人类文明的破坏进行了条分缕析的解剖②。

2. 语言霸权论的警示

在全球化社会,人类社会比历史上任何时候都需要沟通和理解,更渴望平等地交流与对话③。然而,何以沟通?以何沟通?从语言的经济性角度出发,学习和使用国际通用语言沟通仿佛是天经地义的事。这是一个似是而非、充满国际性与本土性悖论的命题。说到底,这是一个涉及全球化大势之下,捍卫本土语言和文化的重要命题,关乎国家语言和文化战略的价值冲突,事关一个国家对于全球知识体系的掌握、创新、参与和知识话语权主导,其战略意义深刻,影响深远。

尽管当代世界有7 000多种语言,但是语言衰落、濒危乃至灭绝时刻都在发生着。而且在现存世界语言中,只有1 000种语言有文字。语言只有具备书面形式,才能最有效地穿越时空传播。在这个不断演化的全球语言系统中,现有10—12种语言被60%以上的世界人口使用,成为他们的第一语言。在这些语言中,有一

---

① 刘辉、沈骑,2016,欧洲难民危机中的语言问题论析[J],外语学刊(6)。
② [法]海然热,2015,反对单一语言:语言与文化多样性[M],陈杰译,北京:商务印书馆。
③ 在《全球大变革》一书中,英国全球化理论研究专家戴维·赫尔德特别提到文化全球化的两项基础设施条件。第一个是硬性的基础设施——电信技术及设施,它使得全球的瞬间沟通成为可能,正如吉登斯的"时空分离"说一样,在全球化时代,人与人之间的距离变得不再遥远,因为高科技信息技术为人类沟通和交流提供了"共享管道"(shared channels),人们可以足不出户而通晓天下事。而第二个条件却是软性的条件——共同的语言和语言能力。试想,如果没有集体性的共同的语言和语言能力的配套,包括互联网等电信基础设施也不可能真正促进规范化的全球性交流。虽然除了书面语言和口语以外,人类还能够通过许多方式和许多媒体(例如艺术、舞蹈和音乐等)相互交流,但是共同的语言或是语言能力的存在才是不同文化间交流和互动的重要基础。参见:[英]戴维·赫尔德等,2001,全球大变革:全球化时代的政治、经济与文化[M],杨雪冬等译,北京:社会科学文献出版社,第480—482页。

部分语言承担了通用语作用,这使得它们成为过去和现在的语言和文化全球化的重要因素。人类一直都在为解决不同语言文化之间的沟通问题而努力。一方面,有些语言局限于本族语者和邻近地区的双语者使用,在一定程度上成为区域通用语(如阿拉伯语、马来语、北印度语、俄语和汉语等);另一方面,有些语言的使用更加全球化,因为这些语言使用者在全世界范围内分布得更广(如英语、法语、西班牙语和葡萄牙语等)。作为区域通用语,所有这些语言为世界特定区域内和特定国家之间的相互理解提供了载体。

从区域通用语到国际通用语的演变历史来看,从未有任何一种语言像英语这样占据着如此举足轻重的地位。从全球化进程看,目前全球呈现出以英语为媒介的经济、金融和政治生态,英语处于全球语言体系的核心,成为国际通用语。科学技术的发展日新月异,便捷的交通和通讯把地球变成了村庄,而英语就是"地球村"居民的"通行证",成为人类融入全球化浪潮,参与国际竞争的"有效证件",是全球化时代人们沟通的"共享语言符号"(shared linguistic code)。英语作为一种全球性语言已伸展到了世界的每一个角落。要参与全球化进程,就必须使用英语,推动英语传播的力量就是推动经济全球化的力量①。

然而,在"英语全球化"的命题之下,争议不断。

1. 英语全球化的"夸大论"

与全球化夸大论的观点形成呼应的是,英语夸大论者对于英语全球化大加赞美。夸大论观点自20世纪末产生至今,一直占有主导地位,其代表人物是英国学者戴维·克里斯托尔(David Crystal),他认为英语的全球化正是经济全球化趋势中的一个良性

---

① Dor, D. 2006. From Englishization to Imposed Multilingualism: Globalization, the Internet and the Political Economy of the Linguistic Code[A]. In Kingsley Bolton and Braj B. Kachru (eds.). *World Englishes: Critical Concepts in Linguistics* (VI)[C]. New York: Routledge.

结果。英语逐步演变成为一种国际语言,为越来越多不同语言和文化背景的人学习和使用。因此,英语全球化实际上代表英语在世界上的趋同趋势,是一种单语主义意识形态的扩张和延伸力量①。

夸大论者还鼓吹英语以其本身的自由、民主特性以及重要的使用价值在全球传播,世界上非英语国家按照英美等国的英语标准使用和学习这一"全球性"语言。在这种观点的支持下,英美等国不遗余力地对外输出英语教学体系,包括教学方法、教材、课程标准、语言测试(如托福和雅思考试),甚至英语本族语教师等,宣扬西方英美文化以及意识形态,推销英语文化产品。在英国,英语语言教学每年为英国直接赚取近13亿英镑,与英语教育相关的产业出口额达100亿英镑。夸大论者认为英语全球化意味着世界各国在英语教育领域的西方化或"美国化"。这种论点在国际英语教育界曾经一度盛行,并且至今在一些非英语国家都有相当大的影响力和话语权。英国学者大卫·格拉多(David Graddol)应英国文化教育委员会邀请,曾于1997年发表《英语的未来?》专项报告,该书从未来学的角度探讨了英语是国际通用语的未来,认为英语的发展会趋向平稳。2006年,他又在《英语走向何方》一书中论及全球化的今天英语的发展趋势。该书借助量化手段,通过对最近10年来世界人口、经济、技术、社会和教育等诸方面考察,对英语的未来进行预测,他非常乐观地认为:在全球范围内,英语学习人口激增,在未来10—15年中可能达到顶峰,稳定在20亿左右。随着英语全球化的传播,在未来的10年内,英语学习者的年龄和英语水平将呈现出一个复杂和动态的局面。年龄差距和需求差异将会很大,这意味着不同的人群会根据自身需求选择英语学习,终身

---

① Crystal,D. 2003. *English as a Global Language* [M]. Cambridge:Cambridge University Press.

的英语学习将成为可能①。

2. 英语全球化的"怀疑论"

对英语全球化问题持怀疑论者指出,夸大论者显然并没有将语言和政治的关系考虑在内,其代表人物是丹麦哥本哈根商学院罗伯特·菲利普森教授(Robert Phillipson)。他在其专著《语言领域的帝国主义》一书中明确指出英语的全球化是西方文化霸权主义,或者是美帝国主义霸权意识形态的延伸。在书中,他用大量第一手资料分析并揭露美国和英国全球英语推广政策背后的殖民统治和政治渗透意图,指出其后果是新的文化和政治不平等。他认为英语全球化推行的是以美英为首的英语体系,企图用一个语言标准凌驾于其他国家之上,从而严重影响了世界英语的多样性和语言的多元化生态②。怀疑论者一针见血地指出,全球化使得英语的需求与供应互相扩大,出版商与语言学校形成"共谋利益集团",把非英语国家变成了"英语市场"。此外,英语的全球化还导致了贫困的再分配,英语在第三世界国家已经成为个人"通向成功之路",是社会精英们获取优裕生活的保证。会不会英语,俨然就是两个阶级。因此,怀疑论者发出警告:英语全球化会带来英语的

---

① Graddol, D. 2006. *English Next*[M]. London: British Council, pp.14-15.

② 英国人罗伯特·菲利普森先后获得英国剑桥大学和利兹大学双硕士学位,荷兰阿姆斯特丹大学博士学位。精通法语、德语和斯堪的纳维亚诸语,现为哥本哈根商学院荣休教授,是世界公认的应用语言学家,主要从事语言教育政策与语言规划研究。他开创了从语言教学微观领域向语言与社会,语言与政治领域的宏观应用语言学转型的研究范式,特别是从文化帝国主义视角揭示了英语霸权在语言教育和语言生活中的渗透,提出语言帝国主义作为研究语言安全、语言权利和语言教育政策的批判主义范式。他尖锐地指出:英语使用范围扩大到如此地步,原因在于英语国家的"外援",很多用于"支持"第三世界的英语教学。他明确指出,英语成为全球通用语,并不是夸大论所鼓吹的那样,英语全球化并不是一个自然演变而成的"现实"(reality),而是一个计划(project),甚至是一个不折不扣的大阴谋。因为越"支援",越"依靠",英语霸权就会变得结构化,成为制造殖民意识形态的场所。其代表作为:Robert Phillipson. 1992. *Linguistic Imperialism*[M]. Oxford: Oxford University Press. 2015年12月,菲利普森教授应笔者之邀来华讲学,在他访华期间,笔者曾参与对其进行过学术访谈,参见周小舟,沈骑. 全球化背景下语言教育规划的中国问题——著名语言生态学家Robert Phillipson教授访谈录[J]. 语言政策与语言教育,2017(01):11-18。

"语言霸权",导致本土文化和语言遭受毁灭性打击。

3. 英语全球化的"变革论"

自20世纪90年代末以来,夸大论与怀疑论的态度形成两极分化的态势,一时难以调和。进入21世纪以后,一种更现实的折中考虑逐步取代了怀疑论观点。澳大利亚学者阿拉斯塔·帕尼库克(Alastair Pennycook)和美籍斯里兰卡裔学者苏拉什·卡纳加拉加(Suresh Canagarajah)认为英语的全球化是个过于复杂的问题,不能简单地由好坏论之。变革论者尝试从多角度看待英语全球化问题,相关的视角包括批判理论,后现代主义理论以及生态理论等。研究者认为英语的全球化主要受两种相互制衡的力量推进,一种是向心的趋同力量,另一种是离心的变异力量。然而全球化的进程已经使英语产生深刻的变化,其带来的主要结果是:英语更多以国际英语的形式被提及和宣传,英语本族语者的文化与语言威权受到挑战和颠覆,英语与其本族文化的纽带变革愈来愈薄弱,其语言中旧有的单一性标准和规范受到质疑,并逐渐被多元标准和多中心论所取代[1]。

变革论的产生,既是由激进的夸大论和相对保守的怀疑论两者相互权衡后的产物,也是英语成为国际通用语的客观条件所决定的,因此它有一定价值。它是否意味着英语的所有权脱离本族人的掌控,为全球的英语使用者所共有,并日益形成一个跨文化跨语言的局面?但是需要警惕的是,由于语言与文化密不可分,是否真的能有一种语言脱离其母语文化而单独成为一种全球语言?菲利普森教授曾经提出了一个惊世之问——英语成为全球通用语言究竟是全球化时代的一种"语言现实"还是一项"语言工程"?[2] 很

---

[1] 李文中,2006,英语全球化及其在中国本土化的人文影响[J],河南师范大学学报(哲学社会科学版)(5):131—134。

[2] Robert Phillipson. 1992. *Linguistic Imperialism*[M]. Oxford: Oxford University Press.

显然,他已经给出了自己的判断,那么中国语言学人会做何判断呢?这个问题值得深究。从总体国家安全观的角度看,英语霸权对国家安全的影响更是一个值得深思的问题。

第四节 语言作为战略要素的资源观

随着生态语言学的发展,人们越来越认识到语言生态环境与自然生态环境的相似之处。需要像保护生态物种一样,珍惜语言多样性,保持语言生态平衡。因此,现代社会的语言观要求超越语言作为工具和问题范畴,将语言作为资源进行重新认识。

自20世纪70年代以来,美国作为一个移民聚集、多元文化并存的大熔炉,国内所面临的语言问题日益严重:一方面,美国推行的"唯英语化"运动导致语言关系紧张。"惟英语论"作为美国的一项隐性语言政策,无视多语族群的语言权利,在政治、社会与教育领域强势推进,造成不同语言使用者因其语言、种族、宗教等因素遭受不公平待遇,致使少数族裔在语言使用和传承方面被迫放弃自己的母语,转用强势语言,导致美国语言生态和语言关系遭遇到前所未有的危机。在美国,随着民权运动兴起,"语言权利观"一度盛行,一次次的语言运动或事件,都将语言权利作为公民权利重要组成部分加以保障。备受种族歧视的少数族裔和外来移民为使用自身语言,保障本民族语言权利抗议活动此起彼伏,从而导致美国社会的语言矛盾突出。另一方面,美国政府始终为国家语言能力严重不足所困扰,从1957年前苏联卫星上天给美国带来了"Sputnik时刻",到1980年代的"丰田时刻"[①],都暴露出美国国家语言能力存在重大缺陷。在这样的现实背景下,美国不少有识之士开始从语言价值观角度反思语言在拥有工具性、政治性和安全

---

① Cardinal, L. & Sonntag, S. K. 2015. *State Traditions and Language Regimes*[M]. Quebec:McGill-Queen's University Press.

性价值之外,是否能建构起一个融合各种语言关系,调和语言矛盾,提升国家语言能力的新型语言价值范式?

这个新型语言价值范式的构建重任,历史性地落在了一个当时名不见经传的青年学者身上,他就是美国威斯康辛麦迪逊大学的理查德·鲁伊兹(Richard Ruiz)。1984年,鲁伊兹提出将语言作为问题、语言作为权利以及语言作为资源的价值取向三分法[1]。鲁伊兹之所以提出语言作为资源的新型语言规划价值取向,是因为他不仅认识到美国语言生态状况堪忧,重视美国少数族裔个体的基本语言权利保护问题,而且他也注意到了国家在军事、外交、国际商务等领域语言能力严重匮乏的局面。在这样的现实面前,这位助理教授提出语言资源观,建议将各种不同语言视为国家、社会乃至全人类的重要资源,并作为文化生态和文化"软实力"不可或缺的组成部分,必须加以科学保护、继承、利用和传播[2]。

事实上,鲁伊兹并非是最早认识到语言作为资源对于语言规划的作用和意义的学者。在语言规划经典研究中,语言一直是被作为一种重要的社会资源看待,颜诺和鲁宾(Jernudd & Rubbin)曾经专门指出:将语言作为一种社会资源是语言规划的起点,也是语言规划的基本逻辑,语言作为资源的重要性在于其在多语社会中的交际和身份价值[3]。语言社会学奠基人费什曼曾经提

---

[1] Ruiz, R. 1984. Orientations in Language Planning [J]. *NABE Journal*, 8 (2).

[2] Hult, F. M. & Hornberger, N. H. 2016. Revisiting Orientations in Language Planning: Problem, Rights and Resource as an Analytical Heuristic[J]. *The Bilingual Review* 33(3): 30-49.

[3] Jernudd, B. H. & Rubin, J. 1971. Towards a theory of language planning [A]. in Rubin & Jernudd (eds.). *Can Language Be Planned?* [C]. Honolulu: The University of Hawaii Press. pp. 195-215.

出过语言规划应当将语言作为资源进行合理保护和维持语言生态①。但是,在真正意义上系统阐述并对相关争议进行澄清的学者是鲁伊兹。

语言资源观体现了一种整体生态思维。一方面,语言资源观不排斥语言工具性,认为语言规划的基本属性包括语言工具性取向,但并不仅限于此。因为,如果过度强调语言工具性,会导致语言资源性在智识、文化、政治、社会和权利等另外五种价值形式被忽视②。鲁伊兹对于语言工具性和资源性的辩证论述阐明了两者之间的博弈关系,而非二元对立关系,对语言资源价值取向研究影响深远,成为当前国际语言规划领域具有划时代意义的新范式③。

语言资源观的提出,体现鲁伊兹兼容并蓄的战略思维,它既巧妙避免语言问题观和语言权利观可能导致的语言关系"对立",同时又从资源角度明确了语言的战略价值,有利于处理好各种语言关系,有利于动员和集中力量提升整体的语言政治意识和战略认知能力,彰显出语言规划观的价值转型。鲁伊兹认为语言资源具有外在性价值与内在性价值两类,外在性价值包括语言在国家安全、外交、军事、情报、商务、媒体、公共关系等领域的价值,内在性价值在于文化传承、社区关系维系、身份构建、建立自信、智识体系构建、民主参与等价值④。鲁伊兹这一资源观的提出,不仅对于

---

①② Ruiz, Richard. 2010. Reorienting language-as-resource[A]. In J. Petrovic (Ed.), *International Perspectives on Bilingual Education* [C]. pp. 155-172. Charlotte, NC: Information Age.

③ 2015年鲁伊兹教授逝世之后,他的学生、宾夕法尼亚大学Nancy Hornberger教授主持编写一本纪念文集,对他的语言规划和语言教育思想进行了回顾与总结。在书中,Hornberger教授深情地回忆起20世纪80年代,鲁伊兹在他的办公室里面,和众多学生进行学术讨论,第一次提出了语言资源观的想法,这在当时是极为超前的观点(an idea ahead of its time)。参见Hornberger, N. H. 2017. *Honoring Richard Ruiz and his Work on Language Planning and Bilingual Education* [C]. Bristol: Multilingual Matters Ltd。

④ Ruiz, Richard. 1984. Orientations in Language Planning [J]. *NABE Journal*, 8(2).

美国语言规划的范式转型影响深远,亦对世界各国处理和应对各类语言问题具有理论与现实指导意义。鲁伊兹提出语言资源观有几个基本问题值得深思:语言资源的基本形式是什么?语言资源观的价值本原是什么?如果将语言作为资源,那么这个资源流动的"市场"在哪里?语言资源习得、使用与传播的受众是谁?语言资源发展、培养和管理的主体又是谁?最后,语言资源的最终归属问题也值得探究[1]。

国内学者很早就关注到了语言资源的研究,早在1981年,邱质朴就从语言社会学视角提出了语言资源开发的问题,同时也提出了汉语面向世界的问题。但是邱质朴所提出的语言资源,还是狭义方面的语言信息处理的各种语料库和数据库,语言教材和教学资料、语言辞书词典等[2]。近十年来,语言资源成为国内语言学界和有关部门关注的热点问题,很多学者都参与到这个领域研究之中,语言资源的广义定义也从语言本体拓展到了其社会和文化价值[3]。教育部和国家语委也非常重视语言资源的监测、保护、开发和利用等问题。自2005年以来,一大批国家语言资源研究中心与机构相继建立[4]。

近十多年来,中国语言学界开始了语言资源观的规划转向,发

---

[1] Ruiz, Richard. 2010. Reorienting language-as-resource[A]. In J. Petrovic (Ed.), *International Perspectives on Bilingual Education* [C]. pp. 155-172. Charlotte, NC: Information Age.

[2] 邱质朴,1981,试论语言资源的开发——兼论汉语面向世界问题[J],语言教学与研究(3)。

[3] 根据知网检索,我们发现语言资源研究在2008年前后产生达到高潮,相关代表性研究有:陈章太,2008,论语言资源[J],语言文字应用(1);李宇明,2008,语言资源观及中国语言普查[J],郑州大学学报(哲学社会科学版)(1);徐大明,2008,语言资源管理规划及语言资源议题[J],郑州大学学报(哲学社会科学版)(1);范俊军、肖自辉,2008,语言资源论纲[J],南京社会科学(4)。

[4] 自2005年至今,国家语委在国内主要高校建立的20个科研机构中,有8个机构致力于语言资源研究,它们是:国家语言资源监测与研究平面媒体中心、国家语言资源监测与研究有声媒体中心、国家语言资源监测与研究网络媒体中心、国家语言资源监测与研究教育教材中心、国家语言资源监测与研究少数民族语言中心、中国语言资源保护研究中心、中国语言资源开发应用中心和海外话语研究中心。

出了珍视语言多样性,珍惜语言资源的倡议。正如李宇明先生所言:

> "语言既是影响社会交际、人类和睦的'问题',又是人类重要的文化资源乃至经济资源。"①

不难看出,李先生的观点其实与鲁伊兹的是一致的,虽然中美两国语言生态和语言问题存在很多差异,但在将语言作为战略要素的资源观这一观点上看,两国学者之间似乎达成了某种默契。

应该说,语言资源观在国内外的兴起与发展并非偶然。作为一项社会应用科学研究,语言学必须是关注社会现实,并以问题为导向,应该成为解决和认识客观事实提供深入理性思考的学术活动。在全球化浪潮冲击之下,语言问题日益复杂化,语言规划活动在经历传统语言问题观与权利观的交织与变迁之后,从战略角度推进语言资源观渐成国际主流共识。语言资源的战略观是将语言作为知识、政治、经济、文化、社会和权利六种资源价值整合而成的新型语言规划范式。国外学者认为语言战略是指:"语言政策或是语言管理被赋予重要的价值取向,根据具体变化形势进行不断调适的一系列可持续规划方案和活动"②。换言之,语言战略可以理解为宏观语言规划,是把语言视为国家重要的战略要素,把语言活动看作人类社会活动的重要环节,以战略眼光看待语言的整体、长远和全局性发展问题,以解决国家和社会现实语言问题、谋划长远发展为基本目标,运用各方力量实施的全面行动计划。在全球化背景下,各国政府出于社会发展需要,积极规范和影响其语言的发展,将其与国家安全、文化安全、经济繁荣和社会稳定发展紧密联

---

① 李宇明,2010,中国语言规划续论[M],北京:商务印书馆,第8页。
② Spolsky, B. 2012. What is language Policy[A], in Spolsky (ed.). *The Cambridge Handbook of Language Policy*[C]. Cambridge:CUP:3-15.

系起来,制定并出台语言战略①。这一概念整合了语言规划理论和战略规划学科的概念,表明语言战略规划必须具有重要的价值取向、适应性、可持续性等特征。但是,这一定义忽视了语言战略规划对潜在冲突性和战略规划性的考虑,问题指向也不明确。

　　近年来,不少中国学者以语言资源观为价值取向,将提升国家语言能力,特别是国家对各种语言资源的掌控、利用和开发能力建设,作为语言战略规划的一个重要问题,从而创新了语言战略规划理论②。国家语言能力理论正是出于对国家语言资源建设无法满足国家战略需求这一潜在冲突的系统思考,关注国家对语言资源发展和掌控能力,彰显语言规划研究的战略规划性特征,是对语言战略规划内涵的有益补充。结合国内外理论观点,我们认为语言战略的定义还应当增加"提升对语言资源的发展和掌控能力"这一表述更为合适,这样可以增强语言战略研究的规划性和问题意识。

　　语言战略这一概念的提出,既体现出语言研究的战略转向,同时也标志着语言规划观的现代转型。语言战略是国家战略的有机组成部分,国家战略是"综合利用国家资源和力量,包括政治、经济、军事和意识形态等实现国家目标,促进国家利益的整体计划"③。语言战略就是将语言作为国家重要资源,把国家语言能力作为国家"软实力"的重要表征,以确保国家安全和发展为目标的整体计划。更为重要的一点是,语言战略必然是以促进国家利益作为其价值取向的。这也是它区别于一般或是具体语言政策的最典型特征。语言战略的特质必然是在准确的语言需求定位基础上,提出其特有的价值定位,做出价值取舍,并制定可持续性的战

---

① 赵世举,2013,打造"语言武器"[N],中国教育报,2013-11-15。
② 近年来,国内学者主要从国家语言能力角度思考语言资源战略规划的问题。参见:李宇明,2011,提升国家语言能力的若干思考[J],南开语言学刊(1);赵世举,2015,全球竞争中的国家语言能力[J],中国社会科学;文秋芳,2017,国家话语能力的内涵——对国家语言能力的新认识[J],新疆师范大学学报(哲学社会科学版)(3)。
③ 刘金质,1997,美国国家战略[M],沈阳:辽宁人民出版社,第1页。

略措施以实现其价值。

本 章 小 结

本章首先从国家安全战略视角,梳理了语言作为战争武器的工具观的国内外研究历史。国外研究具有明显的跨学科视域和问题聚焦特色,从国防安全、国际政治、国际安全战略的视角研究语言,聚焦于国家公共政策的维护和战争中相关语言人才的训练培养。在当今全球化时代,国际政治局势复杂多变,战争一触即发,语言作为战争武器的工具观仍是国外学界的研究热点。相比之下,我国在这一领域的研究乏善可陈,研究领域相对狭隘,既缺乏对我国历史特别是近现代历史上重要战争的全面研究(如英法联军进犯、英俄入侵新疆及西藏、八国联军侵略等),也鲜有语言在战争中工具性价值的深入理论探索。

随着对语言主要功能认知的拓展,我们走出了单一的语言工具观,认为语言本身就是一种社会建构,是作为一个民族和族群身份认同的重要标志之一。从世界范围来看,自二战后现代民族国家的建立到民权运动的兴起,再到当今社会因各种政治原因导致的移民、难民和地区冲突问题,语言问题与民族问题相互纠缠,若处理不当极易引起政治冲突。因此,语言作为认同标志的政治观十分具有现实意义。研究者们从社会、文化、政治等各种视角研究这一议题,极大拓展了研究空间,但亟待具有跨学科背景如国际政治、语言学、社会学、跨文化交际等领域的学者共享智慧。

冷战结束后,在全球化背景下,非传统安全领域的语言安全问题受到关注。本章从语言问题安全化和语言生态危机两个方面对语言作为安全议题的问题观进行了探讨。首先,在语言安全方面,本章对美国外语教育战略这一语言安全个案的历史发展进行了详细评述,既认可其在特殊历史时期的作用也指出其存在的问题。

同时指出,国家外语教育战略不能仅仅停留在"关键语言"层面上,而应该从宏观层面考量国家语言能力与国民现实需求相结合。其次,本章分别阐述了语言单一性和语言霸权主义这两个语言生态危机中二元对立的意识形态,详细论述了二者可能会带来的影响和不利因素。

在此基础上,从生态语言学的视角,本章最后提出了语言作为战略要素的资源观。鲁伊兹将语言价值取向分为语言作为问题、语言作为权利及语言作为资源的规划观,体现了语言在全球范围内社会发展的不同历史时期对语言观点的视角转换,语言规划活动从传统的问题观和权力观并存,到将语言作为知识、政治、经济、文化和权利六种资源的价值融合,进一步丰富和拓展了语言功能的内涵和外延,对语言功能的态度也从对立、敌视、斗争,到宽容、理解、接纳。在语言资源观的指导下,国内学者提出提升国家语言能力的观点,明晰了语言战略规划的内容界定。

综上所述,我们大致梳理了国内外安全研究视野下语言问题的研究进路和主要领域。在对四个主要研究领域分析之后,不难发现语言与安全研究之间千丝万缕的联系,但是需要指出的是,现有研究之间缺乏一个研究主线或是核心问题。例如:语言工具观与资源观关系的整合与调适问题,语言政治观与语言问题观之间衔接与对话问题。从更深层次来看,由于上述四个领域的研究角度不同,无法从整体上厘清语言与安全之间逻辑关系,也无法全面说明语言与国家、社会和国民安全之间的关系是什么?在总体国家安全风险与隐患之下,语言政策与规划又该如何开展或调整?在这三个悬而未决的问题中,语言安全问题已经"浮出水面",成为解决这三个问题的重要"抓手",同时我们已经越来越接近一个亟待关注的核心主题:语言安全与语言规划。

第二章
语言安全与语言规划理论

　　语言问题是由语言及其使用本身的问题,以及语言外部各相关社会因素构成的……语言问题与语言安全关系密切,而语言安全与国家社会安全关系密切,值得关注与重视。所谓语言安全,我以为是指语言文字及其使用能够满足国家、社会稳定、发展的需要,不出现影响国家、社会安全的语言问题。

——陈章太[①]

第一节　中国语言规划的安全维度

　　语言安全问题是国内外语言政策与规划研究的新兴领域。从国内研究看,语言规划的安全维度是新时期中国语言学宏观研究中一个不可忽视的重要议题。改革开放后,特别是进入新世纪以来,语言规划与国家安全问题研究日益受到关注。根据国家图书馆、超星电子图书馆以及中国学术期刊网的文献检索结果,相关著

[①] 陈章太,2009,语言资源与语言问题[J],云南师范大学学报(哲学社会科学版)(4)。

作与论文已有50多部(篇)。现有国内研究主要进路有三类如下:

一、语言规划的安全问题意识

中国学者非常重视语言规划对于国家安全和国家利益的作用和价值。李宇明、陈章太、戴庆厦、赵世举、潘文国等学者从维护国家安全、稳定以及民族团结等角度强调语言规划的重要作用,凸显语言规划的战略地位和价值[①],简要综述如下:

李宇明(2006)围绕权威方言、母语、"双语教学"、术语、大众媒体与语言以及语言生活与精神文明等问题指出语言规划的重要意义。此外,他提出提升国家语言能力的若干思考,明确语言能力要与国家发展、国际地位相匹配(李宇明,2011)。陈章太(2009)指出我国"语言资源"研究逐步升温但有待进一步关注,他从语言安全的角度讨论了语言资源与语言问题的形成、分类以及二者之间的相互转化关系。戴庆厦(2010)基于语言田野调查指出语言生活状况对于国家安全的重要意义,论述了语言状况与国家安全的密切关系,提出要重视语言不和谐现象,处理好少数民族语言与国家通用语——汉语的关系。赵世举在《语言与国家》一书中考察了语言与国家的关系,指出语言对于国家治理、发展以及安全具有重要意义(赵世举,2015)。潘文国(2008)在《危机下的中文》一书中分析了汉语面临的种种危机,包括中文生存危机、中文发展危机、汉语研究危机以及语文教学危机;阐明了产生这些危机的原因并提出克服危机的对策和建议[②]。

在现有研究中,刘跃进较早从国家安全体系中提出了语言文

[①] 相关研究包括:陈章太,2005,语言规划研究[M],北京:商务印书馆;陈章太,2009,语言资源与语言问题[J],云南师范大学学报(哲学社会科学版)(4);戴庆厦,2010,语言关系与国家安全[J],云南师范大学学报(哲学社会科学版)(2);李宇明,2006,中国语言规划论[M],长春:东北师范大学出版社;李宇明,2010,中国语言规划续论[M],北京:商务印书馆;李宇明,2011,提高国家语言能力的若干思考[J],南开语言学刊(1);赵世举,2015,语言与国家[C],北京:商务印书馆;潘文国,2008,危机下的中文[M],沈阳:辽宁人民出版社。

[②] 潘文国,2008,危机下的中文[M],沈阳:辽宁人民出版社。

字问题,并从国家文化安全角度进行了初步研究①。陈新仁与方小兵等探讨了语言在国家安全中的战略地位与作用问题,他们通过参照"总体国家安全观",不仅谈到文化安全中的语言问题,也讨论了语言在政治安全、经济安全、社会安全和信息安全等多个领域中的地位与作用,同时还对母语安全做了较为细致的理论探索②。张日培通过梳理国内对于语言规划与国家安全研究的现状指出,建构国家安全语言规划应以总体国家安全观为指导,以总体性和系统性思维观察语言与国家安全的关系③。上述研究都基本明确语言规划必须充分考虑安全这一重要维度的观点,也对语言安全规划提出了一些初步设想。但是,总体而言,上述研究缺乏理论深度,也难以对实践产生具体指导。

二、语言安全的国际比较研究

国内研究对国外语言安全规划与安全语言战略已有较为全面的介绍。周庆生、何俊芳、戴曼纯、鲁子问、王建勤和文秋芳等分别对国外多民族国家的国家安全视域下语言规划经验和教训、缓和语言冲突、美国"国家安全语言战略""国家外语能力建设"和"维护语言安全的经验与启示"等话题进行国际比较研究,提出了真知灼见,相关观点简述如下所述。④

---

① 刘跃进,2011,国家安全体系中的语言文字问题[J],语言教学与研究(6)。
② 陈新仁、方小兵,2015,全球化语境下的语言规划与安全研究[M],南京:南京大学出版社。
③ 张日培,2018,国家安全语言规划:总体国家安全观下的范式建构[J],新疆师范大学学报(哲学社会科学版)(6)。
④ 相关研究参见:鲁子问,2007,外语政策与国家安全[J],当代教育论坛(4);何俊芳、周庆生,语言冲突研究[M],北京:中央民族大学出版社;王建勤,2010,美国"关键语言"战略与我国国家安全语言战略[J],云南师范大学学报(哲学社会科学版)(2);王建勤,2011,语言问题安全化与国家安全对策研究[J],语言教学与研究(6);文秋芳,2011,美国国防部新外语战略评析[J],外语教学与研究(5);戴曼纯,2012,以国家安全为导向的美国外语教育政策[J],外语教学与研究(4);张译方、金晓艳,2014,国外维护语言安全的经验与启示[J],东北师大学报(哲学社会科学版)(6)。

周庆生、何俊芳借鉴社会冲突理论,总结分析语言冲突的若干基本问题。鲁子问关注外语政策与国家安全的密切关系,借鉴《国家安全语言启动计划》提出这一战略对我国外语政策的诸多启示。王建勤探讨了美国维护国家安全的"关键语言"战略,指出其对我国国家安全带来的威胁与启示。文秋芳对比了美国军方的《路线图》与《战略规划》,为我国军队外语战略提供借鉴,提出我国外语教育界应更新对外语能力的认识,积极调用多方语言资源,致力于解决影响全局的战略问题。戴曼纯则在分析美国半个多世纪的外语政策变迁后,指出其中存在的不同教育阶段脱节、语言传承受威胁等问题。张译方、金晓艳通过对不同国家语言策略的调查,为应对多种文化和语言交流带来的威胁提供借鉴。

此外,刘美兰和李艳红系统分析了美国关键语言教育政策,为中国关键语言能力建设提供了一定的参考与借鉴[①]。国际比较研究的意义在于为众多中国学者开拓视野,放眼全球,拓宽知识领土。需要指出的是,正是在众多国际比较研究的推动下,国内关于国家外语能力建设和关键语言战略研究逐步兴起。例如张治国基于政治、经济、综合国力、教育、信息安全、地理位置以及语言本身的强弱等因素,对中国国家关键语言语种建设提出了大胆的假设[②]。上述研究的不断推进和深入,为中国语言安全规划研究奠定了坚实基础。

三、从安全语言到语言安全

近年来,国内研究从"安全语言"规划向非传统安全的"语言安全"领域的拓展。萧净宇、王克非等、王建勤、戴曼纯、刘跃进、蔡永良和宋晖等都指出向非传统安全领域纵深和拓展语言规划研究的

---

① 刘美兰,2015,美国关键语言教育战略研究[M],上海:复旦大学出版社;李艳红,2015,美国关键语言教育政策的战略演变[D],北京外国语大学博士论文。
② 张治国,2011,中国的关键外语探讨[J],外语教学与研究(1)。

迫切性与必要性①。令人可喜的是，上述研究都充分认识到在非传统安全隐患日益严峻的态势下，必须整体建构一个以应对和解决非传统安全中语言问题的政策与规划机制。

在语言安全的基本概念认识上，国内学者存在着概念界定不一致的问题。国际关系学院刘跃进教授基于其对国家安全学，特别是文化安全研究的理解，阐述了他对语言文字安全定义的认识：

>"一个国家使用自己固有语言与文字的权利不受外部因素特别是外部强权的威胁和侵害；其次是指一个国家的语言文字本身不因他国语言文字的影响或侵入而失去在国家政治、经济、社会、科技等领域的主导地位；第三是指语言文字在内外各种文化和非文化因素的影响下保持合理的纯洁性；第四是指语言文字的改革与发展能够安全稳步进行，而不至于给国家和人民带来多于便利的不便、多于益处的害处。"②

刘跃进关于语言安全定义的出发点是将国家作为一个安全主体，主要涉及在文化领域中语言文字本体和地位的安全，同时也涉及语言纯洁性和语言政策问题。应该说他对语言安全的定义还是限定在其狭义的范围中，是将语言安全放在国家文化主权安全的框架内进行考虑的。与此类似的是，李生文和彭爽从西方语言霸

---

① 相关成果参见：蔡永良，2011，关于我国语言战略问题的几点思考[J]，外语界(1)；戴曼纯，2011，国家语言能力、语言规划与国家安全[J]，语言文字应用(4)；刘跃进，2011，国家安全体系中的语言文字问题[J]，语言教学与研究(6)；王建勤，2011，语言问题安全化与国家安全对策研究[J]，语言教学与研究(6)；王克非等，2012，国外外语教育研究[M]，北京：外语教学与研究出版社；宋晖、张文璇，2018，非传统安全视域下的语言安全观[J]，南京邮电大学学报(社会科学版)(1)。

② 刘跃进，2004，解析国家文化安全的基本内容[J]，北方论丛(5)。

权倾向,反思中国文化安全策略,也提出语言安全是其重要组成部分[①]。他的这一观点与刘跃进观点大致相同,认为语言文字是国家文化体系的重要组成部分,语言安全是文化安全的核心要素[②]。上述定义是将语言安全置于文化安全的框架之内。这似乎有一定道理,语言是文化的载体,语言文字的地位和使用出现安全问题,势必会影响整体文化生态系统。但是这种将语言安全纳入文化安全之中的观点,实质是将语言作为一个子系统,依附于整个文化系统之中,探讨语言自身安全的问题,客观上窄化了语言与文化的互动关联,忽视了与语言相关的文化安全问题,即语言文化(linguistic culture)问题,如语言文化意识形态、语言文化观念和价值观、语言文化风俗等。因此,这一观点并未全面揭示语言作为文化的载体,与社会文化、文化传承、文化霸权、文化危机、文化生态以及对外话语传播等热点话题休戚相关的互动关系。而这些与语言相关的文化安全问题更是国家安全的软件要素。同时,在语言文化安全视域下,国家舆论安全、网络信息安全、教育安全和科技安全问题都与语言应用带来的安全问题密不可分。因此,如果狭义地将其限定在这一语言自身安全的层面,实质上是窄化甚至是弱化了语言安全的内涵与外延。

陈章太先生结合自身从事语言文字管理与科研工作的经验,也提出了他对语言安全的认识,他认为语言安全是指:

> "语言文字及其使用能够满足国家、社会稳定、发展的需要,不出现影响国家、社会安全的语言问题。语言安全的内容相当丰富,涉及方面较广,具体包括语言文字本

[①] 李生文,2014,试论国家安全体系中的语言安全问题[J],攀登(4);彭爽,2014,中国语言安全问题产生的原因分析[J],东北师大学报(哲学社会科学版)(4)。
[②] 刘跃进,2011,国家安全体系中的语言文字问题[J],语言教学与研究(6)。

身状况和语言文字使用与国家社会安全的关系。"①

陈先生的这一定义看似简单,实则深刻。他不仅指出了语言安全的核心是语言文字自身地位与使用的安全问题,同时也认识到语言在国家和社会各个领域的实际应用价值,属于在广义范畴中的语言安全定义。陈新仁和方小兵曾对语言安全狭义和广义定义有过较为细致的解读,他们提出狭义上的语言安全就是指语言本身和本体的安全,而广义的语言安全不仅涉及语言自身的安全问题,同时也包括语言在外交、社会等方面的作用问题②。尹小荣基于国际安全研究中的语言安全化理论,认为国内对语言安全的定义稍显狭隘,提出语言安全还应当加入话语安全与认同安全,拓展语言安全的概念外延③。

可以看出,广义的语言安全定义逐渐被众多学者接受并采用。近年来,随着语言安全问题日益突出,不少学者开始涉足不同区域与不同领域的语言安全问题。例如刘昌华提出了网络空间语言安全能力的问题④;尹小荣从区域政治稳定角度探讨了新疆语言安全问题⑤。然而,无论从成果数量和质量来看,现有研究还有较大的提升空间,这不仅体现在对语言安全理论与实践问题的深入探究不足,同时也暴露出了一个重要问题,即国内现有研究对语言安全的概念界定不清,众说纷纭,对于基本概念的理解甚至有断章取义之嫌。有的研究甚至混淆了语言与安全、语言与国家安全、语言安全与安全语言、语言文字自身安全与语言使用安全的概念区别

---

① 陈章太,2009,语言资源与语言问题[J],云南师范大学学报(哲学社会科学版)(4)。
② 陈新仁、方小兵,2015,全球化语境下的语言规划与安全研究[M],南京:南京大学出版社。
③ 尹小荣,2017,语言问题安全化的反思[J],语言政策与规划研究(1)。
④ 刘昌华,2018,网络空间的语言安全问题[J],华侨大学学报(哲学社会科学版)(1)。
⑤ 尹小荣,2015,语言安全视角下的新疆语言战略研究[J],新疆社会科学(6)。

和指涉差异①。由此可见,国内语言安全与语言规划虽日益受到关注,但是在基本概念、内涵、外延等理论问题上尚待深入完善。

第二节　国际视野中的语言安全理论

国外语言规划研究很早就注意到语言安全问题,关于语言安全的理论也经历了从语言本体到语言地位的延伸,从语言使用到语言身份的变迁,从社会语言学到语言社会学的转换,前后历经60多年的发展及变化,逐步成为当代应用语言学研究领域中极具拓展空间的核心概念之一。

一、从语言本体到语言地位的延伸

国外语言安全理论的产生是在语言不安全(linguistic insecurity)基础上发展起来的。1962年,美国语言学家艾尔那·豪根(Einar Haugen)在第十三届乔治城大学语言学圆桌会议的发言中首次提出了"语言不安全"的概念。豪根使用"schizoglossia"一词说明语言不安全是指同一语言出现语言变体时产生的一种"语言病症":说话者由于同一语言存在的不同规范和形式,说话时往往心理不安,担心被他人笑话,导致注重语言形式甚于对说话具体内容的关注②。豪根发现之所以出现这一现象,是由于二战后,美国英语作为标准语地位被实际确立,致使当时大量涌入的来自英属国家和地区的移民们对自己英语的标准性产生怀疑,在对标

---

① 对这些问题的讨论,参见:张日培,2018,国家安全语言规划:总体国家安全观下的范式建构[J],新疆师范大学学报(哲学社会科学版)(6);寇福明,2016,语言安全界定之批判思考[J],外语学刊(5);尹小荣,2017,语言问题安全化的反思[J],语言政策与规划研究(1);宋晖、张文璇,2018,非传统安全视域下的语言安全观[J],南京邮电大学学报(哲学社会科学版)(1)。

② Haugen, E. 1962. Schizoglossia and the Linguistic Norm[J]. *Monograph Series on Languages and Linguistics*, 15: 63-73.

准英语的界定和接受一时无所适从,人们由此产生了较为普遍的语言不安全感觉。

豪根的发现引起了另一位语言学家的注意。美国社会语言学家威廉·拉波夫(William Labov)也对语言不安全现象进行了理论探讨。1966年,在其著名的纽约城市语言的社会分层研究时,拉波夫将语言不安全(LI)作为一个衡量说话者感知语言表达形式和规范语言形式差异的测量工具。为此,他设计了语言不安全指数即Index of Linguistic Insecurity(ILI)来进行量化分析①。根据他的社会语言学调查与测量,拉波夫发现当地中下阶层在语言使用过程中,表现出来的语言不安全程度最大,这一阶层人群中存在丰富的语言变异和语体差别状况,致使他们对自己语言形式是否符合语音或是语法的标准极度不安,缺乏自信心,在说话时容易表现出矫枉过正(hypercorrectness)②。拉波夫的这一发现,很明显是注意到了语言使用者对自己语言本体知识或是能力上的心理不安。但是,需要指出的是,拉波夫提出的语言不安全概念仅仅只是针对英语变体的一种语内现象(intralinguistic phenomenon),同时他提出这一概念的目的,也只是为其研究微观语言变异寻求一个测量工具。拉波夫的这个研究在测量语言不安全的基础上,进一步提出了语言不安全感可能源自人们对于不同语言、变体或是语体的语言声誉的判断③。正如拉波夫所言,人们在话语表达时呈现出来的矫枉过正、迟疑、紧张、自我纠正、语病的自我感知,乃至不同语体风格的摇摆不定,都是与其在语言使用上的不安全感密

---

① Labov, W. 2006. *The Social Stratification of English in New York City* [M]. 2nd ed. Cambridge: Cambridge University Press. pp. 421-422.
② Labov, W. 1978. *Sociolinguistics Patterns* [M]. Oxford: Blackwell. pp. 132.
③ Escandell, J. M. B. 2011. Relations between Formal Linguistic Insecurity and the Perception of Linguistic Insecurity: a Quantitative Study in an Educational Environment at the Valencian Community (Spain) [J]. *Journal of Multilingual and Multicultural Development* 32(4): 325-342.

第二章 语言安全与语言规划理论

切联系的①。

1984年,基于拉波夫的研究,加拿大学者研制并推出了加拿大语言不安全指数量表(CLIL)。研究者在马尼托巴省的温尼伯(Winnipeg)通过对80名成人分别以拉波夫量表(ILI)以及CLIL测量,发现受试者在说英语时,这两个量表的测试分数高度相关,在社会阶层和性别差异方面均显示中下阶层和女性的语言不安全程度更高②。这一研究验证了拉波夫语言不安全理论的普遍性,说明语言不安全现象并不只是个案和特例。

同一年,美国学者通过在纽约对非英语为母语者的调查研究发现,语言不安全已经成为跨文化沟通与交流环境下的一个重要语言问题。他们的研究发现,在多语环境下,语言不安全往往以负面或是消极的"言语形象"(speech image)为特征,甚至会被类比成负面的"身体形象"(body image)③。

在欧洲,比利时学者米歇尔·弗兰卡(Michel Francard)认为,语言不安全是说话者谋求自身语言合法性不成功的表现④。他利用质性研究方法,通过对说话者语言不安全表征的描述,揭示出法语区存在的语言不安全现象已经从语言本体进入以语言身份为主的社会文化层面。在对比利时法语区调查后,他发现使用比利时法语变体的社会人群的语言不安全主要表现在四个方面:"第一,受到外部语言的影响,人们在语言和文化上依附和从属于法国;第二,对自己语言实践和语言变体评价较低,认为其不具有语言合法

---

① Labov, W. 2006. *The Social Stratification of English in New York City* [M]. 2nd ed. Cambridge: Cambridge University Press.
② Owens, T. & Baker, P. 1984. Linguistic Insecurity in Winnipeg: Validation of a Canadian Index of Linguistic Insecurity[J]. *Language in Society* 13(3): 337-350.
③ Bucci, W. & Baxter, M. 1984. Problems of linguistic insecurity in multicultural speech contexts[J]. *Annals New York Academy of Science* (433): 185-200.
④ Francard, M. 1993. *L'insécuriteé linguistique en Communauté française de Belgique*[M]. Brussels: Service de la Langue Française.

性;第三,语言表征的模糊性导致说话者在有限语言市场中不得不使用其法语变体,并对其赋予情感补偿策略;第四,在英语冲击下,对法语在世界语言市场中的发展前景表示悲观"①。弗兰卡对语言不安全的描述揭示出语言不安全是语言合法性形式和不合法形式之间冲突的结果。但是这一理论的分析基础依然还是来自同一语言(即法语)的语内研究,未能探讨在多语世界中语言接触过程中的语际关系,因此未能涉及语言不安全与语言身份和地位的关系。

二、从语言使用到语言身份的变迁

在拉波夫提出语言不安全的概念后,北美社会语言学家的研究在很长一段时间内,主要限于形式语言层面和语言态度的调查和分析。20世纪90年代,大西洋彼岸的法语学者们在这方面对语言安全理论进行了拓展。他们将语言不安全从拉波夫提出的形式语言不安全推广并延伸到了语言的社会功能层面。其中最为重要的理论贡献者就是法国著名社会语言学家路易-让·卡尔韦(Louis-Jean Calvet)。他无疑是语言安全理论的重要开拓者。1999年,在其法文版专著《走向世界语言的生态学》(2006年英文版面世)一书中,他开启了多语环境下语言不安全的系统研究。他在总结前人理论研究和自己对非洲语言调查的基础上,提出了三种语言不安全的类型:第一种就是形式语言不安全(或称为拉波夫式的语言不安全);第二种是语言地位的不安全,即说话者在与其他语言或变体比较时,对自己使用语言的地位形成负面评价的结果;第三种是语言身份的不安全,即当说话者发现自己使用的语言或是变体与其语言社区或是社会群体的语言不同时,产生的身份焦虑与不安(Calvet,2006:133-145)。很明显的是,第二种和第

---

① Francard, M. 1993. *L'insécurité linguistique en Communauté française de Belgique*[M]. Brussels: Service de la Langue Française.

三种语言不安全的类型,将语言不安全理论大为拓展,从原来语内形式的语言研究,扩展到了语际乃至多语环境,由此弥补了拉波夫语言安全理论仅限于语内交际的缺陷。同时,卡尔韦也将语言安全主体从个人层面延伸到了集体和社会层面,深化了语言不安全理论的内涵和外延,也为语言规划研究提供了一个新的理论框架。

卡尔韦将语言安全理论从语言本体提升到了语言地位和语言身份之后,为这一理论的发展提供了更为广阔的社会空间。无论是形式语言不安全,还是语言地位或是语言身份的不安全,都给国家语言政策和语言规划提出了一个崭新的命题,即如何在语言政策与规划中维护和保证说话者、言语社会、社团、机构乃至国家的语言安全?

三、从社会语言学到语言社会学的转换

语言安全问题的特殊性决定了其研究具有学科交叉性特征。语言安全不仅涉及语言学,也不局限于社会语言学关于语言地位与身份的研究。自 20 世纪 80 年代以来,语言安全进入社会科学范畴,实现了从社会语言学领域向语言社会学范畴的转换。[①] 爬梳学科发展史可见,社会语言学研究主攻社会中语言变异和语言使用状况调查,而语言社会学的重心则发生了转换。正如语言社会学的创始人约书亚·费什曼在谈论社会语言学学科的"中年危机"问题时,特别谈到了社会语言学必须从以语言为中心,向社会为中心转向的必要性,他提出应该加强通过语言问题研究社会的范式转换,关注语言政策、语言规划以及整个社会、文化和政治制度的问题。他认为随着社会语言学的发展,只在社会环境下研究语言而不研究社会,似乎存在局限,因为语言问题伴随着社会、历史、文化和民族等诸多因素存在,因此还应涉及更为广阔

---

① 参见 Fishman, J. A. 1991. Putting the "socio" back into the sociolinguistic enterprise[J]. *International Journal of Sociology of Language* 92(1):127-138.

的社会问题甚至是政治问题。同时,研究社会的学者从跨学科视角看待语言问题,例如从教育学、法学、政治学和社会学维度审视语言的作为社会行为、社会制度和社会建构意义和作用。对于社会学家来说,语言事实对他们认识社会有很大的启发作用,要找到像语言这样普遍和具有重要社会功能的社会特征非常困难。正是基于这一学术思想,运用语言来研究社会的语言社会学便应运而生了。

第一,语言安全问题引发了法律学者的关注。随着加拿大多元文化政策和少数民族语言权利呼声日益高涨,少数族裔的语言安全问题开始受到不少法律专家和社会学者的关注。加拿大学者认为:

> "语言重要性的根本价值在于语言安全,而不是语言生存问题,语言除了具备交流的工具价值之外,也是身份的重要标志,少数民族人群希望使用自己的语言,其部分原因就是要表现其在社会中的归属和认同感,但是这样的语言使用则需要在一个自由和公平的环境中方能实现。因此,完全意义上的语言安全就是在没有严重妨碍的情况下,拥有与同语社会成员正常充分生活的机会。"[①](Réaumé & Green, 1989: 780-782)

这一表述无疑将语言安全从个人语言使用的形式层面扩展到了族群对语言使用权利和语言身份认同的社会和文化领域。加拿大法律学者雷奥梅(Réaumé)认为几乎所有国家都拥有不同语言群体,从法理上看,语言群体的存在构成了分享参与式产品,因此语言的使用、维护和发展都是一个集体性事业,这项事业的价值就

---

① Réaumé, D. & Green, L. 1989. Education and Linguistic Security in the Charter[J]. *McGill Law Journal* 34(4): 777-816.

存在于语言的传承和发展之中,而不在于是对个人有用的任何产品。她从法理角度提出语言安全对于个人、群体和国家而言,本质上是一种权利[1]。

第二,冷战结束之后,国际关系领域也开始重视语言安全问题。1997年,国际关系领域著名的安全研究刊物《安全对话》(Security Dialogue)"破天荒"地刊发了两篇文章,关注的重点就是语言不安全问题。美国印第安纳大学哈立格(Harlig)博士全面深入地分析了斯洛伐克在面对国家统一与欧洲整合过程中面临的语言问题。斯洛伐克作为苏东巨变,特别是在"天鹅绒"革命后新兴成立的国家,在语言文字立法方面困难重重,民族矛盾和外部压力交织在一起。围绕着语言立法问题,引发了少数民族乃至整个社会对于语言不安全可能带来的矛盾与冲突[2]。这一期刊物的另一篇文章是对上文的一个回应,作者是美国乔治城大学的查尔斯·金(Charles King)博士,他坦陈传统的安全研究和国际关系研究都缺乏对语言安全问题的深入探讨,认为哈立格博士的论文有助于吸引众多的政治学研究者关注语言安全问题[3]。

金在这篇回应中明确指出在国际安全、国际关系乃至比较政治学研究领域,充斥着大量的关于语言的隐喻性表述,如话语、文本、对话和政治的语言等,这些术语已经成为社会科学专用语言。关于政治的语言(the language of politics)研究也主要关注在政治过程中的语言和象征方面的话题,或是政治科学与国际关系文件中的语言隐喻问题。但上述领域的研究者对语言的政治(the

---

[1] Réaumé, D. 1994. The Group Right to Linguistic Security: Whose Right, What Duties[A]. in Judith Baker (ed). Group Right[C]. Toronto: University of Toronto Press. pp. 118-141.

[2] Harlig, J. 1997. National Consolidation vs European Integration: The language Issue in Slovakia[J]. Security Dialogue 28(4): 479-491.

[3] King, C. 1997. Policing Language: Linguistic Security and the Sources of Ethnic Conflict: A Rejoinder[J]. Security Dialogue 28(4): 493-496.

politics of language)关注明显不够,研究者亟需关注政府、科学团体、社会组织和其他组织制定的语言政策、这些政策与规划背后的政治利益与政治结果的研究,"这种研究兴趣的缺乏令人震惊"①。

金还从历史角度分析了不同时期的语言文字立法和语言规划对于国家和地区安全的作用与影响,认为在冷战结束之后,民族国家都需要审慎地对待并合理规划本国语言文字,处理好语言关系,缓和语言矛盾,从而避免出现以语言文字安全问题为导火索的民族冲突②。

第三,不少学者从社区政治与教育政策角度反思语言安全问题。加拿大政治学者尼克尔斯(Nichols)指出在世界范围内存在的语言多样性背景下,当地弱势语言总是在不断为了自身群体的语言安全而抗争,语言安全问题,说到底并不仅仅是他们发动政治运动的目的(end),而更多是一种为了维护和保持自我行动与决断空间的手段(means),是"当地社区的一种政治",这种出于语言安全的政治声音应当得到尊重与重视③。

美国学者马丁内斯和佩特鲁奇(Martinez & Petrucci)利用拉波夫的语言不安全量表,对美国与墨西哥边境上的继承语学习者(heritage language learner)的研究表明,受试的大学生在口语和写作方面表现出的语言不安全感,与教育测试与课程设置体制密切相关,由此折射出当地教育机构存在严重的文化偏见,缺乏对继承语学习者的语言权利保障机制④。

此外,美国教育语言学研究者阿娜·赛利亚·曾特拉(Ana

---

①② King, C. 1997. Policing Language: Linguistic Security and the Sources of Ethnic Conflict: A Rejoinder[J]. *Security Dialogue* 28(4): 493-496.

③ Nichols, R. L. 2006. "Struggling with Language": Indigenous Movements for Linguistic Security and the Politics of Local Community[J]. *Ethnicities* 6(1): 27-51.

④ Martinez, G. A. & Petrucci, P. R. 2004. Institutional dimensions of cultural bias on the Texas-Mexico border: Linguistic insecurity among heritage language learners[J]. *Critical Inquiry in Language Studies* 1(2): 89-104.

Celia Zentella)通过对拉美裔青少年的调查研究表明,在美国出生和成长起来的拉美裔族群由于本族语言在地位上受到英语和标准西班牙语的双重打压,对于自己的族群认同都产生了深刻的焦虑和不安,由此影响了拉美裔人群的集体认同。①

语言安全问题经历了从社会语言学向语言社会学研究范式的转换,并不代表立足于社会语言学的语言安全研究已经过时,也并不说明语言社会学范式成为国外研究的主流。相反,我们认为两种研究路径都有异曲同工之妙,都是对语言安全理论的丰富和强化,也都为基于语言安全的语言规划奠定了良好的理论基础。语言安全研究进入语言社会学这个范畴之中,也意味着语言安全问题亟待从语言规划角度进行系统性研究,语言安全规划研究已经迫在眉睫。

第三节 国家安全视域下的语言安全规划

二战结束之后,语言安全问题日益突出,冷战结束之后,语言安全问题逐步从传统安全领域向非传统安全领域渗透和转化,在国家安全视域下,语言安全逐步成为语言规划的重要规划目标与动机之一,语言安全规划研究被正式提上了议事日程。

一、作为语言规划动机的语言安全

在之前论述中,我们已经明确了语言与安全关系密不可分,语言在维护国家和社会安全方面的作用也是有目共睹。语言规划对于国家安全也具有重要的意义。那么在国家安全视域下,语言安

---

① Zentella, A. C. 2007. "Dime con quién hablas, y te diré quién eres": Linguistic (In)security and Latina/o Unity[A]. in Juan Flores and Renata Rosaldo (eds.) *A Companion to Latina/o Studies*[C]. Malden:Blackwell Publishing Ltd. pp. 25-38.

全问题与语言规划之间的关系是什么?

英国阿斯顿大学丹尼斯·阿格(Dennis Ager)教授是最早关注到语言安全与语言政策与规划之间关系的国外学者。他凭借自身在法国研究与社会语言学领域的研究积累,提出语言安全是语言规划和语言政策的重要动机之一,同时也认为语言规划另外两个动机,即语言身份的维护与保持,以及语言形象和语言声誉的建构和维持,都与语言安全这个驱动性动机相关[1]。

阿格认为语言不安全作为一种社会语言现象,在政治共同体、言语共同体和民族共同体三个群体角度普遍存在着这种现象。语言不安全可以指不同主体在自己的语言受到外来威胁时,主体自身产生的心理反应,这种反应更多是一种情绪,而不是理性的建构,但正是有了这种心理反应之后,不同的感应主体就会落实到具体的保卫语言的行动上[2]。语言安全问题不仅会导致语言转用或是被贬低方言(地域方言或是社会方言)的消失,同时也会促使社会或是国家从语言规划角度来消除语言不安全带来的恐惧和担忧[3]。

阿格将法国语言规划作为典型个案,论述了法国面临语言不安全的三种恐惧与不安,通过这一个案,他试图勾勒出语言安全作为语言规划重要动机的三个出发点:

第一,消除和处置政治共同体遭遇的语言安全隐患

法国通过语言立法和相关语言规划,较为成功地协调并处理

---

[1] Ager, D. 1999. *Identity, Insecurity and Image: France and language*[M]. Clevedon: Multilingual Matters Ltd.

[2] 刘海涛在引介阿格研究时,认为阿格提及的"语言行为"这个概念具有重要意义。阿格认为语言行为就是人们在使用语言过程中的行为,以及人们对于他人使用语言或交际系统本身所采取的行动,这样就为人们探讨不同主体在语言规划进程中的作用提供了可能。参见:Ager, D. 2001. *Motivation in Language Planning and Language Policy*[M]. Clevedon: Multilingual Matters Ltd.;刘海涛,2007,语言规划的动机分析[J],北华大学学报(社会科学版)(4)。

[3] Ager, D. 1999. *Identity, Insecurity and Image: France and language*[M]. Clevedon: Multilingual Matters Ltd. pp. 8-11.

第二章

语言安全与语言规划理论

好了国内的地域语言和方言问题,消除了政府对于语言安全的担忧,在保持法语语言纯洁性本体规划的同时,又能兼顾保护地域方言。阿格通过梳理法国不同历史时期的语言政策与立法文本,发现其语言政策与规划在强化法语作为国家政治意志集中体现、想象共同体的建构方面发挥着重要的作用①。

第二,缓解和避免言语共同体遭遇的语言安全问题

苏东巨变后,捷克与斯洛伐克分离,使得大量的吉卜赛人没有了归属,语言安全危机重重②。由于法国也遭遇到来自北非和中欧国家大量移民涌入,法国政府担心在移民融入社会过程中,是否会侵害法语作为维系国家和社会稳定的基础,由此引起语言身份的不安全恐惧,在语言政策方面,将其纳入还是排斥,都会引发社会群体对不同语言关系安全态势的担忧③。

第三,抵御并防范民族共同体遭受外来语言侵略

在英语这一强势语言大肆侵蚀下,法语在法语世界以及世界范围内的语言地位岌岌可危,由此引发了法语语言地位不安全的恐惧④。阿格认为,法国政府正是出于法兰西民族共同体对于法语地位不安全的恐惧,才促使其在国内出台相关语言法律,提升法语在国家和社会中的地位与形象,在法语国家推动法语标准化,在世界范围内推广法语,较为成功地塑造了法语作为高雅语言的国际形象,积极推动法语国际传播活动⑤。

正是由于这三种形式的不安全,促使法国在语言规划实践中,将维护国家语言安全作为满足其现实需要的重要目标和动机之一。针对语言不安全的现状,法国政府通过语言立法等手段保护和推广法语,确立法语的民族认同感,加强语言管理,维护语言安全。基于语言不安全理论,阿格认为必须从语言和社会、政治和民族的关系上审视语言规划的价值和作用,他指出语言不安全与国

---

①②③④⑤ Ager, D. 1999. *Identity, Insecurity and Image: France and Language*[M]. Clevedon: Multilingual Matters Ltd.

家在政治、经济和社会领域的担忧有着密切的关系,与国家语言认同和国家语言形象构成了三位一体的语言规划驱动力(Ager,1999:10)①。阿格从语言规划视角拓展了语言不安全理论的深度和广度,将语言规划中的语言安全问题领域从传统的政治领域,延伸到了覆盖经济和社会领域中的各个语言社会应用层面。阿格提出语言安全领域拓展的理论对于认识和理解国家安全视域下的语言安全问题具有重要意义。

二、国家安全语言能力的特殊规划

在经典的语言规划研究中,与安全相关的语言规划并不多见。现有研究的重点在于强调语言能力对于国家安全的重要性,同时提出应当加强国家关键语言的外语教育,提升国家安全语言能力建设的观点和主张,在相当长的一个时期以来,国家安全语言能力的规划成为应对语言安全而采取的一种超常规的、特殊的语言规划活动。

美国政府在冷战结束之后,在其企图称霸全球过程中,遭遇到了前所未有的非传统安全风险与危机,全球性威胁日益加深。2001年的"9·11"事件就是一个重要明证。同1957年美苏争霸时期一样,在全球化时代,美国震惊地发现,其依然没有足够的语言能力,来保持其主导全球治理的经济及军事的竞争力。在这样的国家安全预警形势下,政府开始资助外语研究及实践。2003年马里兰大学的高级语言研究中心(Center for Advanced Study of Language,简称CASL)获批成立。该中心由美国国防部成立,政府和军队的研究经费并不是投向大学,而是直接投入这个研究中心,从而确保其研究直接服务于政府。这说明美国政府已经深切认识到了国家语言能力不足,会直接影响到国家安全,加强国家外

---

① Ager, D. 1999. *Identity, Insecurity and Image: France and Language*[M]. Clevedon: Multilingual Matters Ltd.

语能力的规划,已经成为美国语言研究面临的大问题。

文秋芳通过考察美国 CASL 这个美国唯一运用国家资源,应对国防部、情报部门语言需求的国家级语言研究中心,发现该中心通过科学研究并将成果提供给国防部、情报机构和各相关政府部门中去,协助政府解决与语言相关的战略与战术问题,语言学研究服务于国家安全,已成为美国语言研究的一个基本特征[1]。

美国国防部资助马里兰大学成立的 CASL,主要以提升美国情报与安保能力,为美国海外政策目标服务。该中心从事以提高语言能力为目标的科学研究,包括认知科学、心理学、社会语言学、二语习得及语言学领域。其主要研究兴趣有:提升非通用语种的外语知识水平;夯实政府专家的高级外语学习能力并能保持这一水准;提升美国各专业领域及工作场景的国家外语能力;促进人类语言技术的使用质量。这个中心其实起到了动员美国全国语言研究资源,服务于国家安全研究的作用[2]。2004 年 6 月,该中心召开国家语言大会,邀请了联邦政府和地方政府机构、工商企业,其他相关机构、外国的应用语言学界的 400 名官员及专业人员,成立了国家外语协调委员会以促进外语研究,其主要职责是促进美国国家安全(收集、分析情报和军事信息,进行国际外交),保持美国的经济竞争力。该委员会有义务协调、沟通科研机构的语言研究人员和工作人员与政府及商业机构的真实需求[3]。

应该说,国家语言能力建设是将语言与安全联系最为紧密的一个概念,也是与语言规划直接相关的研究领域。国家语言能力的高低关涉到国家总体安全。有学者就明确指出:"冷战以来美国

---

[1] 文秋芳,2014,美国语言研究的基本特征:服务于国家安全战略——以马里兰大学高级语言研究中心为中心[J],云南师范大学学报(哲学社会科学版)(3)。

[2][3] Kramsch, C. 2005. Post 9/11: Foreign Languages Between Knowledge and Power[J]. *Applied Linguistics*,26(4):545-567.

所实施的主要语言战略均体现出国家安全高于一切的主题,并突出体现出提高国民语言能力对于保障国家安全的必要性和迫切性。"①

在美国国家语言能力战略中,一个重要的概念引起国际关注——国家外语能力。国家外语能力这一提法是最早由美国学者提出的,但是,我们并没有在正式学术出版物中找到相关概念的界定。从语言学角度看,语言能力,包括外语能力本不是一个新鲜的概念,但是当外语能力主体变成国家之后,这一概念的内涵与外延也就发生了重要的改变,从专业的二语习得领域拓展并延伸至人文社会科学的诸多范畴之中。究竟什么是国家外语能力?对此,美国国家外语中心(NFLC)的网站上给出了一条简短的定义:"国家对特定语言需求的应对能力"②。基于这个表述,结合美国历次语言战略文本来看,安全都是排在第一位的。

文秋芳教授提出,国家外语能力是指国家处理海内外各种外语事件或是运用外语处理各种事务的能力,衡量国家外语能力高低的重要标志是一个国家能够掌握并使用外语资源的种类和质量③。文教授这一概念是在美国国家外语中心的定义基础上,针对语言资源存在的冲突性以及潜在的资源发展和掌控能力提升问题进行的思考,对国家外语能力的概念内涵做了必要的拓展。她非常重视国家外语能力与语言资源之间的关系,将外语能力视为国家重要的语言资源,同时从语言应用角度提出了国家外语能力的两个重要维度:种类和质量。

国家外语能力与国家安全息息相关,所以国家外语能力的基

---

① 徐英,2018,冷战以来美国的语言战略变迁[J],美国研究(1)。
② 国家外语能力的提法借鉴了美国马里兰大学国家外语中心对国家语言能力的界定,从该中心研究主旨和系列文本来看,这里所指的国家语言能力主要指国家外语能力。
③ 文秋芳,2012,国家外语能力现状[A],载教育部语言文字管理司《中国语言生活状况报告》(2012)[C],北京:商务印书馆。

础与前提条件就是国家安全外语能力。美国推动的"国家安全语言倡议"就是一个典型的例子。这个倡议计划的提出，直接推动了美国国家外语中心的各类研究和战略方案的实施与发布，成为美国国家外语能力建设的重中之重。也正是基于这一国家安全外语能力建设的战略考虑，美国还在国内十几所高校相继建立了国家语言资源中心，分门别类地推进这一战略，形成了较为完善的保障机制。

近年来，国内其他学者也从国家语言资源存在的冲突性和风险性角度入手，对国家潜在语言资源发展和掌控能力提升，提出了不少构建国家语言能力要素的设想[①]，这对于我们理解国家外语能力的内涵具有重要意义。文秋芳教授将这些能力要素维度归结为国家语言资源能力，同时又提出国家语言能力的新维度，即国家话语能力[②]。这一维度将国家语言能力的应用提升至战略高度，极大丰富了国家外语能力的战略内涵，正如文秋芳教授所言，唯有国家话语能力才是检验与国家战略相关的语言事务处理是否有效的终极能力[③]，而国家话语能力也是国家安全语言能力的核心内容。

综合上述观点，我们如果将国家外语能力的概念确定为国家掌控和应用各类外语资源，为在特定情况下处理和应对海内外各类语言事件，或是运用外语处理各种事务，服务于国家战略的能力，那么，按照这一概念内涵，我们可以清晰推导出国家安全语言能力的定义：国家掌控和应用各类语言资源，为在特定危及或是损害国家安全情况下处理和应对海内外各类事件或运用语言处理各种事务、服务于国家战略的能力。

[①] 相关研究参见：李宇明，2011，提升国家语言能力的若干思考[J]，南开语言学刊(1)；赵世举，2015，全球竞争中的国家语言能力[J]，中国社会科学(3)；魏晖，2016，文化强国视野下的国家语言战略探讨[J]，文化软实力(3)。

[②][③] 文秋芳，2017，国家话语能力的内涵：对国家语言能力的新认识[J]，新疆师范大学学报(哲学社会科学版)(3)。

国家安全语言能力建设突出了语言与安全之间的战略联系，同时也强化了外语教育对于国家安全的重要性。但是国家外语能力建设仅仅只是非传统安全领域语言规划的具体内容之一，是美国政府将语言问题安全化的超常规语言规划行为，其战略性特征毋庸置疑。客观来讲，美国所提出的"国家安全语言倡议"计划，虽有不少值得借鉴的地方，例如国家安全语言能力建设的理念与做法，以国家安全作为语言战略价值取向的定位，都值得其他国家和地区借鉴和学习，但是其缺陷也十分明显。正如美国学者认为，此次美国安全语言计划的重点不在全面提升公民外语能力水平，也并非为了倡导实施教育国际化，增进国际理解教育，以更好促进国际交流，由此产生了知识与权力控制之间的博弈和争议[1]。

一方面，国家安全语言能力建设自始至终体现的是一种实用主义思想，同时还流露出浓厚的霸权主义意识。实际上自二战结束至今，美国语言战略奉行的是一种实用工具主义，处处体现出冷战思维[2]。无论是关键语言战略还是安全语言计划都没有从语言资源观出发，而仅仅是从语言工具观进行外语规划，置全体国民外语能力提升目标于不顾，对本国各类移民的语言需求更是不闻不问。

另一方面，与联邦政府奉行不同治理模式的美国各州，在面对不同利益群体诉求时，对于国家外语教育政策的态度不一，加之美国社会治理一贯标榜自由主义和放任自流[3]，从关键语言到安全语言的规划实际执行效果并不好，即便是应对经济全球化和国际商务需求，政府和企业对外语需求也不一致，致使相关外语教育政策无法落地和实施。正如美国应用语言学中心前任主席特伦斯·

---

[1] Kramsch, C. 2005. Post 9/11: Foreign Languages Between Knowledge and Power[J]. *Applied Linguistics*, 26(4): 545-567.
[2] 沈骑, 2020, 语言在全球治理中的安全价值[J], 当代外语研究(2)。
[3] Cardinal, L. & Sonntag, S. K. 2015. *State Traditions and Language Regimes*[M]. Quebec: McGill-Queen's University Press.

威利(Terrence Wiley)所言:"从长远来看,仅仅为了服务国家利益而狭隘聚焦于国家安全和战略语言的做法,并不会提升美国的国家外语能力,当前美国需要的是正视自己在过去和当下否认语言多样化,而执迷于语言单一化错误做法。"①

综上所述,美国国家安全语言能力的建设与规划,虽然是语言安全规划的一种特殊形式,但由于其明显的语言问题安全化特征,并没有体现出系统意义的语言规划,也缺乏规划持续性的价值体现。为应对非传统安全领域的各类安全隐患与风险,当前亟待建构一个具有普遍适用性价值的语言安全规划框架,建立语言规划研究体系。然而,到目前为止,具有整体意义的语言安全规划研究尚未取得显著进展②。在全球化时代,建构一个整体全面的语言规划研究体系,以应对非传统安全领域的语言安全问题已成当务之急。

三、语言安全规划研究的框架建构

20世纪90年代以来,"非传统安全"一词频繁地出现在世界各国关于国际安全问题的战略报告之中。这一概念的提出,体现了随着全球化进程和后冷战时代世界格局转变,不同国家面临的安全现实和安全问题有所变化和拓展。在传统军事安全领域之外的经济、社会、文化、信息等产生的大量危及国家和人类社会整体生存和发展的威胁,形成区别于传统安全的理论观照和现实关注。"非传统安全"作为非军事武力的安全,一方面拓展了安全领域,另一方面使安全的层次多元化,全球安全、地区安全、团体安全、公民

---

① Wiley, T. G. 2007. "The Foreign Language 'Crisis' in the United States: Are Heritage and Community Languages the Remedy?"[J]. *Critical Inquiry in Language Studies* (2-3): 179-205.

② Liddicoat, A. J. 2008. *Language Planning and Questions of National Security: An Overview of Planning Approaches*[J]. *Current Issues in Language Planning* 9(2): 129-153.

安全(人的安全)都成为重要方面,被考虑在安全观的架构和体系之内①。非传统安全是一个动态变化概念,其问题领域涉及较广,也呈现出开放态势,但就其优先性和基本属性而言,主要指涉如下:

> "与人类可持续发展而产生的安全问题,如文化安全,环境安全等;人类活动中对国际秩序、地区安全乃至国际稳定所造成的威胁,如经济安全、社会安全等;跨国际的有组织犯罪,如贩毒走私等公共安全问题;非国家行为体对现有国际秩序的挑战和冲击,如国际恐怖主义等;由于科技发展以及全球化所产生的安全脆弱性问题,如网络信息安全等问题。"②

党的十八大以来,非传统安全正式进入国家总体国家安全观之中,新颁布的《中华人民共和国国家安全法》也对非传统安全领域极为重视。2018 年 4 月,教育部专门出台文件,要求加强大中小学国家安全教育。根据这一文件要求,不仅要加强国家安全教育内容、教材建设等教育规划,同时特别提出了推动国家安全学的学科建设任务,正式设立了国家安全学一级学科,推进专业人才培养,建立研究机构并设立研究项目,为国家安全教育教学和相关学科建设奠定基础③。教育部这一文件的发布,对国家安全视域下的语言安全规划提出了新要求,语言安全规划不仅要从现实战略实践意义上考虑解决重大语言安全问题,同时也需要从学科建设高度定位,思考语言学研究应如何与国家安全学这一新学科发展

---

① 余潇枫等,2006,非传统安全概论[M],杭州:浙江大学出版社,第 52 页。
② 朱峰,2004,"非传统安全"解析[J],中国社会科学(4)。
③ 教育部文件教思政[2018]1 号文件:教育部关于加强大中小学国家安全教育的实施意见[EB/OL]. http://www.moe.gov.cn/srcsite/A12/s7060/201804/t20180412_332965.html。

形成交叉联系,在推进国家安全学学科建设过程中,建构和发展语言安全学,推动语言安全规划研究。

综合语言规划学科的研究现状与趋势,具体到中国学术语境下,非传统安全领域的语言安全规划框架拟从价值范式、问题领域、对象层次和内容类型四个维度进行拓展和深入:

第一,语言安全规划的价值范式

非传统安全具有优化状态(优态)、弱化状态(弱态)、劣化状态(劣态)和危险状态(危态)四种多样化的价值目标体系决定了语言安全规划必须首先建构一个融合多元价值观的研究范式。事实上,语言规划的价值范式在语言规划活动中占有极其重要的作用,它与语言政策与规划动机和目标紧密关联,统率整个语言规划过程。美国学者托马斯·里森托认为语言规划作为一个跨学科领域,关注的是与语言有关的现实真实世界的问题,研究必然带有战略性目标,语言规划的研究过程也必然是价值负载的[①]。从目前现有语言规划理论看,有美国学者鲁伊兹提出语言规划的三类价值取向,即语言问题观、语言权利观和语言资源观在国外具有重要影响力,英国学者丹尼斯·阿格提出语言规划中七种价值取向和动机,分别是身份认同、意识形态、形象的维护与模塑、语言安全、语言平等、融合性和工具性价值取向[②]。上述国外学者提出的价值取向,对于构建和确立非传统安全领域语言安全规划具有重要学术借鉴意义。

近年来,国内学者也在语言规划价值取向上进行了深刻思考。李宇明先生提出语言规划在注重工具职能之外,还应当特别重视文化职能。李先生认为中国一百多年以来的语言规划,主要是对

[①] Ricento, T. 2015. Foreword[A]. in F. Hult & D. Johnson (eds.) *Research Methods in Language Policy and Planning*[C]. Malden: Wiley-Blackwell.

[②] Ager, D. E. 2001. *Motivations in Language Planning and Language Policy*[M]. Clevedon: Multilingual Matters Ltd.

语言的显性工具职能的规划,但是在现代社会文化大发展和繁荣阶段,在语言矛盾日渐多发的态势下,语言规划应当重视语言的文化职能,尽量减少语言矛盾,减缓语言冲突,为此,他提出应当坚持语言平等和语言资源意识等观点①。在这个基础上,李先生谈到语言规划学的学科发展与定位时,提出了语言规划的功能观,日益引起学界的广泛共鸣。李先生认为语言规划学从本质上看就是语言功能之学,语言规划的功能观主要体现在三个方面:一是全面发挥语言的功能;二是预防、解决语言冲突;三是提升社会与个人的语言生活质量②。这三个方面简明扼要地明确了语言规划学科发展的价值判断,对于构建语言安全规划价值取向具有重要意义。

语言政策与规划说到底就是各种语言选择,语言安全规划其实也面临着各种价值取舍问题。应该如何确定科学合理的语言安全规划的重要价值取向?要回答这一问题,我们需要将语言安全问题置于全球竞争和国家总体安全观的战略视野中考察。

在纷繁芜杂的国际社会之中,全球化浪潮夹杂着"去全球化"噪音席卷而来,全球语言生态也处在激烈的竞争之中,强势语言抑或霸权语言借全球化浪潮长驱直入,地区性语言、甚至是处于边缘的语言又当何去何从?不同国家与民族语言的竞争实质也是全球竞争的一个侧影和真实写照。语言安全规划研究,不仅需要考察世界语言安全问题,也需要关注强势语言与本土语言之间的安全博弈关系,还需要探讨语言工具主义与语言资源观之间的矛盾关系,这里至少涉及以下三个基本价值命题:即语言单一性与多样性的安全困境、国际化和本土化的安全悖论、工具性与资源性的安全博弈关系。语言安全规划研究亟须探索确立明确的价值取向,能够应对和解决日益突出的非传统安全领域的各类语言安全问题。

---

① 李宇明,2014,语言的文化职能的规划[J],民族翻译(3)。
② 李宇明,2015,语言规划学的学科构想[J],语言规划学研究(1)。

第二，语言安全规划的问题领域

在非传统安全领域中，对于语言安全本身定位的讨论并不清晰。从目前非传统安全研究文献和报告来看，有不少学者将语言安全列为文化安全的重要组成部分[①]。如果将语言作为工具来看的话，这种划分似乎是可行的，但是如果从李宇明提出的语言功能观来看，在总体国家安全观下，语言安全并不仅仅是文化安全的一部分，它本身理应就是一个问题领域，应该与文化安全并列为一个重要领域。因为语言安全与文化安全之间既有联系也有侧重点的差异。语言安全正日益成为非传统安全领域中不可忽视的问题领域。尽管语言安全尚未跻身于总体国家安全观中十一种安全分类的行列，但是，随着国家和社会对于语言安全的重要性认识日益加深，全社会的语言意识不断增强，必将大幅提升语言安全作为总体国家安全领域中的地位，使其成为一个学术界广泛关注的问题领域。

此外，语言安全不仅是国家安全的一个问题领域，更是贯穿于国家安全诸多领域和对象层次的现实议题。这里所指的语言安全不同于上文提及的语言本身的安全，而是全面从语言的使用和应用等功能层面考虑，全面考察语言问题是如何影响和制约、抑或是保障和维护非传统安全其他领域的安全问题的。

澳大利亚学者安东尼·利迪寇特（Anthony Liddicoat）曾经提出一个关于安全语言规划的分类，他将与国家领土安全和主权安全密切相关的语言规划活动分成冲突管理（conflict management）、冲突预防（conflict prevention）和安全环境（context）等三个规划趋向以及不同趋向所采取的规划活动与重点[②]。他虽没有提及总体国家安全

[①] 相关观点参见：潘一禾，2007，文化安全[M]，杭州：浙江大学出版社；胡惠林，2011，中国国家文化安全论[M]，上海：上海人民出版社；刘跃进，2011，国家安全体系中的语言文字问题[J]，语言教学与研究(6)；刘跃进，2012，国家安全学[C]，北京：中国政法大学出版社。

[②] Liddicoat, A. J. 2008. Language Planning and Questions of National Security: An overview of planning approaches[J]. Current Issues in Language Planning 9(2): 129-153.

领域,但是他的分类法为总体国家安全视域下的语言安全规划提供了一个重要启示,那就是拓展并探索作为非传统安全各个领域现实议题的语言安全问题。我们借助于非传统安全具体的领域分类法,结合语言安全在不同领域中可能产生的冲突性和矛盾性,除了可以确定前文提到的语言安全领域之外,其他领域如政治安全、经济安全、文化安全、舆论安全、信息安全、教育安全、社会安全和公共安全等领域,都会涉及和依赖于语言与语言规划活动,也都会有不同程度的领域语言安全风险和隐患。

近年来,国内语言规划研究开始重视不同领域的语言竞争问题,这对于语言安全规划有着重要借鉴意义。2016年,李宇明先生发表了《语言竞争试说》一文,他指出语言竞争可以激发语言活力,也会触发各种语言矛盾、语言冲突乃至社会矛盾与冲突,他准确地将语言社会功能空间的语言竞争划分为八个领域:家庭、宗教场所、民俗活动、社区交际、教育、大众传媒、社会语言运用和官方工作等领域(参见下图2.1)[①]。

基于上述领域划分标准与方法,关注不同问题领域的语言安全规划将会弥补现有语言规划在领域规划的不足,也可以拓展和建立语言安全规划的研究范畴,拓宽学科发展空间。

第三,语言安全规划的对象层次

非传统安全不仅涉及不同领域,具有问题领域的延展性,而且安全的对象层次也是多元化,至少涉及全球范围、跨国区域、民族国家、社团族群和个体家庭等五个层次。这个对象层次的划分也与语言规划研究的发展趋势是匹配的。自20世纪60年代以来,语言规划研究一度是以民族国家作为唯一的规划对象,并没有注意到对象层次的多样性问题。直到20世纪80年代,巴尔道夫(R. Baldauf)基于自己在美属萨摩亚地区的考察,最早提出在语

---

① 关于功能空间八大领域语言竞争基本状况说明,参见:李宇明,2016,语言竞争试说[J],外语教学与研究(2)。

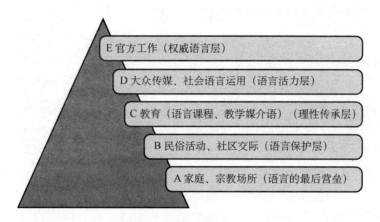

图 2.1 语言的功能空间

言规划中,需要关注不同个体和机构作为语言规划者的问题[①]。他的这一观点得到了语言学家罗伯特·库珀的支持,在其专著《语言规划与社会变迁》中,库珀提出了语言规划除了传统的自上而下(top-down)这一模式之外,还应该重视自下而上(bottom-up)的规划行为[②]。90 年代,德国语言学家哈尔曼较为系统地提出了语言规划应当注意到不同层次,即不仅要关注宏观国家和政府层面的规划活动,还要注意到不同机构、社团和个体层面的语言规划,尽管规划效果和影响不一样[③]。哈尔曼对语言规划对象层次的划分,对语言规划研究从单一的宏观国家层面向多元化的微观领域发展产生了重要影响。有学者设计出了一个语言规划对象层次的"洋葱模型",认为语言规划过程中,必须重视不同利益相关者发挥

---

① Baldauf, R. B. Jr. 1982. The language situation in American Samoa: Planners, plans and planning[J]. *Language Planning Newsletter* 8(1): 1-6.

② Cooper, R. L. 1989. *Language Planning and Social Change* [M]. Cambridge: Cambridge University Press.

③ Haarmann, H. 1990. Language Planning in the Light of a General Theory of Language: A Methodological Framework[J]. *International Journal of Sociology of Language* (86): 103-126.

的作用①。随后,卡普兰和巴尔道夫将语言规划的对象层次划分为宏观、中观和微观三类,同时提出了微观领域语言规划的概念②。

进入新世纪以来,国内外学者对语言规划对象层次的研究体系进一步丰富和完善。托马斯·里森托(T. Ricento)认为基于微观层次自下而上的语言规划研究,因其重视个体能动性(agency),是21世纪语言规划研究的主流③。巴尔道夫及其学生在一系列研究中,成功建构了以微观层次语言规划为对象的研究体系④。与此同时,斯波尔斯基在《语言政策》和《语言管理》两部重要学术专著中都提及了国际层面的跨国组织和机构语言规划问题,从另一个维度拓展了语言规划的上位空间和对象层次⑤。

近年来,国内学者对于语言规划对象层次也做了有益的思考。李宇明在提出"中国语言生活派"的语言规划中国学派的思想时,特别提出了语言生活是分层次的重要观点,他将语言生活分为宏观、中观和微观三个层级。在宏观层次上,语言生活包括国家层面

---

① Ricento, T. and Nancy H. Hornberger. 1996. Unpeeling the onion: Language planning and policy and the ELT professional[J]. *TESOL Quarterly* 30(3): 401-427.

② Kaplan, R. B. and R. B. Baldauf Jr. 1997. *Language Planning: From Practice to Theory*[M]. Clevedon: Multilingual Matters.

③ Ricento, T. 2000. Historical and Theoretical Perspectives in Language Policy and Planning[J]. *Journal of Sociolinguistics* 4(2):196-213.

④ 相关研究成果参见:Baldauf, R. B. Jr. 2008. Rearticulating the Case for Micro Language Planning in a Language Ecology Context[A]. In *Language Planning in Local Contexts*[C]. edited by A. J. Liddicoat and R, B. Baldauf, pp. 18-41. Clevedon: Multilingual Matters Ltd; Baldauf, R. B. Jr., M. L. Li and S. H. Zhao. 2008. Language Acquisition Management: Inside and Outside the School[A]. In *The Handbook of Educational Linguistics*[C], edited by B. Spolsky and F. M. Hult, pp. 233-250. Malden, MA: Blackwell; Chua, S. K C. and R. B. Baldauf, Jr. 2011. Micro Language Planning [A]. In *Handbook of Research in Second Language Teaching and Learning*[C]. v. 2, edited by E. Hinkel, pp. 936-951. New York: Routledge.

⑤ Spolsky, B. 2004. *Language Policy*[M]. Cambridge: CUP; Spolsky, B. 2009. *Language Management*[M]. Cambridge: CUP.

和超国家层面语言生活;在中观层次上,他界定了领域和地域的语言生活;在微观层面,他提出了个人语言生活以及社会与行业终端组织的语言生活两大分类[①]。李先生对中国语言生活层级的划分,突显出了国际层面和微观层面语言规划的迫切性,也展现了中国语言规划研究已经逐步关注到了语言规划的层次多样性,对于语言安全规划具有重要指导意义。

语言安全因其问题多样性和复杂性,早已突破了单一的规划空间和层次,渗透到不同的物理空间,乃至进入虚拟空间,语言安全规划也必须要深入到不同层次,形成覆盖宏观、中观和微观等多层次,兼顾各方利益相关者的系统规划格局。

第四,语言安全规划的内容类型

语言规划的具体活动主要表现在其内容类型上,这也是语言规划作为一个偏重于社会应用学科最为重要的活动分类。纵观语言规划学科 60 多年的学科发展史,语言规划活动分类讨论较多,而且随着人类语言活动日益纷繁复杂,语言规划的内容类型也在不断扩展,逐步丰富这个新兴学科的知识体系。从学科知识体系来看,语言规划不仅是语言学的一个分支,同时得到了社会学、政治学、教育学的滋养,是社会规划和文化规划的重要组成部分。语言规划涉及诸多学科知识和多种研究方法,它不仅需要语言本体知识,也需要诸如社会语言学、教育语言学、系统功能语言学、话语分析等应用语言学理论,乃至政治学、社会学和经济学等多学科研究方法,同时也深入渗透到了不同学科内部,形成了交叉融合的学科基本面貌。

在众多的规划活动中,最为核心的是语言本体规划和语言地位规划。语言本体规划指的是对语言本身的改造,如词典的编辑、语法的说明,借词的规定,术语的修订以及书写系统的完善和规范

---

① 李宇明,2012,论语言生活的层级[J],语言教学与研究(5)。

等。语言地位规划是指社会通过法律或相关规定对语言角色和功能确定的活动①,例如对什么样的语言赋予什么地位,什么语言是官方语言,什么是非官方语言但是通用语言,以及在什么场合下可以使用什么语言等规划活动。语言地位规划的实质是对语言的用途或是功能的分配,对语言使用的场合做了规定。

自20世纪80年代中后期开始,语言规划在经历了传统语言问题观和语言权利观之后,其发展方向和规划取向(orientation)经历了后结构主义转型,语言资源观被鲁伊兹正式提出。在语言规划实践中,语言资源观的提出,是语言规划积极融入人类语言日益多样化语言生活现状,缓和语言矛盾,维护语言生态,避免语言冲突的学术主张,成为当代语言规划研究的重要范式。

在语言资源观影响下,语言教育(习得)规划(acquisition planning)进入语言规划视野,逐渐发展成为第三个语言规划领域。语言教育规划提出的标志是美国语言学家罗伯特·库珀的专著《语言规划与社会变迁》,他认为语言规划作为对语言和人以及社会之间关系的规划,必须关注人类语言习得和教育活动的规划,而语言教育是语言规划活动中一个不可忽视的目标和焦点②。

在系统梳理并分析十二个关于语言规划的定义之后,库珀提出了第十三个定义,认为语言规划"旨在通过语言符号的习得,结构和功能分配而影响他人行为的一种长期细致的努力和追求"③。这一概念明确将语言教学,包括二语和外语教学活动纳入语言规划之中,由此打破了语言教学与语言规划之间的学术壁垒。语言教育规划包括制定宏观政策和具体的方案以及编写学习材料,以

---

① Lo Bianco, J. The Importance of Language Policies and Multilingualism for Cultural Diversity[J]. *International Social Science Journal*, 2010(1): 37-67.

②③ Cooper, R. L. 1989. *Language Planning and Social Change* [M]. Cambridge: Cambridge University Press.

促进个体和群体语言能力的发展,从而满足该语言日后的各种用途,这些目标可能满足社会、机构和个体的需要①。语言教育规划一方面将语言教学研究置于更具整体结构性研究范畴之中。另一方面,也让语言规划这个一度"高冷"的学科,开始重视研究教育(中)的语言规划问题,真正接了语言教育实践这个"地气",具有深远的学术意义和价值。语言教育规划也因此成为语言规划研究与语言教育实践的重要衔接点。

语言规划第四个重要类型是语言声誉规划(也称为语言形象规划),即对语言符码在美学和智识层面的规划,也是对某种语言形象的规划②,提出这一概念的学者就是德国语言学家哈尔曼,他在考察世界语言的传播与扩散的历史过程中,将语言规划的结果看成是一个产品,认为要使语言产品为人们接受并经受住历史的考验,规划者就要关心语言的声誉和接受。传统语言规划侧重于自上而下的规划模式,很少关注规划活动具体效果和接受程度,致使很多官方层面规划往往流于形式,没有实效。因此,语言声誉规划提出重视不同层面的语言规划参与者的能动性,更多地从接受者和受众层面考虑语言规划问题③。

除了上述四个主要分类之外,近年来,国内外学者也提出不少四个新的语言规划类型:如语言的使用规划(usage planning),语言在不同行业或领域中的用途与作用的规划④。这项规划活动主要涉及不同社会领域与行业领域的语言需求、语言支持、语言资源配置与语言能力等诸多方面的功能、活力与能力发展的具体规划

---

① Kaplan, R. & Baldauf, R. B. Jr. 2003. *Language and Language-in-education Planning in Pacific Basin*[M]. Dordrecht: Springer. p.207.

②④ Lo Bianco, J. 2010. The importance of language policies and multilingualism for cultural diversity[J]. *International Social Science Journal* (1): 37-67.

③ Haarmann, H. 1990. Language Planning in the Light of a General Theory of Language: A Methodological Framework[J]. *International Journal of Sociology of Language* (86): 103-126.

活动。

进入新世纪以来,翻译规划(translation planning)也被不少学者提出[①],全球化助推人类跨语际交流与沟通日益增多,跨语言和跨文化传播并不是简单的文字转换过程,它至少涉及两个文化系统的交流、交锋与交融。事实上,人类为了解决跨语际交流的障碍,翻译规划实践久已有之,翻译规划也经历了从实践探索到理论思考的发展过程。从古巴比伦王国商业交易中的双语翻译规划,到中国唐代为"万国来朝"专门设立译馆,招募居于长安的外国商人为丝绸之路来客提供翻译;从罗马帝国大量译介希腊文明,掀起西方第一次翻译高潮,再到清末民初西学东渐下的中国近代翻译大潮,古今中外,翻译规划活动比比皆是。

翻译规划研究的兴起有其必然性,因为翻译史研究表明,一个国家和民族的文化发展与社会变迁往往求助于翻译,在不同程度上将之作为"填补缺漏"的途径,而翻译总是受到一定规范和准则制约,用以满足接受者文化和社会某种需求,属于文化规划[②],同时又兼具语言规划的特性,是一种跨语际(文化)的规划。因此,翻译规划是旨在干预或介入社会、群体或系统现状的,有目的、有计划的翻译活动和行为。它一方面涉及政府机构、教育机构、非政府组织、其他组织等的宏观计划和目的,另一方面也包括译者个人的选择及翻译策略等的实施与计划。

此外,澳大利亚学者洛·比安科(Lo Bianco)还提出了话语规

---

① 相关成果参见:Tonkin, H. & Frank, M. E. 2010. The Translator as Mediator of Cultures [M]. Amsterdam: John Benjamins Publishing Company; Toury, G. 2002. Translation as a Means of Planning and the Planning of Translation: A Theoretical Framework and an Exemplary Case [A]. in Saliha Parker (ed.) *Translations: (Re) Shaping of Literature and Culture* [C]. Istanbul: Bogazici University Press, p. 154.

② Toury, G. 2002. Translation as a Means of Planning and the Planning of Translation: A Theoretical Framework and an Exemplary Case[A]. in Saliha Parker (ed.) *Translations: (Re) Shaping of Literature and Culture*[C]. Istanbul: Bogazici University Press, p. 154.

划(discourse planning)这一新的规划类型。2005年,他提出将话语作为一种规划类型纳入语言规划研究领域。他认为话语规划是指研究语言表征与形象,并以劝说或是教育方式将意识形态通过话语建构的一种语言规划,话语规划是一种以"对话协商、迭代反复或慎重思考"为干预特征的规划实践活动①。话语规划并不是一般意义上的话语制造,它主要涉及国家、机构等组织通过话语在意识形态层面建立机构的世界观和形象。这类规划类型主要是国家或是机构从战略利益出发,致力于提高话语能力,提升自身形象的一种规划行为。话语规划在国家语言问题和宏观政策之间起到了重要的现实话语建构作用。

随着网络时代和人工智能日新月异的发展,语言规划也面临着信息科技和高新技术革命的挑战。在这样背景下,技术规划(technology planning)也成为语言规划的新类型,有学者提出网络空间语言技术、软件和语言信息化技术都需要进行系统规划,②相关研究尚在不断推进与扩充之中。

综上,我们梳理和回顾了八类语言规划的内容类型,这对于建构语言安全规划的内容类型具有重要价值。应该说,现有语言规划对于众多非传统安全领域的语言安全问题关注是不够的,国内外语言规划在这个问题上的相关性和系统性研究还没有开展起来。迄今为止,还没有研究深入探讨语言规划和总体国家安全观之间关系,这方面尤其缺乏理论建构和探索。

---

① Lo Bianco, J. 2005. Including Discourse in Language Planning Theory[A]. in Bruthiaux, Paul et al,(eds.) *Directions in Applied Linguistics: Essays in Honor of Robert B. Kaplan*[C]. Clevedon: Multilingual Matters Ltd, pp. 261-262,263.

② Phillipson, R., 2017. Additive University Multilingualism in English-dominant Empire: the Language Policy Challenges [A]. in *Facetten der Mehrsprachigkeit. Reflets du Plurilinguisme* [C]. Michael Langner und Vic Jovanovic (Hg.). Bern: Peter Lang, pp. 139-161.

本 章 小 结

本章主要探讨语言安全在语言规划理论中的定位,语言安全意识在国内的研究介入,在国外的发展路径及非传统安全领域语言安全规划。从国内看,我国学者十分重视语言规划的安全问题意识及其对国家安全的重要性,他们在语言规划研究过程中从不同视角探讨语言的安全维度。在宏观层面,众多研究探讨了语言与国家安全的发展关系,提出语言能力要与国家发展、国际地位相匹配。也有从中观和微观层面,通过田野调查指出语言生活状况对国家安全的重要意义;从中文生存、发展、汉语的研究和教学等危机出发提出对策和建议。上述研究都肯定了语言规划中的安全维度对国家安全和利益的重要性,尽管个别学者提出了从总体性和系统性出发考察语言和国家安全的关系,现有研究仍然是对语言安全的初步探索,语言安全规划研究还是一个新兴领域,还远未达到系统性和理论深度。但值得一提的是,这类研究对语言安全在社会生活中的应用领域也作出了讨论,例如从文化安全到政治安全、经济安全、社会安全、信息安全等。这为本章最后一节提出的非传统安全领域的语言安全规划研究框架奠定了基础。

相比之下,国外语言安全方面的研究更早,脉络更清晰。从历史演进角度,国外语言安全理论经历了从语言本体到语言地位的延伸、从语言使用到语言身份的变迁、从社会语言学到语言社会学的变迁三个阶段。首先,语言安全理论来源于针对语言变体的"语言不安全"的研究,接着扩展到语言地位和语言身份的不安全。显然,这一变化丰富了语言不安全理论的内涵和外延,将针对个人层面的语内研究拓展到包括集体、社会层面的语际研究。之后,语言安全实现了从社会语言学领域向语言社会学研究范式的转换,充分体现了其研究具有学科交叉性的特征,受到了法律界、国际关系领域、政治及教育领域的关注。可以预测,语言安全理论将会延伸到更多社会领域,因此从语言规划角度对该理论进行系统研究迫在眉睫。

本章第三节聚焦非传统安全领域的语言安全规划。本节首先探讨了语言安全问题与语言规划之间的关系,并由此引出语言安全作为语言规划重要动机的三个出发点。由此发现,语言安全问题领域从传统的政治领域,延伸到经济、社会、文化等其他领域。目前,现有的研究重点在国家语言能力特别是外语能力建设方面,使国家具有掌控各种语言资源,应对各类事件,服务国家战略的能力。但是,随着国际交往的日益频繁,互动形式的复杂多样,从长远的战略眼光来看,建构一个具有普遍适用性价值的语言安全框架已成当务之急。因此,本章最后尝试从非传统领域语言安全的视角提出语言规划研究的框架,具体内容包括:语言安全规划应首先建构一个融合多元价值观的研究范式;语言安全规划的问题领域需要拓展,拓宽学科研究视野;语言安全规划的对象层次更加丰富,不仅贯穿从宏观到微观的物理层面,也渗透从现实到信息技术的虚拟层面;语言安全规划的内容类型从四类拓宽到八类。

综上所述,本章从语言安全在语言规划理论中的定位开始,回顾和梳理了国内外语言安全的研究进路,最后提出非传统安全领域的语言安全规划框架,以希望在实践层面为我国应付纷繁复杂、风云变幻的国际事务提供理论基础,在理论层面为语言规划理论的系统深入抛砖引玉。

第三章

语言安全规划的价值范式

> 了解各种语言功能的发生原理和运作机理,目的是利用这些原理或机理来满足社会需求,惠及社会成员。社会及社会成员之需求是多方面的,概括起来主要有三个方面:第一,全面发挥语言的功能;第二,预防、解决语言冲突;第三,提升社会与个人的语言生活质量。当语言规划学发展到这一阶段,就超出了一般的语言学范畴,涉及国家的政治、法律和意识形态等,进入公共政策的层面。
>
> ——李宇明[①]

第一节 公共政策学视域下的价值定位

正如李宇明所言,语言规划学涉及政治、法律和意识形态等领域,早已走出一般意义上的语言学范畴,进入语言社会学,甚至是公共政策领域[②]。语言规划就其本质而言,其实是一种社会规划和文化规划,属于公共政策范畴。因此语言规划与语言政策在本

---

①② 李宇明,2015,语言规划学的学科构想[J],语言规划学研究(1)。

质上与政策科学和政治学有着必然的联系,在一定程度上语言规划的价值定位具有公共政策学的基本特征。

政策与规划的价值定位是公共政策学的一个重要研究领域。从公共政策价值定义及其分析模式来看,价值在政策研究中扮演着重要角色。美国政治学家哈罗德·拉斯维尔(H. D. Lasswell)在创立政策科学时,曾专门提出:公共政策是"一种含有目标、价值和策略,通过相关规定和措施来实施的活动过程的大型计划"[1]。这一定义强调了公共政策的设计功能及其目标取向。他认为人们往往通过制度寻求价值观,从而便于形成和分享这一价值观以获取和享有各种资源[2]。

在澳大利亚学者珍妮·斯图亚特(Jenny Stewart)看来,政策价值是指在整个政策规划过程中体现并贯彻实施的公共选择,它往往决定了政策行为取舍和导向,政策价值也被认为是集体和公共行为的原则、动机和目标[3]。在具体政策分析中的价值分析是回答"为什么"的问题,包括为谁,为什么目的,有多大风险,值不值得等。价值分析和研究的目的就是确认某个目标是否值得争取,采取的手段能否被接受,对现状所作的改变结果是否良好等[4]。公共政策的价值定位也表现为政策规划、制定、实施和评价等过程中被优先考虑的规划行为和要素,因此具有很强的政策功能性特征。

近50年来西方公共政策研究者在政策分析框架和模式研究过程中,逐步认识到政策价值分析的重要性,并做了大量的探索性研究。1985年,国外学者霍格伍德和刚恩提出公共政策的过程、

---

[1] Lasswell, H. D. 1971. *A Preview of Policy Science*[M]. New York: Elsevier, p. 1.
[2] Parsons, W. 1995. *Public policy: An introduction to the theory and practice of policy analysis*[M]. Cheltenham, UK: Edward Elgar.
[3] Stewart, Jenny. 2009. *Public policy values*[M]. Palgrave Macmillan.
[4] Hogwood, B. W. & Gunn, L. A., 1985. *Public policy analysis for the real world*[M]. Oxford: OUP.

内容和价值三维分析框架。他们认为在政策分析框架中,除了传统的内容和过程分析法之外,还必须考虑政策的价值分析,而公共政策研究的价值分析必须贯穿整个政策研究体系之中,并扮演核心和统领的角色①。这一价值取向研究趋势也迎合了西方政策科学的后行为主义科学范式转型需求,近 40 年来,公共政策研究开始关注政策不同主体与客体之间的利益分析、制度分析和意识形态研究,而价值定位研究因其涉及其中,具有内隐性和稳定性特点。

澳大利亚学者珍妮·斯图亚特认为公共政策的价值取向与政治价值取向,如自由、民主和平等价值观,有着必然的联系,但是不能画上等号,因为相对而言,政治价值取向相对稳定,很少出现较大波动,而政策价值实际上是来自不同政府部门或是具体领域,因此公共政策价值定位具有一定的渐变性特征,有时候也会出现剧变②。

在从政治到政策这个漫长的转变过程中,政策的价值定位发生着各种反应与变化,或整合或修正,抑或丧失,在政治与政策之间起到了重要的衔接作用。如果说政治学是政策价值的源头之水的话,那么这个衔接作用至少可以从三个方面体现出来:

一是政治哲学。在公共政策领域,政治哲学的主要任务是为国家做出公共政策集体选择提供理性的、道德的和伦理上的解释。珍妮·斯图亚特做了一个类比,政治哲学负责楼宇的建造,而政策价值则主要考虑具体房间的设计理念和使用用途③。

二是政治社会学。政治社会学的研究路径主要是将政治视为一面社会的镜子,用直接现实的方式,论证公共政策价值定位的来源何在。政治社会学重视从实证角度考察并比较不同个体和人群

---

① Hogwood, B. W. & Gunn, L. A., 1985. *Public policy analysis for the real world*[M]. Oxford: OUP.
②③ Stewart, Jenny. 2009. *Public policy values*[M]. Palgrave Macmillan.

与政治学中体现出来的价值观与相互关系。这一研究方法说明了随着社会价值观的变迁,政治和政策都会受到影响,例如经济理性主义、新自由主义等都会在潜移默化之间影响并支配着公共政策的价值定位,在各种利益关系和政策行为间建立起重要联系。

三是政策科学。政策科学视域下的价值定位并不主要表现为意识形态,而是侧重于其在政策过程中的作用问题。在政策决策过程中,价值定位决定了政策决策的规范维度,同时也涉及具体的操作性层面的价值选择。

具体而言,在政策过程中,珍妮·斯图亚特将政策价值分为四类:一是结果价值(outcomes values),即公共政策希望实现的理想化价值目标;二是预设价值(design values),即在制定政策时需要实现制度化的价值选择;三是工具价值(instrument-related values),即政策工具所体现出的价值观[①];四是管理价值(administrative values),即政府机构在政策过程中的价值观[②]。

这一价值形式的分类方法,具有较高的政策分析价值。因为政策价值作为公共政策的核心,主要表现为具体政策所要实现的政策目标、决策动机和判定标准等,必然涉及不同政策主体的价值冲突、调整和取舍问题,例如对公共政策的价值追求、政策主体的价值倡导、利益群体的价值协调三个方面[③]。对于政策价值的冲突协调与管理,构成了政策价值定位的主要任务,也事关决策科学与理性的客观需求,在很大程度上,公共政策决策就意味着结合政策现实情况,进行合理价值配置和协调价值冲突。因此,在公共政

---

① 政策工具(policy instrument)是指在政策推进过程中,试图改变人们行为,实现预设目标的具体方式和手段,如惩罚、激励、劝说、鼓励和学习等五种工具。参见:Schneider, A. & Ingram, H. 1990. Behavioral assumptions of policy tools[J]. *Journal of Politics*, 52, 2: 510-530.

② 相关分类参见 Stewart, Jenny. 2009. *Public policy values*[M]. Palgrave Macmillan. pp: 25-30.

③ Stewart, Jenny. 2009. *Public policy values*[M]. Palgrave Macmillan. pp: 14-23.

策学视域下,政策价值分析事关政策成败,贯穿政策过程,是以协调和缓和冲突为主要任务的一种研究范式。

第二节 语言安全规划的价值定位体系

在论及语言规划与语言政策研究方法时,美国学者托马斯·里森托指出语言规划之学具有明显的跨学科特性,语言规划与语言政策研究必须将"语言"与"政策"放在同等重要的维度审视①。里森托对语言规划研究中的价值问题极为重视,认为优秀的语言规划与政策研究必须要回答"为什么我们要问这些规划的问题,为了谁的利益进行研究、个体与社会如何从我们的研究中获益"这三个问题②。这三个问题都指向语言规划的价值取向问题。

里森托的这一观点是对罗伯特·库珀提出的语言规划分析模式的传承和发展,凸显了价值定位在语言规划活动中的重要性。在《语言规划与社会变迁》一书中,库珀提出应该从八个方面去分析语言规划活动:谁是规划的制定者?针对什么行为?针对哪些人?要达到什么目的(或出于什么动机)?在什么条件下?用什么方式?通过什么决策过程?效果如何?③ 在库珀的这个"八问方案"中,我们比较容易界定与语言规划直接关联的规划主体、对象、内容、方式和效果等技术化内容,但其中提到的目的或是动机却是整个语言规划的核心和驱动要素,最难以把握和理解。因此,从技术操作角度看,很多研究者往往重视内容与过程等技术性规划问题,很容易忽视目的与动机的规划探索。在第一章中,我们集中探讨了不同的语言观的价值差异,但是尚未对不同语言规划与语言

---

①② Ricento, T. 2015. Foreword [A]. in F. Hult & D. Johnson (eds.) *Research Methods in Language Policy and Planning* [C]. Malden: Wiley-Blackwell.

③ Cooper, R. L. 1989. *Language Planning and Social Change* [M]. Cambridge: Cambridge University Press.

政策的价值取向进行界定与区分。英国学者丹尼斯·阿格在其专著中提出语言规划的七大动机,并认为语言规划的动机决定着整个规划过程的成败[1],但是他仅是从国别的案例描述角度分析了语言政策与规划背后隐藏的动机和目的,并没有探讨出如何建构和确立这一价值定位。

从国内外文献来看,现有语言规划理论尚未重视和思考如何建立起一个语言政策与规划的价值定位体系。其中一个重要原因就是,价值取向实质是涉及语言之外的诸多因素,超出了传统意义上的语言学研究范畴,进入了社会科学领域。但是,语言规划的价值取向却是不能或缺的研究维度。一方面,从国内外出现的语言冲突和矛盾来看,在语言规划中的政策问题主要就是不同价值取向冲突与取舍的问题;另一方面,从更深层次看,几乎所有的语言政策都是以价值取向为基础的,是语言规划者对于价值定位的权威分配,同时在语言政策与规划整个过程中得以体现。

语言安全规划的价值定位关系到语言规划作为一项公共政策中价值取舍和选择问题,体现出语言规划在总体国家安全视域中的基本价值取向。那么语言安全规划的价值定位究竟是什么?现有研究对此未给出直接答案。为此,我们将基于语言规划的价值取向理论,结合公共政策价值定位分类,对此问题进行探讨。

自1984年理查德·鲁伊兹提出语言规划三种价值取向后,经过多年研究及思考,特别是在国际学界曾一度出现关于语言资源观与语言工具观概念混淆和争论之后,2010年,鲁伊兹重新对语言规划价值取向进行了补充和阐释,他指出语言政策与规划的价值取向认识主要分两类(参见图3.1),一类是规范性价值取向(normative orientations),从语言规划深层次和整体政策结构角度看,语言规划的规范性价值取向主要包括语言作为问题、语言作为

---

[1] Ager. D. 2001. *Motivation in Language Planning and Language Policy* [M]. Clevedon: Multilingual Matters Ltd.

权利与语言作为资源三种价值观,其本质就是不同的语言观,规范性价值是对语言价值本质的认识,具有一定评价属性①,是在语言规划中显露出来的特定语言情感或是语言意识形态,这些是规范性价值观的基本特征。

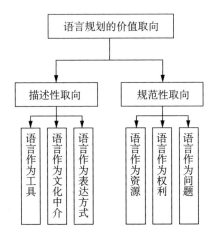

图 3.1　语言规划价值取向分类(Ruiz, 2010)

另一类是描述性价值取向(descriptive orientations),体现的是凸显语言社会功能与应用价值的语言规划价值观。如图 3.1 所示,鲁伊兹提出了三类描述性价值观:一是语言作为工具的价值观,即将语言看成一种获取社会资源的工具,主要涉及语言的实际使用功能定位;二是把语言作为文化中介和调节方式,主要涉及语言的文化价值,如语言文化身份与语言认同问题;三是语言作为话语的建构观,主要涉及语言作为话语表征与建构的方式与手段。

从公共政策价值定位分类来看,语言规划的规范性价值观实际与结果价值和预设价值相匹配,体现出语言政策制定者的规划

---

① Ruiz, R. 2010. Reorienting language-as-resource[A]. In J. Petrovic (Ed.), *International Perspectives on Bilingual Education*[C]. Charlotte, NC: Information Age, pp. 155-172.

理想和顶层设计思路。语言规划的描述性价值观则与工具价值与管理价值相对应起来,体现出语言规划的实践特质与现实价值。基于此,我们可以确定语言安全规划的价值观分为两个基本维度,即规范性价值观和描述性价值观。

第三节 语言安全规划的规范性价值观

基于鲁伊兹的语言问题观、权利观和资源观,在国际安全领域的语言安全规划的规范性价值观主要表现为三类:即语言问题安全观、语言权利安全观与语言资源安全观。从近60年的语言规划史看,三种价值观交错复杂,相伴相生,但从总体看,语言安全规划发展的价值演进轨迹,呈现出语言问题安全观→语言权利安全观→语言资源安全观这一顺序,这符合语言规划整体发展趋势。

一、语言问题安全观

从语言规划价值取向的发展轨迹看,语言问题安全观由来已久。按照李宇明先生提出语言问题三个主要方面,即语言沟通、语言压力与语言濒危[①]。我们可以将语言问题安全观确定为:为解决和缓和语言沟通障碍、语言关系紧张或是语言濒危带来的语言安全问题的规划目标。需要指出的是,语言问题安全观所涉价值问题都是围绕语言本身的安全而展开的。如果说语言规划最初目的是出于改造语言,解决沟通与交流这一初衷的话,那么这个语言规划的"初心"背后,其实就是为了维护国家统一和稳定这一国家安全的基本原则。二战后新兴国家开展大规模的语言工程与语言文字改革运动,如国语及官方语言的选择与推广,在很大程度上都是为了维护国家稳定与安全这个目的。与此同时,语言规划通过

---

① 李宇明,2008,当今人类三大语言话题[J],云南师范大学学报(哲学社会科学版),4:21-26。

有组织的人工干预手段,在一定程度上,妥善处理与调整了多民族国家与地区的语言关系,缓解了语言沟通的障碍,推动了国家社会与经济发展,这也被视为巩固国家安全的重要举措之一。在一定历史时期内,语言问题安全观对于民族国家,特别是多民族国家建国初期发挥了一定的作用,这一规范性价值取向对于当今世界各地的语言规划主体来说,都起着举足轻重的作用。直到今天,很多发展中国家认为语言问题都可以通过语言规划来解决,从而维护国家的"长治久安"。

但是,语言问题观往往将多语问题视为一种"安全隐患",将多语现象与混乱、贫困和落后联系在一起,国家和政府倾向于利用语言规划,试图将语言多样性这一"安全隐患"所带来的语言交际问题彻底消除[①]。将语言多样性问题简单地贴上"安全隐患"的政治标签,实际上并不利于语言问题的解决和调整,必然会带来语言关系的高度紧张,容易产生语言冲突。特别是进入60年代以后,西方社会日益反思与关注弱势人群,尤其是少数族裔的语言社区与移民问题的语言政策问题,这样的语言问题安全观的价值取向备受质疑,长此以往,就会产生语言濒危问题。

冷战结束之后,中东欧国家政局和国际关系发生巨变。欧洲新独立或是新出现的国家,都极为重视语言对于多民族国家建构的意义,都不约而同地接受民族主义意识形态,以主体民族的认同特征为标准,追求民族、语言和文化的同质化。在语言规划上,依然遵循"一个国家、一个民族、一种语言"的语言民族主义理路,认为多民族、多语言、多文化的"混杂"状态就必然威胁国家安全。例如:20世纪90年代,斯洛伐克议会在民族主义分子的强大舆论攻势之下,通过了《国家语言法》,赋予斯洛伐克语为"国家语言",限制甚至不承认少数民族的语言使用机会,此举引发了长达十几年

---

① 周庆生,2010,语言规划发展及微观语言规划[J],北华大学学报(社会科学版),6:20-27。

的国内族际冲突,损害了国家的国际形象①。由此可见,中东欧新兴国家的语言规划价值取向,实质上还是语言问题安全观在起着主导作用。

语言问题安全观的一个极端例子就是前文所提到的语言问题安全化。美国自冷战以后就开始实施"国防教育法",到"9·11"恐怖袭击之后又发布了"国家安全语言倡议"计划,无不显示出美国奉行的将语言安全作为国家安全中的棘手"问题"来看待的规划观。在语言问题安全观影响下,美国对内无视多语社会日益严重的生态危机,对外则通过特殊的政治议程设置等方式,利用语言为其军事扩展与侵略服务,忽视语言在文化、经济等多维度的价值,从而致使国家外语能力整体提升缓慢。实践证明,这种单一强化语言在军事和政治领域的语言问题安全观,从长远看,难以为继。

从上述分析可见,语言问题安全观作为语言规划的一种规范性价值取向,始终蕴含在世界各国的语言规划实践之中。语言问题安全观是鲁伊兹所提出的语言作为问题这一价值范式中最为核心的规范性价值目标,影响深远。

二、语言权利安全观

语言权利安全观的出现,正是对语言问题安全观的一种修正与补充。这一价值目标的核心问题就是语言使用的机会和平等的问题。在多语社会中,如果由于社会阶层差异、族群差异或是群体差别带来不同语言群体的语言使用或途径受到压制,从而产生语言不平等或是不平衡现象,容易引发人们对于自身语言权利的安全诉求和权利主张。语言权利安全观是由于语言使用受到各种社会政治因素的影响而生。这与20世纪中后叶国外相继兴起的民权运动、女权主义和反思现代性思潮发展有着千丝万缕的联系。

---

① 何山华,2015,国语地位维护与国族认同构建——斯洛伐克建国以来语言政策析要[J],语言政策与规划研究,2:20-30。

对"语言权利"的诉求被看作维护语言公平的重要思想武器。基于语言权利安全观,主要有三种语言规划活动。一是保护语言生态的运动,主要关心对语言本身的保护和语言的复兴。然而,有时候濒危语言使用者为了更好地融入主流社会,并不希望过多地使用本族语言,因此它忽视了语言使用者的感受①。二是开展捍卫和维护语言权利运动,既倡导对语言的保护,又倡导对语言使用者的保护。然而现实中两者的利益并非统一,因此会造成更多问题,且将使用母语的权利与生存权、安全权等人权相提并论是否合适也有待商榷②。三是少数族群语言权利运动,该运动较之于前两种运动的进步之处在于,它的出发点是保护少数族群而非保护濒危语言,且将语言权利的保护看作自由民主的重要组成部分。但该运动强调族群的群体权,其最大的理论问题在于怎样证明群体权与自由民主框架的一致性③。

上述三种运动的共同点在于它们都关心少数族群及其语言,即更多地关注语言间的不平等而非语言内部的不平等;都认为保护语言使用者的最好方法是保护或提升该语言的地位;都假设语言是有清晰边界的。将语言具有清晰边界的假设与对语言权利的

---

① 参见:Dalby, A. 2003. Language in Danger: The Loss of Linguistic Diversity and the Threat to our Future [M]. New York: Columbia University Press. Maffi, L. 2001. On Biocultural Diversity: Linking Language, Knowledge, and the Environment [M]. Washington, D. C.: Smithsonian Institution Press. Mühlhäusler, P. 2000. Language planning and language ecology [J]. Current Issues in Language Planning 1: 306-67. Nettle, D., and Romaine, S. 2000. Vanishing Voices: The Extinction of the World's Languages [M]. Oxford: Oxford University Press.

② 参见:Kontra, M., Skutnabb-Kangas, T., Phillipson, R., and Varady, T. (eds.). 1999. Language: A Right and a Resource: Approaches to Linguistic Human Rights [C]. Budapest: Central European University Press. Phillipson, R. 2003. *English-only Europe: Challenging Language Policy* [M]. London: Routledge. Phillipson, R., and Skutnabb-Kangas, T. 1995. Linguistic rights and wrongs [J]. *Applied Linguistics* 16: 483-504.

③ 参见:May, S. 2001. *Language and Minority Rights: Ethnicity, Nationalism, and the Politics of Language* [M]. London: Longman; May, S. 2005. Language Rights: Moving the Debate Forward [J]. *Journal of Sociolinguistics* (9).

诉求相结合，这也是三种运动存在的共同问题。

通过上述综述不难看出，语言权利的安全观并非十分完美。20世纪90年代以来的语言权利运动将语言与人权等同起来，提出语言人权的概念，将语言权利运动推向高潮。同样地，以英语为主的语言霸权遭到批判，少数族群使用自己母语的权利被广泛呼吁，似乎将少数族群及其语言的保护上升到权利的高度就是解决语言不平等问题的胜利开端。但是，从国内外维护语言权利的抗争经历来看，这种语言规划观的可行性值得怀疑，有时候还会带来更为严重的问题。

语言权利是一个复杂的语言问题，其背后往往隐藏着根深蒂固的民族问题和社会问题，其本质却是事关政治安全的重要问题。因为语言权利承载着政治、文化与经济价值，语言权利与作用的分配，都可以在很大程度上反映、再现甚至是重构权力与控制关系[①]。李宇明认为，语言权利，包括个人的语言权利与群体的语言权利，都牵涉到公民的生存权与发展权，维护公民的语言权利十分重要[②]。国内外不少学者都试图准确定义语言权利，但是迄今为止，尚无一个放之四海而皆准的公认的概念。芬兰学者斯库特纳博-康加斯（Skutnabb-Kangas）教授认为语言权利是指人们学习与使用语言的权利，这里既包括可以使用各种不同语言的权利，如母语或是外语等，也包括可以使用某一种语言中不同变体的权利，而语言人权属于人的基本权利，是指人为了有尊严的生活拥有的最基本的语言权利。鉴于政治学的解读方式不同，康加斯教授提出了消极语言权利与积极语言权利两个维度[③]。我们注意到康加斯是语言人权路径最为坚定的支持者，她坚持捍卫各少数民族族群

---

① Wee, Lionel. 2011. *Language without Rights* [M]. Oxford：OUP.
② 李宇明，2008，当今人类三大语言话题[J]，云南师范大学学报（哲学社会科学版）(4)。
③ 相关论点参见：Skutnabb-Kangas, Tove. 2000. *Linguistic Genocide in Education or Worldwide Diversity and Human Rights?* [M]. Mahwah：LEA.

的基本语言权利,提出专注于母语教育这个核心权利,从而维护文化生态的多样性,保护族群身份,发展经济摆脱贫穷的观点①。

值得商榷的是,如果将语言权利仅仅限于母语的话,而不涉及其他语言的话,这个定义似乎过于狭隘了。因为在全球化人员流动与混杂的当下,人们使用与学习其他语言的机会更为丰富,同时在日益多元的移民社会,以及城市化进程中,双言双语社会,多语人将成为现代社会的主要人群,人类的语言也日益混杂多元,传统的母语概念界定也愈发困难和不确定了。为此,新加坡国立大学黄联荣(Lionel Wee)教授认为若将语言权利从语际不平等扩展为语内不平等,对哪种语言变体的使用者赋权是一个充满争议的问题。② 作者从语言本体论的角度出发,把语言看作暂时约定俗成的社会行为,认为语言不是完全封闭的,而是作为符号中介与社会连接,语言结构带着权力和地位的象征,与其他语言结构接触、协商,处于不断变化之中。一个人的语库中可能有些结构属于一种变体,而另一些结构属于另一种变体,这种混杂性(hybridity)也给语言变体的赋权造成困难。语言作为一种社会行为,它与其他社会行为不同之处在于它的"不可回避性"。由于交流的需要,任何社会必须采用某种语言作为交际语,对不同语言完全的中立态度是不存在的。因此,他认为不同利益者之间的协商显得尤为重要,协商的目的不在于达成共识,而在于建立临时的可修正的认同③。

总体而言,国外语言权利研究至今没有统一和成熟的理论体系和分析框架。无论是语言权利的主体还是内容,都存在着不少争议。首当其冲的就是语言权利安全的主体问题。关于这个问题,国内比较有代表性的观点主要来自法律学者。例如刘红婴认为:"语言权是公民、族群、国家及各种组织表达思想时选择与使用

---

① 覃涛、王寰,2015,民族语言权利保护与民族文化传承[J],兴义民族师范学院学报(6)。
②③ Wee, Lionel. 2011. *Language without Rights* [M]. Oxford: OUP.

语言文字作为物质手段的权利。"[1]再如,郭友旭认为语言权利是指围绕选择使用母语或是其他语言形成的一系列权利的总称[2]。他的定义揭示出了语言权利的核心是在使用何种语言表达思想、感情和认同问题上的选择权与自由,而这个是语言权利的本质。郭友旭较为全面地将语言权利进行了分类,对个人语言权利与群体语言权利做了界定和区分,他指出群体语言权又称为集体语言权,是指某种语言群体就本群体之语言地位、使用、发展、前途与命运等享有的权利,如果涉及语言安全的权利问题,那必然是群体权利[3]。

然而,国外学者并不认同这一观点,黄联荣分析了移民与全球流动的问题,列举比利时一位寻求政治避难者所遇到的交流问题,以及从法属殖民地来到加拿大的移民对法语意识形态的挑战两个真实案例。这些案例说明,移民和全球流动会带来更加异质的、更加不可预测的交流需求。为了适应这一挑战,无论对于国家还是对于居民来说,最好的方法是尊重个体的权利。因此,语言权利这一概念要想得以保存,就应该被解释为个体的权利而非群体的权利[4]。

在语言权利安全观之下,语言安全规划的重心在于个体组织、团体机构、国家乃至超国家组织等不同规划主体基于平等、自由和民主的基本政治诉求,追求或是伸张语言使用、传承、发展与传播权利的安全保障问题。从这个意义上看,语言权利安全观在经过合理修正和协调之后,可以被整合进入语言资源安全观的体系之中,从而促进语言权利的发展[5]。

---

[1] 刘红婴,2006,语言法导论[M],北京:法制出版社,第24页。
[2] 郭友旭,2010,语言权利的法理[M],昆明:云南大学出版社,第80页。
[3] 同上书,第90页。
[4] Wee, Lionel. 2011. *Language without Rights* [M]. Oxford: OUP.
[5] 鲁伊兹曾对上述三个问题有所讨论,也对其语言资源观进行了补充与说明,但他没有侧重于语言安全这个特定问题进行论述。相关讨论详见:Ruiz, R. 2010. Reorienting language-as-resource [A]. In J. Petrovic (Ed.), *International Perspectives on Bilingual Education* [C]. Charlotte, NC: Information Age, pp. 155-172.

三、语言资源安全观

语言资源观是实现语言安全规划最为合适的规范性价值定位,代表着语言规划的终极价值取向。首先,语言资源观重视社会多语和文化多样性的价值,认为语言文化多样性是维护国家统一的重要元素,把人类语言视为全社会,乃至全人类共同的珍贵资源[①]。在全球化时代,语言规划的初衷已经不再追求语言的同一性与同质化,也不再追求规划层面的形式统一性,一种多元化、差异性与生态化的规划价值范式正在逐渐兴起。语言资源安全观将对语言文化多样化的安全价值更为强化,形成语言资源保护、利用和开发的规划共识,充分提升国家和社会的语言资源整体安全,提高语言资源的安全意识。

其次,语言资源观是对语言问题观与语言权利观的扬弃与创新。一方面,语言规划者认识到语言问题观所采取的单语主义立场,片面强调语言的同一性与同质化,虽然体现出实用主义的效率优先原则,但是单一的统一性的要求往往容易激发语言冲突与矛盾。同一性的追求反映在语言规划过程中,就是要求按照同一个语言标准,同一个规则去规范多语世界,让多样性的语言世界包含与体现出同一性,这无疑就陷入了与语言差异性作斗争的历程之中。

另一方面,语言权利观虽然走出了单一以语言为中心的桎梏,综合考虑到不同语言所处的社区以及相关的各种社会政治因素的差异性,但是由此也带来了严重的问题,即过度关注并宣扬语言差异性的规划价值取向,必然会将语言关系置于中心与边缘这个根本的差异性格局之中。语言权利观就不得不将中心语言与边缘语

---

① Hult, F. M. & Hornberger, N. H. 2016. Revisiting Orientations in Language Planning: Problem, Rights and Resource as an Analytical Heuristic [J]. *The Bilingual Review* 33(3): 30-49.

言同时纳入到同一个规划模式中,构成了形式上的统一性。这种中心——边缘的语言权利观价值范式只能做到形式上的语言规划同一性,无法解决实质性的语言差异问题,同时还会造成语言规划与政策决策的困境。

语言资源观作为规范性价值目标的重要意义在于其既能够缓和语言问题观所秉持的同一性可能带来的直接冲突和安全隐患,又可以消解由语言权利观形式统一性造成的对抗性矛盾,优化语言安全状态。当人类社会进入全球化背景下的后工业时代之后,以民族国家为载体的族阈共同体成为全球共同体的单元,在这种放大了的族阈共同体中,民族差异在文化、语言和文明方面体现出显著差异性,处理不当,会直接产生碰撞[①]。在这样的时代背景下,语言资源观顺应了多元一体的语言规划总体发展趋势,也有利于语言和谐局面的形成,这是对传统语言规划价值观的扬弃,也是语言规划发展历史上的创新。

最后,语言资源观本身作为一种政策话语,构成了一个和谐统一的语言规划价值的话语体系,为语言规划提供利于确立语言意识形态、便于实际操作的语言政策空间。将语言安全规划的价值目标确定为语言资源观,符合在总体国家安全观视域下开展语言规划的要求。我们看到,在总体国家安全观之下,非传统安全与传统安全交织融合,既重视发展问题,又重视安全问题,在安全主体上,自身安全与共同安全都受到重视。因此,语言安全规划的规范性价值目标,必然是将语言视为国家和人民重要的战略资源加以保护、利用与发展,体现出语言规划对于各个层次、不同领域和类型的语言安全问题全方位系统与全面地考虑。语言资源安全观是一个具有丰富内涵,涉及广泛的规范性价值定位。

语言资源具有自然资源和社会资源两种类型,无论作为人文

---

① 张康之、张乾友,2012,共同体的进化[M],北京:中国社会科学出版社,第16页。

资源,还是作为智能时代的信息数据资源,这些资源样态的多样性,更体现了语言资源安全观与非传统安全理念的契合性,也凸显出语言资源对于总体国家安全观的重要价值与意义。语言资源作为国家文化多样性,具有不可再生的生态特征,这要求语言资源安全观首先要立足语言本身的安全,对其加以保护与发展;其次是加强语言资源的开发和利用,提升语言资源的掌控和建设能力;最后,需要加快语言资源的战略转化,对其进行科学合理地应用、转化与创新利用。

第四节 语言安全规划的描述性价值观

语言规划的描述性价值观主要体现在内在价值和外在价值两个层面,具体形式表现在语言工具性、文化调节功能与话语表征方式三个方面。结合非传统安全的优化状态(优态)、弱化状态(弱态)、劣化状态(劣态)和危险状态(危态)四种多样化的价值目标体系,语言安全规划的描述性价值观主要分为语言能力、文化危机、话语安全和国际话语权四个具体价值目标。

一、语言能力

语言安全规划中的语言工具价值,主要体现在国家语言能力建设问题上。国家语言能力的强弱直接影响到国家整体的语言安全状态。首先,危险状态,如 2001 年,美国"9·11"恐怖袭击的发生,在一定程度上揭示了美国国家语言能力处于危险状态,由此激发美国政府,特别是美国军方启动了非常规的语言安全规划行动——"国家安全语言倡议"计划。其次,劣化状态,比如 20 世纪 90 年代末期,在东南亚金融危机冲击之下,东亚的日本与韩国在国际商务领域竞争中,开始显现出颓势。两国政府均认为本国外语能力欠缺,使得国家在全球化时代处于劣势,因此相继启动了以提升国际竞争力为主要目标的外语教育战略计划,以期提升国家外语能力[①]。

再次,从弱化状态向优化状态转变,如我国当前的国家外语能力提升战略。随着我国"一带一路"建设大幕开启,语言互通是实现这一战略规划的基础性工作。但迄今为止,我国外语能力还无法完全实现语言互通这一基本要求。一方面,从履行国际义务角度看,随着我国参与全球治理任务和活动日益频繁,在国际维和、反恐和国际救援等领域履行大国义务都需要外语服务支撑。但是到目前为止,我国国际公务员队伍整体偏小偏弱,这说明在一定程度上,国际政治与公共事务领域的外语能力建设还有待增强。另一方面,在"一带一路"倡议下,中国企业"走出去"战略步伐加快,中国500强企业中已有70%以上提出了国际化战略,外语能力建设作为国际商务经贸活动中不可忽视的要素,是企业实现全球化战略无法逾越的一道障碍。管中窥豹,上述两个方面存在的问题说明不同领域的国家外语能力建设存在结构不均衡的问题,亟待加强高层次外语人才培养的力度。这是语言安全规划实现其工具价值的重要任务。

二、文化危机

语言文化安全事关国家政治认同与意识形态安全,不容小觑。语言是文化的重要载体,也是文化认同的"催化剂"和"晴雨表"。语言安全规划在文化层面的主要话题,就是在语言多样性的世界图景下,处于中心—边缘之间的语言关系和语言权利问题。从语言安全视角看,当某一种语言处于边缘地位之后,会对强势或是处于中心地位的语言感到不安全或是恐惧。由此,会引发对本国或是本民族文化危机的担忧。在全球化背景下,强势语言霸权往往

[①] 沈骑,东亚外语教育政策发展研究[M],北京:北京大学出版社,2012.

会带来文化焦虑与危机问题。在这个问题上,英美等国既是英语霸权的制造者也是既得利益获得者,自然是处于语言安全的优化状态。他们始终不遗余力地向第三世界非英语国家"输送着"以英语为载体的文化产品,给不同国家带来了不同程度的语言安全问题。

语言安全处于危险状态的例子之一就是印度问题。英语的霸权在原殖民地国家印度阴魂不散,成为控制着印度上层社会与精英阶层的正式语言。虽然印地语也是印度的官方语言,但是长期以来,印度在科学交流和精英阶层的教育领域都只用英语,这一做法带来的直接后果,就是印度的高端科技都是用英语表达,本土的科研创新能力受到了严重压制,构成了全球化时代新的学术殖民态势[①]。正如印度学者阿马亚蒂·森所言:

> "在当代世界,极其重要的是,承认在不同文化内部的多样性,对于'西方文明''亚洲价值观''非洲文化'等做出过度简化的概括,喋喋不休地加以宣扬,常常削弱破坏了我们对实际存在的多样性的理解。对历史和文明的许多这样的解读,不仅在知识方面是浅薄的,而且增强了我们所生活的世界的分裂。"[②]

语言文化处于安全劣势状态的地区在欧洲大陆。英语霸权在欧洲非英语国家大行其道,同样是在学术领域,英语的地位大幅提升,成为国际学术交流的"至尊语言",并致使其他语言逐渐被边缘化,处于劣势地位,这对于欧陆大国冲击很大。面对全球化背景下

---

① 汪品先,2015,汉语被挤出科学,还是科学融入汉语[N],文汇报,2015-02-27(06)。
② [印度]阿马亚蒂·森,2002,以自由看待发展[M],任赜、于真译,北京:中国人民大学出版社,第247页。

英语成为国际学术交流通用语言这一现实,法国学者卡尔韦(Calvet)反思在英语霸权之下,法语学术语言地位日渐式微给法国文化和语言安全带来的威胁[1];德国学者阿蒙(Ammon)一直致力于从学术交流史流变中观察学术语言地位的变迁问题,他通过对乌利希国际期刊数据库(Ulrich's Periodical Directory)调查中发现,虽然英语作为国际学术语言大行其道,但德语作为重要学术语种在医学、部分工程学科领域的国际影响力依旧[2];此外,西班牙学者哈摩尔(Hamel)、丹麦哥本哈根商学院的菲利普森(Phillipson)以及意大利学者卡拉索(Calaresu)等分别探讨和分析西班牙、丹麦以及意大利等国学者在国际学术交流语言地位和使用的不平等问题[3]。

近年来,国内学者逐步关注英语霸权对于中国文化生态的影响,特别是对科学研究的国际交流和传播中语言问题的关注。但是与国外研究相比,我国国际学术交流领域语言规划研究尚未系统开展起来,现有研究存在焦点单一,问题意识不突出,语言规划研究严重缺位的局限性,学界对我国国际学术交流领域的语言状况、语言使用、语言态度、语言能力、语言地位乃至学术语言话语权等问题缺乏深入调查和研究,从而导致这一领域的语言问题日益

---

[1] Calvet, L. J. 2006. *Towards an Ecology of World Languages* [M]. Cambridge: Polity Press.

[2] Ammon, U. 2001. *The Dominance of English as a Language of Science* [M]. Berlin: Mouton de Gruyter; Ammon, U. 2007. Global Scientific Communication: Open Questions and Policy Suggestions [J]. *AILA Review* (20): 123-133.

[3] Hamel, R. E. 2006. Spanish in Science and Higher Education: Perspectives for a Plurilingual Language Policy in the Spanish-speaking World [J]. *Current Issues in Language Planning*. (7)1: 95-125; Phillipson, R. 2010. *Linguistic Imperialism Continued* [M]. London and New York: Routledge; Calaresu, E. 2011. The Declining Status of Italian as a Language of Scientific Communication and the Issue of Diglossia in Scientific Communities [J]. *International Journal of Sociology of Language* (210): 93-108.

突出,在国内学界相关争论不绝于耳①。这些争论,从宏观到微观,从语言战略到语言规范,都涉及国际学术交流领域的各种语言问题,在很大程度上反映出这一领域现实语言问题的多样性和紧迫性,国际学术交流语言规划研究是新时期国家外语规划的一个重要新任务,事关中国学术走出去的大局,而学术走出去是"文化走出去"的核心和关键。然而,迄今为止,汉语在国际学术界尚处于一个"学术孤岛"的弱势状态,严重威胁到了学术安全。为此,同济大学汪品先院士发出振聋发聩之问:"在高大上的科技界,英语独大,汉语的地位却日渐式微,长此以往,中国会不会步上印度的后尘,方块文字被排挤在科学之外?"②

汪老先生的担忧并非危言耸听。他对汉语在学术领域的地位的担心是有根据的。尽管近年来,中国学术实力与日俱增,但是从以语言为载体的知识生产与传播角度看,汉语的"学术孤岛"现象已经演变为"信息孤岛"了。如果把全球语言之间的翻译看成是一个网络结构的话,不同语言文字作品之间的翻译量,可以作为衡量

---

① 国内相关研究参见:阎光才,2004,话语霸权、强势语言和大学国际化[J],华东师范大学学报(教育科学版)(1);党生翠,2005,美国标准能成为中国人文社科成果的最高评价标准吗?——以 SSCI 为例[J],社会科学论坛(4);王宁,2006,对人文社会科学现行学术评价系统的确认和辩护[J],学术研究(3);苏长和. 2010.假如世界只有英文[N],东方早报,10 月 20 日第 A18 版;苏长和,2011,国际学术话语体系的中国转向如何可能[N],文汇报,2011-08-22(12);赵宴群,2010,对我国人文社会科学工作者在 SSCI、A&HCI 期刊发表论文的分析和思考[J],复旦教育论坛,(1);朱剑,2009,学术评价、学术期刊和学术国际化——对人文社会科学国际化热潮的冷思考[J],清华大学学报(哲学社会科学版),(5);桑海. 2013.中国学术国际化的三重境界[N]..人民日报,2013-06-06(7);陈明瑶,2011,人文社会科学研究的英著著述出版现状和趋势考察[J],中国出版(17);57-59;陈理斌,武夷山,2011,世界学术期刊出版语言选择现状与趋势[J],科技管理研究(1);汪品先,2015,汉语被挤出科学,还是科学融入汉语[N],文汇报,2015-02-27(6);文秋芳,濮实,2017,中国学者对人文社科领域内中文地位的认知与原因分析[J],云南师范大学学报(哲学社会科学版)(6);郑咏滟、高雪松,2016,国际学术发表的语言生态研究——以中国人文社科学者发表为例[J],中国外语(5)。

② 汪品先,2015,汉语被挤出科学,还是科学融入汉语[N],文汇报,2015-02-27(06)。

一种语言所承载知识与文化在世界上的影响力的客观指标,因为翻译量可以显示世界不同语言在以翻译文本呈现的知识生产、储备与传播过程中的"通车量"和互通程度。

表3.1 世界语言中心性指数前二十名(数据来源:麻省理工学院语言传媒实验室)

语言	语言中心性指数	语言	语言中心性指数
英语	0.898 035 31	丹麦语	0.030 202 16
法语	0.296 955 32	匈牙利语	0.028 026 28
德语	0.263 347 49	捷克语	0.027 758 67
意大利语	0.093 743 08	塞尔维亚-克罗地亚语	0.026 961 08
俄语	0.085 399 87	希伯来语	0.023 616 34
西班牙语	0.085 399 87	波兰语	0.022 710 51
日语	0.043 984 96	古希腊语	0.022 502 73
荷兰语	0.039 557 01	葡萄牙语	0.021 052 29
拉丁语	0.034 046 42	阿拉伯语	0.015 886 06
瑞典语	0.033 636 97	汉语	0.013 963 75

2014年,包括斯蒂芬·平克在内的美国麻省理工学院研究团队基于大数据统计与分析,在美国科学院院报(PNAS)上发表了一篇题为"全球语言系统与全球声誉的关联"的论文,该文基于联合国教科文组织的"世界书籍翻译数据库"(UNESCO Index Translationum)来统计各国书籍翻译量这个评价指标,用来客观说明语言的国际影响力[①]。这个 MIT Media Lab 实验室根据这个数据库构建了全球语言网络结构,计算了每种语言的特征向量中心性。特征向量中心性是对数据库中某个节点重要性的度量,语言中心性指数不仅可以显示出某一种语言在翻译传播中的位置和

[①] Ronen, S. et al. 2014. Links that speaks: The global language network and its association with global fame [J]. *PNAS* 111(52): E5616-E5622.

重要性,同时也表征某一种语言的互通程度和可通达性。如表 3.1 显示,在全球语言网络中,英语处于绝对的中心位置,是信息交换的枢纽,而中文的中心性指数很低,排在了第二十位。

图 3.2 的可视化分析图更是清晰地说明中文处在语言网络中的边缘位置。我们还可以看出,中文仅与英文、日文两种语言互译作品量较多,与其他欧洲语言互译量相对较小,这就决定了中文与世界其他语言,尤其是"通车量"相对较大语言之间的连接性较差。这在很大程度上印证了汪品先院士的忧虑,那就是中文在某种程度上处于一个相对孤立与边缘的 14 亿人口的"信息孤岛",这样的尴尬地位与当前中国经济实力是不相匹配的,但在一定程度上,这说明了中国学术和文化影响力在世界上的地位与现状。从文化安全角度看,这一现状虽不能说明中国文化危机四伏,但是从全球化时代中国文化系统的历史传承、对外传播与创新发展的未来使命来看,这种孤岛现状必须要引起我们对于语言文化安全的警惕与重视。

三、话语安全

语言不仅本身存在安全隐患,存在现实性安全问题,也可以凸显政治和社会的安全困境与危机。由于话语的操控,国际政治实践不仅是通过"做",还是通过"说"去进行。语言始终处于政治分析的主要地位,属于核心的、独立的研究对象[1]。语言表象及话语实践作为一种言语行为,也是一种话语建构,可以建构出一国对外部压力和威胁的主体间性认识[2]。从国际安全研究来看,除了客观安全和主观安全之外,还增加了话语安全的概念。因为安全具

---

[1] 刘永涛,2014,话语政治:符号权力和美国对外政策[M],上海:复旦大学出版社,第 117 页。
[2] 孙吉胜,2017,国际政治经济学:理论与实践[C],北京:世界知识出版社,第 79 页。

第三章　语言安全规划的价值范式

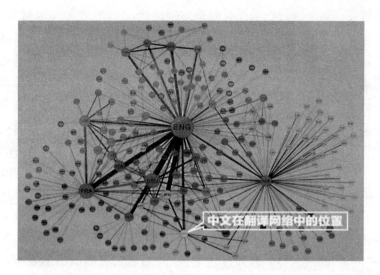

图 3.2　世界语言中心性指数可视化图(数据来源:麻省理工学院语言传媒实验室)

有隐喻和象征特征,在很大程度上,安全是一种感觉,并不是一种事实,因此人们对于安全的认知在很大程度上都是主观建构的。同样一个国家对另一个国家的安全认知也是主观的,涉及主观认知与价值因素①。话语安全就是安全的一种自我指涉的实践,或是一种社会建构,即安全是通过话语这种特殊言语行为对威胁进行的建构。

在国际关系研究领域中,哥本哈根学派的安全观就是通过话语安全体系表现出来的。在他们看来,安全并非一种客观状态,安全威胁不仅可以由外界物质实力变化而成,也可以由一定的安全话语建构成为"社会事实",这样语言就超越了一般意义上的交流功能,它不仅用于描述国家面临的安全威胁,也在建构安全威胁的来源②。

---

①　孙吉胜,2017,国际政治经济学:理论与实践[C],北京:世界知识出版社,第 79 页。
②　刘永涛,2014,话语政治:符号权力和美国对外政策[M],上海:复旦大学出版社,第 119 页。

话语安全对于理解话语作为安全实践活动,在非传统安全视域下,审视并谋求对语言文化与国家安全政治之间的关系具有重要意义。在这方面,丹麦学者莱娜·汉森做了较好的研究尝试,她的分析焦点是西方对波斯尼亚战争的话语建构。西方对其自我与他者的话语安全建构就是巴尔干话语与种族灭绝话语。她通过系统分析美国与英国的官方话语、美国国会和英国议会政党话语,以及美国与英国的报纸报道,发现西欧国家重申巴尔干话语,建构西方的"人道主义责任",而美国却是通过话语转变的策略,凸显出了种族灭绝话语,为西方国家进行军事干预创造条件[1]。

从话语安全的逻辑看,刘永涛认为美国对外及国家安全政策的普遍特征,就是寻找、界定和叙述外来"安全威胁"的过程,把作为"他者"的敌人与威胁描述定格为"邪恶者",这是话语不安全的安全威胁建构,是美国政治家和决策者惯用的一种政治语言的战略选择[2]。

在语言学家看来,话语安全的范围更大,涉及整个人类社会安全问题。韩礼德就曾专门从语言和话语规划角度谈到了话语对于人类社会的影响[3]。他认为:语言的使用能够影响人们的观念,而且影响人们的行为,构成一系列的社会问题,最终构成人类社会政治和社会生态的失衡。他认为诸如"增长"(growth)这样的话语,会被有意或是无意利用来操控描述经济发展,给人们展示只要增长就一定是正面的话语建构,却忽视了经济发展可能也会带来负面问题,久而久之,诸如此类的话语就会进入人们的意识,影响并教育人们积极响应而非被动接受这些增长主义,信奉增长背后的

---

[1] [丹麦]莱娜·汉森,2016,作为实践的安全:话语分析与波斯尼亚战争[M],孙吉胜、梅琼译,北京:世界知识出版社。

[2] 刘永涛,2014,话语政治:符号权力和美国对外政策[M],上海:复旦大学出版社,第144页。

[3] Halliday, M. A. K. 2001. New Ways of Meaning: The Challenges to Applied Linguistics [A]. In A. Fill & P. Mühlhäusler (eds.). *The Ecolinguistics Reader: Language Ecology and Environment* [C]. New York: Continuum. pp. 175-202.

态势、图表与统计数据,并把它们奉为真理,进而转化成为人们的行动指南和处事逻辑①。韩礼德先生的观点并非危言耸听,由于话语对人类意识的信息训练(an exercise of information),不仅给人类社会带来严重的社会生态危机,同时,由于话语的渐变趋势,也将人类社会推进到了风险社会的不安全状态之中。

四、国际话语权

从话语政治角度看,语言表征着权势,具有影响和建构话语主体自身形象,获取或是争夺话语表达权利,从而影响他人行为的作用。如果说话语安全是国家安全在话语实践建构的一种底线思维的话,那么,对于爱好和平的广大第三世界国家,特别是新兴发展中大国来说,语言安全在话语层次的优态安全价值还在于国际话语权问题上。从语言规划角度看,话语权在很大程度上属于语言权利的范畴,语言权利观分为群体与个体两类,两者有差异,也有共同点。但是,在语言资源观视域下的语言安全规划主体还是以政府与机构为主。话语从本质上看不仅是权利,更重要的是一种权力。这里我们主要谈论到国际话语权的博弈问题。话语权被视为三种国际权力之一,与军事权、经济权并列,事关主权国家国际安全环境的构建。从话语规划的功能角度看,国际关系学者们认为国际话语权主要是指国家通过其话语所内含的概念、逻辑、价值观、意识形态等因素所产生的国际影响力②。他们同时指出,话语权的话语因素主要体现在话语的质量和话语的国际传播力③。

国际话语权的内涵丰富,李宇明从语言学角度,认为国际型的

---

① Halliday, M. A. K. 2001. New Ways of Meaning: The Challenges to Applied Linguistics [A]. In A. Fill & P. Mühlhäusler (eds.). *The Ecolinguistics Reader: Language Ecology and Environment* [C]. New York: Continuum. pp. 175-202.

② 陈正良,2016,软实力发展战略视阈下的中国国际话语权研究[M],北京:人民出版社,第 26 页。

③ 张志洲,2016,加强国际政治话语权研究[N],人民日报,2016-01-11(14)。

中国必须拥有国际话语权,他提出了话语权的三个层次:"一是发言权,即有资格发言,有机会发言;二是影响力,即有人愿意听发言,听了之后有所响应;三是话题权,即有设置话题的权力,有控制话题发展的能力"①。他认为话语权的获取和争夺,在很大程度上受制于经济、政治、文化、教育、科技和军事等因素,但是语言文字也会起到很大作用②。李宇明从语言规划角度提出了三个话语权问题:外语战略问题、汉语国际传播问题和网络空间汉语地位问题③。

首先,发言权至关重要。不可否认的是,迄今为止,国际话语权还是牢牢地被掌控在西方国家手中,从议程设置到理论框架,从话语媒介到概念界定,无一不是在西方的话语体系控制之下,西方强国占据着明显优势地位。相比而言,占世界3/4人口的第三世界的声音,在国际话语体系中的影响力依旧是微乎其微,有的国家话语形象在西方话语霸权操控之下,还被负面建构或被刻意抹黑,在全球传播的西方主流媒体中,长期处于一种"失语"的语言不安全状态,这是对国家语言安全的极大挑战。近十多年来,俄罗斯为了打破西方国家在国际话语世界的垄断局面,在2005年成立"今日俄罗斯"(Russia Today),作为其国家级国际传播机构。"今日俄罗斯"的使命是为打破盎格鲁-萨克森(Anglo-Saxon)在全球新闻领域的垄断,它是为反制美英两国在国际新闻领域的话语权而成立。其首要外宣目标就是美英受众,在选题上大量报道关于美英的负面消息,这一代表着克里姆林宫声音的媒体在西方社会所获得的关注得以冠绝同类宣传机构,值得研究。

其次,话语权与语言的国际影响力有很大关系。汉语虽然是全世界母语人数最多的语言,特别是近年来,随着中国经济的国际影响力不断提升,世界各地也兴起了汉语学习热潮,大有"全世界

---

① 李宇明,2012,当代中国语言生活中的问题[J],中国社会科学(9)。
②③ 李宇明,2006,中国的话语权问题[J],河北大学学报(哲学社会科学版)(6)。

都在说中国话"之势。根据 2018 年 3 月 1 日出版的《新民周刊》报道:"全球多个国家,包括俄罗斯、澳大利亚和爱尔兰共 60 多个国家和地区,都把中文纳入中小学考试或是高考科目之中。据国家汉办粗略统计,全球学习和汉语人数已经超过 1 亿。且年均以 50% 的幅度在增长"①。我们姑且不论这些数据是否可信,是否属实,但是需要指出的是,单单从使用或是学习人数增长,并不能完全说明汉语在世界上的影响力。评判语言的国际影响力,并不能从母语者人数来简单判读,因为这不能直接代表语言本身的信息价值和传播情况。因为在现代社会中,在各种不同形式的信息载体中,正规出版的纸质书籍往往是较高质量的信息内容。而经过跨语言翻译之后,形成的翻译书籍,更是一种过滤,只有具备较高价值或需求的书籍才会被译介成其他语言,这样可以直观反映出高质量的信息的流动与传播,也可以判定不同语言在人类知识生产中的地位。

表 3.2　翻译量最大的前二十位语言(数据来源:麻省理工学院语言传媒实验室)

语言	代码	翻译至其他语言	由其他语言译入	合计
英语	eng	1 225 237	146 294	1 371 531
德语	deu	201 718	292 124	493 842
法语	fra	216 624	238 463	455 087
西班牙语	spa	52 955	228 910	281 865
俄语	rus	101 395	82 772	184 167
日语	jpn	26 921	130 893	157 814
荷兰语	nid	18 978	111 371	130 349
意大利语	ita	66 453	59 830	126 283

---

① 应琛,2018,全世界都在说中国话[J],新民周刊(8)。

(续表)

语言	代码	翻译至其他语言	由其他语言译入	合计
瑞典语	swe	39 192	71 688	110 880
波兰语	pol	14 104	76 720	90 824
葡萄牙语	por	11 390	74 721	86 111
丹麦语	dan	21 239	64 799	86 038
捷克语	ces	17 202	64 442	81 644
汉语	zho	13 337	62 650	75 987
匈牙利语	hun	11 256	54 989	66 245
挪威语	nor	14 530	45 923	60 453
塞尔维亚-克罗地亚语	hbs	12 743	45 036	57 779
芬兰语	fin	8 296	46 271	54 567
现代希腊语	ell	4 862	27 422	32 284
保加利亚语	bul	3 667	25 742	29 409

从表3.2可见,由中文译出或译入的书籍,只占人类社会全部翻译书籍总量的3%,中文属于不折不扣的边缘性语言,在世界1 000多种翻译语言中,排名第十四位,远远不及英、德、法等国语言,甚至不及丹麦语和捷克语。可见,语言的国际传播力和影响力问题将是对中国国际话语权提升战略的重大掣肘。习近平同志提出:"围绕我国与世界发展面临的重大问题,着力提出能够体现中国立场、中国智慧、中国价值的理念、主张、方案"[1],这是解决好国际话语权问题的重要途径。

最后,实现国际话语权的终极目标在于话题设置权。随着中

---

[1] 习近平,2014,习近平谈治国理政[M],北京:外文出版社,第248页。

国经济实力大幅提升,世界眼光纷纷关注中国,这为中国提高自身话语设置权提供了前所未有的机遇。据统计,2016年全年国际媒体涉华英文报道量为60.2万篇,仅仅略低于对美国的报道量(60.7万篇),明显高于德国、法国、英国、印度和俄罗斯等国,是排名第三位的日本的两倍多[①]。这在一定程度上为中国建构话语安全,主动设置议题,抢占话语权提供了客观条件。近年来,中国政府通过设置议题,建立中国议程的方式,积极引导国际话语导向。从"一带一路"倡议的提出,到共商共建共享的全球治理观的阐释、再到人类命运共同体等重大话语的传播,中国主动设置议题,将这些重要的中国话语作为世界表达中国故事的源头,读懂当代中国的标识。

本 章 小 结

本章主要探讨了语言安全规划的价值范式,价值定位问题是语言政策与规划中极为重要的部分,它关乎语言政策与规划中的目的和动机问题,是语言规划的核心和驱动要素。目前国内外现有的语言规划理论尚未形成广泛一致的价值定位体系,原因之一就是价值定位不仅仅与语言学相关,也涉及政治学、公共政策学和传播学等其他学科范畴。但正因为价值定位决定了语言政策与规划中的价值抉择与取舍,扮演着核心和统领作用,界定了规划主体、对象、内容、方式等其他具体内容,所以才具有十分重要的研究意义。本章共有四个小节,第一、二节分别从公共政策学和语言政策及规划视角集中探讨了不同学者对价值定位的差异。第三、四小节则将前两节中提及的价值定位理论相结合,特别是根据第二节中理查德·鲁伊兹提出的语言规划价值取向分类,分别阐述了

---

① 新华通讯社课题组,2017,习近平新闻舆论思想要论[M],北京:新华出版社,第171页。

语言安全规划的规范性价值观和描述性价值观。

首先,由于语言规划的本质就是一种社会规划,因此本章从公共政策学视角探讨公共政策的价值取向,希冀为语言安全规划提供价值范式借鉴。根据公共政策分析框架和模式研究范式,可以肯定的是,公共政策的价值内涵决定了其在政策规划、制定、实施和评价中的地位,在政策规划过程中起到决定行为的选择和取舍作用,因此具有自上而下的统领地位。虽然该领域不同学者对公共政策的价值定位观点不一,通过对近50年公共政策价值定位的研究变化来看,价值定位一方面具有内隐性和稳定性的特点,另一方面也具有渐变性。其中,澳大利亚学者珍妮·斯图亚特提出的价值形式分类具有较高的政策分析价值。

根据第一节讨论的公共政策的价值内涵之思路,本章第二节首先探讨语言规划中的价值问题及语言规划的内涵。需要承认的事实是,由于语言规划的跨学科性质,目前语言规划理论尚未建立本领域的价值定位体系。本节继而讨论了理查德·鲁伊兹提出的语言政策与规划的两类价值定位,并结合公共政策价值的四种分类,最终,将语言安全规划的价值定位分为规范性价值和描述性价值两个维度,并在后两节对这两个维度进行了详细的阐述。

语言安全的规范性价值观包括语言问题安全观、语言权利安全观和语言资源安全观,三者在语言规划的历史进程中相互交错,共存共生。语言问题安全观将语言的多样性看成是冲突与矛盾的根源,因此其目的主要是为了解决由语言引起的沟通障碍、社会紧张和政治安全问题。在特殊历史时期,语言问题安全观起到凝聚民族团结、稳定政治大局、维护国家安全的作用,但是从长远来看,不利于国家、民族和社会的长治久安。随着国际政治局势的风起云涌,语言权利安全观应运而生,并形成了相应的语言规划活动。但是语言权利极具复杂性,涉及政治、文化、经济、民族等因素,又与生存权、发展权、公民权等联系紧密。因此到目前为止,学界也没有统一语言权利的定义，更没有统一的理论体系与分析框架。笔者在分析了语言权利安全观的主体及目标后，认为其经过修正和协调后是可以纳入语言资源观的范畴。最后，语言资源安全观摒弃了单一语言观及多样语言的矛盾对立，是一种包容多元化、差异性和生态化的观点。将语言资源观作为国家安全视阈下的规范性价值观，是将语言的多样性视为资源加以保护和利用，并在传统和非传统领域多个层次进行系统、全面的计划和实施，这也对国家的语言资源战略计划和实施能力提出了挑战。

最后，本章第四节分别阐述了语言安全规划的描述性价值观的四个分类，即语言能力、文化危机、话语安全和国际话语权。本节通过国际比较方法，环顾四野，放眼全球，并聚焦我国国情，对上述四个问题进行了深入分析与讨论。总体而言，虽然我国的国家外语能力处于提升状态，但在学术话语权、国际话语权方面的影响力和话题设置能力仍然非常欠缺。

语言安全规划的价值范式处于语言安全规划的核心和领导地位，具有非常重要的"顶层设计"作用。在全球化背景下，讨论建立一套完善的语言安全规划价值定位体系具有重要的战略意义，有利于推动我国制定全方位、多层次的国家语言安全规划，提升我国的语言能力建设，最终扩大我国的国际影响力，提升国际话语权。

第四章
语言安全规划的基本内容

  中国是多民族、多语言、多方言、多文字的国度,拥有丰厚的语言文字资源,但也存在着或显或隐、或锐或缓的各种各样的语言矛盾。对这些语言矛盾认识不足,处理不当,就可能激化矛盾,甚至发生语言冲突,语言财富变成"社会问题"。近些年,中国的各项改革都进入"深水期",语言矛盾易于由少增多、由隐转显、由缓变锐,许多社会矛盾也可能用语言矛盾的方式表现出来,因此中国可能已经进入了语言矛盾容易激化、甚至容易形成语言冲突的时期。

——李宇明[1]

  近些年来世界各国几乎都出现了语言矛盾增多的迹象,有的酿成了很大的社会动荡。一些国家利用语言进行政治、文化渗透愈演愈烈,也构成了极大的安全威胁。正确处理各种语言关系,化解语言矛盾,维护语言和谐,强化"多元一体"的国家语言文化认同,防止语言自由主

---

[1] 李宇明,2014,语言的文化职能的规划[J],民族翻译(3)。

第四章
语言安全规划的基本内容

义和文化分裂主义,防范语言渗透,是我国安全领域面临的重要现实任务。

——赵世举[1]

在本书的第二章,我们提出语言安全规划研究框架,需要从价值范式、问题领域、对象层次和内容类型四个维度来进行框架构建。基于语言资源观的价值范式,我们可以建构一个具体的语言安全规划的基本内容框架。如图 4.1 所示,在语言资源安全观作为规范性价值范式的主导之下,以语言能力、文化危机、话语安全与国际话语权为主要特征的描述性价值取向渗透于整个基本内容框架之中,构成一个三维互动,相互影响与关联的语言安全规划基本内容框架。

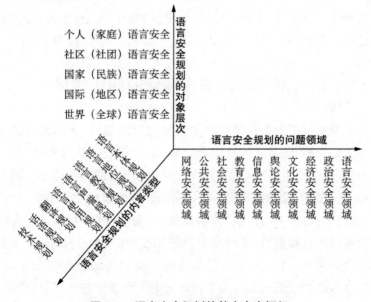

图 4.1　语言安全规划的基本内容框架

---

[1]　赵世举,2015,语言与国家[C],北京:商务印书馆,第 34 页。

首先,基于语言安全规划的价值范式,不同的问题领域都会不同程度显现出语言安全问题,而不同领域的语言安全问题都指向了语言能力、语言文化、话语安全与国际话语权这四个维度,同时,不同领域的问题都会在一定条件下激化或转化为国家政治安全或是其他重大安全问题。

其次,不同安全层次在不同领域也会遭遇或是构成不同语言安全问题,但是不同层次之间的问题从个体到全球安全层次,语言安全问题领域和性质却是同一的,只是语言安全主体和程度存在差异而已,在一定条件下,不同层次的语言安全问题会出现"链式效应"或是"蝴蝶效应",个体问题会有整体影响,局部威胁会引发全局性问题。

最后,面对不同领域与不同层次的语言安全问题,都会要求语言规划类型和内容有全面的考虑。因此,对于语言安全规划内容类型而言,针对不同领域、不同对象层次的语言安全规划,都是"牵一发而动全身"的。

第一节 语言安全规划的问题领域

正如李宇明先生与赵世举先生所指出的那样,无论是传统安全的核心领域,还是非传统安全领域,语言与安全息息相关,若处理不当,就会产生各类语言矛盾,甚至激化语言冲突。习近平同志曾经专门在《人民日报》撰文,提出安全领域的威胁层出不穷,致使人类面临着许多共同挑战,他明确指出:安全问题的联动性、跨国性和多样性日益突出,各种安全问题相互交织、相互作用,解决起来难度更大[①]。语言安全不仅是非传统安全中的重要安全领域,同时也渗透和交织在其他安全领域之中。在维护与推进总体国家

---

① 习近平,2017,坚持合作创新法治共赢,携手开展全球安全治理[N],人民日报,2017-09-26(1)。

安全观的进程中,语言安全不仅表现为一个涉及语言自身安全与语言关系的问题领域,在语言使用与应用功能层面看,语言安全是贯穿与渗透到非传统安全诸多领域的现实问题,影响和制约着其他领域的安全环境与状态,也是保障与维护这些领域的安全大局[①]。在第一章中我们已经探讨了军事安全领域的语言问题,从非传统安全风险与冲突管理的趋向上,除了语言安全作为非传统安全的一个重要领域之外,我们还需要充分关注非传统安全各领域涉及的语言信息搜集和分析,以及沟通和交流中可能产生的、危及安全的语言问题。因此,在非传统安全视域下,语言安全规划的问题领域主要有如下十个方面(参见表 4.1)。

表 4.1 语言安全规划的问题领域

非传统安全领域	语言安全
语言安全领域	形式语言安全、语言地位安全、语言身份安全
政治安全领域	政治语言、语言政治学;国家语言能力;话语共同体
经济安全领域	语言能力与扶贫脱贫,语言资源的开发与应用;外语能力与国家经济安全、海外利益拓展和风险抗御能力
文化安全领域	文化霸权、文化生态、对外文化传播和"公共外交"关系
舆论安全领域	语言媒介、国际舆情、话语建构和话语权之间的关系
信息安全领域	现代语言技术、语言智能技术、语言信息资源安全
教育安全领域	国家外语能力建设、教育国际化下的母语安全以及学术安全
社会安全领域	社会安全与语言生活、语言管理以及城市语言环境、语言服务等关系
公共安全领域	国际反恐、跨国犯罪、公共卫生、抗震救灾等突发事件的语言障碍与语言服务、语言援助的关系
网络安全领域	网络空间话语权、网络语言技术能力、网络语言传播与语言活力

---

① 沈骑,2020,语言安全理论的源与流[J],当代外语研究(3)。

一、语言安全领域

在第二章中,我们通过爬梳语言安全的理论流变,明确了语言安全从本体形式语言安全,到语言地位安全,再到语言身份安全的三个发展阶段,也进一步认识到语言安全的规范性价值取向是语言资源安全观。语言安全规划要谨慎处理各类语言关系,其中主要涉及少数民族语言和国家通用语言,方言和普通话以及本国语与外语之间三大关系。这三大关系若处理不当,会影响语言关系和谐发展[①]。基于上述语言安全理论,结合我国现阶段语言生活与语言管理中较为突出和棘手的语言关系,可以大致勾勒出作为非传统安全问题领域的语言安全,主要涉及以下三种类型(参见表4.2)。

表4.2 非传统安全领域的语言安全

语言安全	语言安全问题
形式语言安全	城市化进程中的语言竞争关系
语言地位安全	全球化进程中本国语与外语关系
语言身份安全	多民族国家的语言身份认同问题

(一) 形式语言安全问题

在多语环境下,语言接触难以避免,即便是同一语言内部,在不同方言或是变体之间以及方言与通用语之间都存在着不同程度的语言压力[②]。这些关系处理不好,就会带来不同程度的形式语言安全问题。在北美的加拿大、欧洲的爱尔兰和威尔士等国家和地区,保护濒危语言研究日益成为热点,其中也有不少研究涉及方言保护问题。近十多年来,方言问题不断成为社会聚焦的热点问题,连续多年,在不少地方两会甚至是全国两会期间,都有出现关

---

① 戴庆厦,2010,语言关系与国家安全[J],云南师范大学学报(哲学与社会科学版)(2)。
② 李宇明,2010,语言规划续论[M],北京:商务印书馆,第4页。

于方言保护的提案。以上海为例,自2005年以来,几乎每年都有保护上海方言的提案,其中的关键观点认为上海方言在城市化进程中,语言活力下降,方言日渐式微,要求政府部门为恢复方言活力,开展积极的语言规划,出台相关扶持和保护方言的政策。这些提案的出现,并不是偶然现象。近年来,在上海周边城市如苏州和常州,还有南方的广州等大城市,都先后出现了类似的方言保护呼声,从民间草根,到社会精英,都对方言安全问题非常关注。这对城市的语言规划与语言治理提出了严峻挑战。

市民社会对方言安全的担忧并非杞人忧天,这与城市化发展有一定的联系。改革开放四十年来,国内人口流动日益加速,当前以及今后相当长的一段时期内,我国社会将依然面临快速发展的城市化进程。在这一进程中,人员的频繁流动,城乡二元结构的打破,都会带来城市语言生活的重要变化。一方面,在文化全球化互动大势之下,我国各地的方言保护呼声日益高涨。在推广普通话的进程中,保护方言也是维护语言形式安全的重要举措,是本土方言群体保护本土语言的文化诉求,同时也是珍惜和保存地方语言资源的迫切需求。另一方面,外来人口和新移民大量涌入城市,对城市语言规划也提出了严峻的挑战。外来人口,特别是上亿的农村进城务工人员,既有提升语言能力使自身语言融入当地的迫切需要,也希望其子女在享有公平的城市语言教育同时,保留家乡话权利的基本诉求[1]。这些问题如果处理不好,就会在一定程度上造成语言不安全,甚至导致语言冲突等严重影响社会稳定的问题,例如:2010年,广州"撑粤语"事件和上海电台"沪语之争",2014年以来"拯救上海方言"和"上海话进课堂"等事件不断成为当前中国语言生活中的热点问题,备受关注。这些问题都是城市化进程中语言安全问题的真实写照。

---

[1] Dong, J. 2011. *Discourse, Identity, and China's Internal Migration: the Long March to the City* [M]. Bristol: Multilingual Matters Ltd.

(二) 语言地位安全问题

在前文中,我们基于刘跃进提出的国家文化安全概念,分析了他提出的语言安全的基本定义①。刘先生对于语言安全的理解,主要聚焦于维护国家语言文字的地位安全,抵御来自外部的威胁。这是语言安全规划中最显性的一项任务。

从国外经验看,法国是语言地位安全规划的坚定"实践者"与"倡导者"。近三十年来,为了捍卫法语在国家乃至世界上的地位安全,法国政府不遗余力地高举"文化例外"的大旗,坚持语言与文化的多样性原则,反对英语霸权的侵蚀。正如法国语言学家海然热所言:

> "美国在全球的主导源于1945年反法西斯战争的胜利。在当时,欧洲与世界似乎欣然接受了这一主导,它们甚至感谢美国为了自由所做的抗争。但在和平的表象的背后美国实际上展开了一轮新型压迫,因此,一场以推广多元语言(思想)、实现语言(思想)自由为目的的二次斗争就成为了必需。尽管单一语言带来的压迫无关身体暴力,但它却是真实存在的。这种单语主义不会促进文化的多元理念的蓬勃发展,只会制造并维持奴性主导下人云亦云,以及无可避免的平庸化恶果。"②

毫无疑问,海然热的思考是非常深刻的,这是善于哲学思辨的法兰西民族在全球化热潮之下,对法兰西语言文化的地位发出的"醒世恒言"。正是出于对法语语言地位危机的担忧,法国从国家文化安全角度出台了一系列保护法语地位,规范英语使用空间,规

---

① 刘跃进,2012,国家安全学[C],北京:中国政法大学出版社。
② [法]海然热,2015,反对单一语言:语言和文化的多样性[M],陈杰译,北京:商务印书馆,第171页。

避与防范恶性语言竞争的政策与法律。

近些年来,国内关于外语与汉语、外语教育与母语教育关系的争论愈演愈烈,引起社会的广泛关注,也成为每年两会的热点问题。2012年,近百名学者因为第六版《现代汉语字典》收录外来字母词,联名上书中央有关部门,要求捍卫汉语的纯洁性;2013年9月,语文出版社社长、教育部原新闻发言人王旭明在新浪微博发声,要求取消小学英语,"救救孩子",保卫汉语,由此引发外语与语文课程的学科"互掐"之争;自2013年以来,关于"外语滚出高考"的社会言论一直甚嚣尘上,引起国内外舆论的普遍关注。虽然从语言习得角度看,外语教育与母语教育并行不悖,不应当对立起来。但是在"英语全球化"的魅惑之下,中国社会心理在本土化语言意识驱动下,从情感上更趋向于考虑母语的地位问题。因此,出于对语言地位安全的考虑,国家语言规划必须充分关注到语言环境和社会心理在全球化和个体化社会发生的微妙变化,需要妥善处理外语课程与其他课程的关系,在推进外语教育同时,捍卫母语安全和语言平等。

这一问题的出现,在很大程度上要求语言规划一方面必须正视和警惕英语霸权及其对汉语的安全可能造成的危害,另一方面要开展科学的外语规划并进行系统论证,指导正常有序的外语教育和外语生活,协调处理好母语和外语之间的关系。

(三)语言身份安全问题

在全球化背景下,多元民族语言在不同国家的生存状态、强势民族语言文化与少数民族语言文化的国内关系,也是语言安全的重要话题①。民族语言关系若处理不当,容易产生民族矛盾与冲突,酿成危及国家安全与稳定的政治问题。20世纪90年代,原苏联国家纷纷解体并相继独立,但是由于各民族语言问题错综复杂,

---

① 潘一禾,2007,文化安全[M],杭州:浙江大学出版社,第137页。

新兴国家和政体在新的民族国家构建过程中,由于缺乏科学语言规划的经验,导致语言冲突不断。产生这些冲突的一个根本原因就是,不同语言群体基于自身语言身份认同,维护和追求直接或是间接的语言利益①。正如何俊芳所指出:语言问题是上述新兴国家各族之间难以达成和解的障碍,也是未来可能引发严重族际冲突的潜在危险因素②。

进入新世纪以来,国外的语言问题不断被"安全化"或是"政治化"。语言规划对于维护稳定的政治环境作用巨大,语言与国家政治安全、认同安全、民族安全高度相关,语言问题处理不当,将会导致语言矛盾、语言冲突、语言群体事件乃至语言战争的发生。例如:2010年比利时由于法语党派与荷语党派以语言政治问题为导火索致使政府垮台,导致该国长达530多天处于无政府状态,造成严重的政治危机。而这一政治危机居然是由于比利时社会长期否定双语社会和多元社会的单语意识形态所致③。

近年来,我国一些民族地区双语问题与民族认同问题引起了党和政府的高度重视。民族地区的语言文字安全关系到国家语言文字地位的体现、地区语言和信息安全与语言传承和发展大局,对中国这一统一的多民族国家而言,少数民族和跨境民族的语言是宝贵的语言资源,在坚持国家通用语言文字政策的前提下,尊重和保护民族语言,维护民族地区语言安全十分必要,民族地区需要制定以语言安全为重点的语言战略规划,提升"四个认同"的战略地位④,这对维护广大少数民族语言身份安全,尊重语言多样性,维护国家统一和民族团结意义重大。由此可见,在多民族国家,语言身份安全问题应当成为语言安全规划的核心命题。

---

①② 何俊芳,2017,族体、语言与政策:关于苏联、俄罗斯民族问题的探讨[M],北京:社会科学文献出版社,第160页。

③ Blommaert, J. & 董洁,2011,比利时语言问题与政府危机[A],中国语言生活状况报告(2011)[C]. 北京:商务印书馆,第361页。

④ 尹小荣,2015,语言安全视角下的新疆语言战略研究[J],新疆社会科学(6)。

二、政治安全领域

语言和政治关系联系紧密。一方面,语言安全作为一个非传统安全领域,在语言本体、地位与身份安全等三方面对于国家政治稳定具有重要意义。另一方面,语言与政治的内在联系,决定了全球化时代,语言安全作为国家政治安全的重要保障。

语言与政治的关系可以追溯到英国哲学家托马斯·霍布斯的政治哲学思想。霍布斯对语言与政治的哲学思考,对于我们理解语言对于政治认同与安全的重要价值。在霍布斯看来,正是由于人类语言的产生,才使得人类与动物真正区分开来,也使得人类心智与欲望产生了根本的转变,人类凭借语言,实现了心智的类型化,逐渐走出了自然的"伊甸园",无可挽回地进入充满忧虑与猜忌的战争状态。但同时,语言也赋予人类得以走出这种困境的能力[1]。霍布斯认为人类通过语言,进行推理,表达思想,并进而联合为团体[2],通过政治化的方式组成国家这个"伟大的利维坦"[3]。霍布斯对语言与政治关系的哲学思考,以及佩迪特的解读对于我们认识语言对于政治安全的意义无疑更为深刻。

---

[1] [爱尔兰]菲利普·佩迪特,2010,语词的创造:霍布斯论语言、心智与政治[M],于明译,北京:北京大学出版社,第1—10页。

[2] 爱尔兰学者佩迪特指出,人类从语言中获得了进行推理、代表与联合的三项能力,推理能力的本质就是以语言为工具的计算,但是由于诸如善与恶、正义与非正义这些评价性语言本身含义并不确定,因此就需要诉诸于政治主权者来确定其含义;其次是代表(personation)的能力,即人类可以使用语言来表达自己或他人的心智,人民通过这一语言的交流,使得自己的心智被理解,并诱使他人相信自己的语言,从而形成承诺与契约。但是这种语言的代表与承诺依然是不可靠的,因此,要实现这些契约,还要求构建足以使人畏惧的强制性权威。最后一项能力是联合,即通过语言的推理与代表,将个体进行联合,成为团体人格或是法人。在霍布斯看来,这种联合的结果并不是"乌合之众",而是"全体真正同一于单一人格之中",即一个新的人格的诞生。当这个新的单一的人格是公共的国家时,这也就是"伟大的利维坦的诞生"。参见:于明,2019,人生"言语"忧患始——《语词的创造:霍布斯论语言、心智与政治》译后[J],北京大学研究生学志(2)。

[3] [英]霍布斯,2017,利维坦[M],黎思复、黎廷弼译,杨昌裕校,北京:商务印书馆,第132页。

第一,语言的使用具有政治性。现代社会语言的使用和表征,即"推理"能力,往往体现出政治寓意和意志,对于反映关键思想、概念的语言文字监管或是使用不当,极易引起政治问题。正如英国作家乔治·奥威尔在《1984》中用文学方式虚构的新语(newspeak)一样,当人们都在使用虚假的、不真实的语言谈论的时候,本身也就昭示了在极权社会中荒诞而又离奇的状态[①]。

第二,语言能力,即"代表"能力,事关国运昌兴。中国古人云,"言为心声"!但是,在跨文化、跨语际交往过程中,"词不达意"现象却比比皆是,造成国与国、人与人之间的误解与冲突不断,无法消弭。回望当年的清政府,由于闭关锁国的思想作祟,以天朝自居,视中国语言文字为天下最优者,根本不将西方语言放在一个平等的地位对待,贬称为"夷言""鸟语""鬼话",竭力贬低"番话"的作用,并由此鄙视和排斥西方语言、文化乃至科技发展,从而逐步演变为一种封闭的民族心态。正是由于当时国家语言能力不彰加之国力不济,清政府终究在西洋大国"坚船利炮"之下,签下丧权辱国的条约,致使国家利益受损,国运渐衰。以史为鉴可以知兴衰,在当前世界新格局之下,提高国家语言能力,是提升大国参与并推动全球治理能力的关键。

第三,语言对于政治安全的最大意义在于话语共同体(discourse community)的构建。共同体的概念来自马克思和恩格斯的思想,在人类社会共同体进化过程中,人类先后经历了家元共同体、族阈共同体到合作共同体三个主要阶段,分别对应封建社会、工业社会与后工业社会三种社会模式[②]。

[①] 在这部充满政治隐喻的小说中,奥威尔虚构了新语是大洋洲的官方语言,这种语言的发明是为了满足独裁政权意识形态的需要,其目的就是提供一种适合独裁统治者建构的世界观与智力习惯的表达手段,而且要消除所有其他的思考模式。参见:[英]乔治·奥威尔,2003,1984[M],董乐山译,上海:上海译文出版社。

[②] 张康之、张乾友,2012,共同体的进化[M],北京:中国社会科学出版社,第1—16页。

第四章
语言安全规划的基本内容

由于语言具有的联合能力,可以通过话语将个体与个体,甚至是国与国联合起来,构建起一个话语共同体。话语共同体的概念由国外学者最先提出,国际上学者最初提出话语共同体是从学术话语共同体角度探讨的,一般认为拥有共享的研究目标、研究方法和交流体裁是形成学术话语共同体的必要条件。1986年美国英语教师协会分支、大学写作与交流研究会开展了关于话语共同体的概念讨论。布鲁斯·赫兹伯格在题为"话语共同体的政治"的论文报告中,认为话语共同体这个概念证实了在学科领域或是社会群体内的共同体,都存在着日益明显的趋势,那就是在不同的惯例范畴中共享话语的重要性,他认为话语共同体意味着:一个群体内的语言使用是一种社会行为方式,话语是维持与拓展群体知识,并且向新加入者传播知识的组织,在这个组织内话语对群体知识具有知识论和启发应用的价值[1]。

美国学者约翰·斯维尔(John Swales)提出了话语共同体的几个标准,他认为话语共同体是一个具有共同的公共目标,有着团体成员内部交流机制,对成员有相关专业或话语能力"入门"要求的团体,其参与者拥有提供信息与反馈的机制,能够利用并占有特定交流体裁与特有词汇,以期达到话语交流目标[2]。

对于上述定义的标准,美籍斯里兰卡裔语言学家坎纳拉吉提出了自己的质疑意见:首先,他认为约翰·斯维尔对于几个机制定义过于宽泛,没有充分考虑到共同体内部的压力来源,这会对共同体的凝聚力和和谐关系产生偏见。其次,他认为上述标准也缺乏对适用范围进行分析。此外,坎纳拉吉指出专家与团队新手之间缺乏界定,对于入门级的要求也不够明确,这会带来共同体内部不

---

[1] Herzberg, B. 1986. *The Politics of discourse communities* [Z]. Paper presented at the CCC Convention. p. 1.
[2] Swales, J. 1990. *Genre Analysis: English in Academic and Research Settings* [M]. Cambridge: CUP.

必要的冲突与斗争①。为此,他认为:话语共同体是一个涵义丰富的概念,是一个建立不同层次的、超越思想学派、机构、国家边界,连接各种智识活动于一体的组织,这个组织在具有地缘政治的语境下,分析话语共同体的活动与功能,是在宏观与微观层面创造、管理和传播知识的重要手段。他指出话语共同体与言语共同体的差异在于,话语将语言视为一个本质上物质的、社会的和具有意识形态表征的系统。语言在社会实践中发展,通过符号功能阐释生命,并为共同体构建意义。因此,话语不是价值中立的系统或是纯粹技术性工具,话语共同体共享理解社会和物质社会的方式。此外,话语共同体是基于历史情境,动态并受制于人类能动性的,并具有扩展性和流动性的特征②。

近年来国内学者对话语共同体的研究也有所关注,清华大学汪晖认为科学话语共同体对于现代知识构建具有重要意义,他从新文化运动发展历程中科学话语与文化话语的互动与论战出发,指出科学话语共同体是新文化运动知识的重要支撑,同时认为这个共同体最终建构的不仅仅是一套语言,也是一个完整的世界观③。近些年来,国内一些学者从话语研究角度也对话语共同体进行了一些探索,但相关研究还有待继续深入④。

三、经济安全领域

在英国古典经济学家亚当·斯密(Adam Smith)的著作中,语言问题就被放置在经济学理论思考的维度之中。经济学家们都不

---

① Canagarajah, A. S. 2002. *A Geopolitics of Academic Writing* [M]. Pittsburgh: University of Pittsburgh Press. pp. 60-62.
② Ibid., pp. 61-65.
③ 汪晖,2005,科学话语共同体和新文化运动的形成[J],学术月刊(7)。
④ 严明,2009,话语分析的基础:话语共同体[J],外语学刊(4);严明,2013,话语共同体理论建构[M],上海:复旦大学出版社;郭佳,2015,机构话语与专门用途语言的关系探析——以话语共同体为考察维度[J],外语学刊(4)。

遗余力地分析语言在经济活动、市场秩序与规则生成中的作用问题[①]。20世纪60年代以来，语言经济学逐步受到各界关注，作为一门新兴的交叉边缘学科，语言经济学横跨语言学和经济学两个学科，还涉及教育学、社会学以及政治学等诸多领域。这个学科从诞生到发展，都为解决社会发展中的语言规划问题提供可能的出路。

语言经济学主要采用经济学的方法研究语言变量，同时也研究语言与传统经济变量之间的关系[②]。随着经济全球化和社会信息化的发展，语言经济学作为一门学科或是一种学术思潮，已经越来越多地引起了各国学者的重视，其地位日趋提升。

语言经济学认为语言拥有两大基本属性：一是人力资本属性，二是公共产品属性。一方面，人力资本理论认为，语言同其他技能一样，可以看成人力资本的一个要素，需要一定量的投资，如时间、金钱和精力，但也可以凭借该技能获取收益[③]；相反，缺乏语言技能的消费者可能要为此花费更多的成本。美国学者舒尔茨（Schultz）认为教育投资是人力资本的核心[④]，因此，语言学习也可以看成是对语言技能资本的一种经济投资。

王海兰和宁继鸣认为，就个体而言，语言技能资本可以用5个因素（5W）测度：掌握几种语言（how many）、掌握哪几种语言（which language）、掌握的程度（what proficiency）、在什么地方测度（where）和什么时候测度（when）。从宏观角度看，一个国家（或地区）的语言技能资本存量由本地区拥有的多语人才数量、本地区

[①] 韦森,2014,语言与制序：经济学的语言与制度的语言之维[M],北京：商务印书馆,第62页。

[②④] 张卫国,2008,语言的经济学分析——一个初步框架[D],山东大学博士学位论文。

[③] Chiswick, B. & Miller, P. 2007. *The Economics of Language: International Analyses* [M]. New York: Routledge.

人员掌握的语言类型及熟练程度等指标测度①。语言技能受多种因素影响,其中一个重要因素就是语言政策,而语言教育政策则在很大程度上代表着一个国家和地区的语言政策导向,决定着未来的语言产出。

另一方面,语言作为公共产品,会产生"网络效应",也称网络的外部性,这种效应带来了三类回报:第一,个人因加入某语言社群产生的潜在交往能力所得到的回报;第二,所有社群成员因沟通机会扩大,即语言的"网络效应"获得的回报;第三种回报是外溢出语言社区边界的情况,即因沟通和知识共享的扩大,所带来的创新以及在经济社会相关活动中组织管理的优势②。由此可以看出,语言群体规模的扩大带来的不仅是个人收益,还有社会收益。也就是说,语言价值源于其普遍性,而不是稀缺性,因此一种语言的价值高低取决于该语言在各种任务、职业和各部门的活动中被使用的程度③。

然而,语言网络也存在负外部性,即单凭语言学习的个体选择无法达到社会收益最大化的问题。个人只有在基于对社会收益和成本(不仅仅是个人收益和成本)的考虑做出决策,才是语言市场机制达到有效产出的必要条件。这时,就需要介入制度管理,也就是语言规划,使外部效应内部化,以改善个人选择的低效性并达到增进集体福利的目的(张卫国,2008)④。比如企业和个人由于缺乏信息,不能了解语言经济价值,这就需要国家发布信息,或者做

---

① 王海兰、宁继鸣,2012,作为人力资本的语言技能:一个经济学的分析框架[J],制度经济学研究(1)。

② Dalmazzone, S. 1999. Economics of language: a network externalities approach [A]. In Albert Breton(ed.), *Exploring the Economics of Language* [C]. Ottawa: Department of Public Works and Government.

③ 江桂英,2010,语言经济学视角下的中国英语教育成本——收益分析[J],制度经济学研究(1)。

④ 张卫国,2008,作为人力资本、公共产品和制度的语言[J],经济研究(2)。

出规划,帮助其执行者做出正确的选择(张忻,2007)①。

同时,语言网络外部性的另一个表现是,由于未来社会经济发展和当下的语言学习会影响到未来语言市场的供需,进而导致未来语言回报的不确定性,因此,在语言教育规划时需考虑语言政策的长远影响,否则会造成巨大的资源浪费并导致社会人力资源的配置不当,影响到经济、社会和国家的发展进程(薄守生,2008)②。

瑞士语言学家格林(Grin)曾从经济学的角度给语言规划下过定义:"为增加社会福利水平而解决语言问题所付出的一种系统的、理性的、基于理论的社会层面的努力。它通常由官方机构或其代理人加以实施……"③。可以看出,经济学视角下的语言规划致力于研究语言变量和经济变量相互影响的关系,并且可以为语言政策的选择、设计、实施和评价提供有效分析工具。

普尔(Pool)提出语言规划的理性选择理论(Rational Choice Theory),他认为一个平等公正的语言政策应该最小化语言成本,并最大化语言的交际价值④。

格林(Grin)将语言的价值(收益)分为四个评价维度:个人市场价值、个人非市场价值、社会市场价值和社会非市场价值,这也为语言规划提供了参照标准。个人市场价值是指语言优势为个人带来的收入,即经济报酬的提高;社会市场价值是总社会成员个人市场价值的总和,其外部表现形式多样,如:机构组织、国家、社会的经济利益;个人非市场价值主要指语言优势给个人带来的非物质回报,如:更好地融入多元文化、开阔视野与思维、成就感提升等;社会非市场价值是个人非市场价值的总和,其表现形式主要

---

① 张忻,2007,语言经济学与语言政策评估研究[J],语言文字应用(4)。
② 薄守生,2008,语言规划的经济学分析[J],制度经济学研究(2)。
③ Grin, F. 1996. Economic approaches to language and language planning: An introduction [J]. *International Journal of the Sociology of Language* (1).
④ Pool, J. 1991. The world language problem [J]. *Rationality and Society* (3).

有:组织形象和国家地位的提升、文化的繁荣与交流、平等公正的促进等。合理的语言规划应该使得语言带来的社会净价值(包括社会市场价值和社会非市场价值)实现最大化①。

上述语言经济学与语言规划的理论对于正确认识经济安全领域的语言安全问题具有重要意义。在总体国家安全视域下,语言也能为维护国家经济安全发挥重要作用。经济安全是指一个国家的经济发展不受根本威胁、没有根本危险,也指一个国家的经济发展能在国际体系中保持"优化状态",即能够使经济实体发展处于非贫困、未受威胁、有效防范风险与可持续增长的状态,主要分为国内经济安全与国际经济安全两方面(余潇枫等,2006:166—167)②。

从国内经济安全来看,语言对于扶贫脱贫具有基础性作用,有助于贫困地区经济发展,打赢脱贫攻坚战。2018年1月15日,教育部、国务院扶贫办和国家语委印发了《推普脱贫攻坚行动计划(2018—2020)》通知,要求充分发挥普通话在提供劳动力基本素质、促进职业技能提升、增强就业能力等方面的重要作用③。从语言经济学角度看,语言能力既是人力资本,也是一种公共产品。在新时代,更新推广普通话理念,可以充分利用其网络外部性优势,可以提升贫困地区人员语言能力与技能,为精准扶贫创造条件。与此同时,从语言资源观来看,除了普通话具有经济价值之外,少数民族地区或是方言区的语言也是重要的文化资源和财富,应当考虑如何合理开发、利用和保护边远贫困地区的濒危语言文化财富。在这方面的努力,也应当引起重视。

从国际经济安全看,近年来,随着我国对外经济贸易的快速增长,特别是在"走出去"战略下,中国的国际经贸、国际金融以及海

---

① Grin, F. 2003. Language Planning and Economics[J]. *Current Issues in Language Planning* (4).
② 余潇枫等,2006,非传统安全概论[M],杭州:浙江大学出版社。
③ 相关通知参见:http://www.moe.edu.cn/srcsite/A18/s3129/201802/t20180226_327820.html。

外直接投资业务激增,国际经济安全问题也日益突出。例如,由于中国石油需求不断攀升,石油的对外依存度已经达到58%,至2020年将突破60%,为满足中国石油国际化的进程和海外项目的顺利拓展,需要有国家外语能力提供重要语言保障和支撑[1]。但据文秋芳教授所列举的大量实例,我国现有的外语能力,特别是外语资源的应用能力还远远无法满足现实需求[2],这方面语言能力的欠缺,将导致我国应对海外经济安全风险的预防和管理能力受到掣肘。语言规划不仅可以合理调动的外语资源配置,提升处理海外经济问题的语言和沟通能力,还可以帮助规避和化解中国在海外利益拓展中可能遇到跨文化风险。根据2008—2009年的《中国海外利益研究报告》显示,在对我国海外直接投资风险评估中,与语言紧密相关的文化风险的覆盖率高达71.3%,高于主权风险(46.9%)[3]。由此可见,语言也是拓展和维护经济安全的"硬实力"。

四、文化安全领域

文化安全指人们认为自己所属"国家—民族"的文化价值和特性不会在全球化大势下逐渐消失或退化的"安全感",非传统安全理论认为针对文化价值和特性的威胁不仅可能来自国外,也可能来自社会内部[4]。众所周知,语言是文化的载体,在文化安全领域内,语言与社会文化、文化霸权、意识形态、身份认同、多元文化权利保护和文化生态等热点话题休戚相关,都能形成与语言问题的交集。例如,近年来国外语言学研究者将保护语言权利和语言生

---

[1] 袁森,2013,以石油和天然气工程为依托的应用型外语本科人才培养模式研究[A],俞理明主编,大学外语教学研究[C],上海:上海交通大学出版社,第162—163页。
[2] 文秋芳,2011,美国国防部新外语战略评析[J],外语教学与研究(5)。
[3] 汪段泳、苏长和,2011,中国海外利益研究年度报告(2008—2009)[C],上海:上海人民出版社。
[4] 潘一禾,2007,文化安全[M],杭州:浙江大学出版社,第28—30页。

态作为弱势语言、少数族裔语言和濒危语言规划的价值取向,多位国外学者对与文化安全相关的语言霸权、语言生态、语言权利和语言认同等理论角度进行探索,倡导多语多元主义[①]。这些研究对于处理和协调国内文化安全领域的语言规划研究具有重要借鉴意义。在前文中,我们对文化生态、文化霸权以及文化危机等话题已经有所探讨,此处不再赘述。

在文化安全领域,需引起我们关注的另一方面,是语言文化的国际推广与传播问题。从文化传播或文化战略角度看,语言也是提升国家文化"软实力"和对外文化传播的重要保障和手段,是"公共外交"跨文化传播和交流的桥梁和沟通渠道。2001年联合国教科文组织第31届大会通过了《联合国教科文组织文化多样性宣言》,该宣言提出的背景就是针对欧美文化霸权,尤其是"美国文化全球化"对于世界文化多样性的影响,提出文化多样性是人类共同的遗产。正如汤哲远所说,"人类文明是多元化的文明,是不同民族文化的共同体,就文化层面而言,全球化显然不是单一价值体系的西方文化,而是世界不同民族的文明互动融合呈现出来的一种态势。"[②]

为保护本民族语言和文化,抵制英语霸权和强势文化对本民族文化安全的威胁,世界各国纷纷成立语言推广机构,制定语言传播战略,成为维护国家文化安全的重要途径。宁继鸣指出:语言国际推广是指一国出于政治、经济和文化需要,为推动本民族语言的

---

① 相关研究参见:Phillipson, R. 1992. *Linguistic Imperialism* [M]. Oxford: Oxford University Press; Phillipson, R. 2010. *Linguistic Imperialism Continued* [M]. London and New York: Routledge; Mühlhäusler, P. 1996. *Linguistics Ecology: Language Change and Linguistic Imperialism in the Pacific Region* [M]. London and New York: Routledge.; Skutnabb-Kangas, T. 2000. *Linguistic Genocide in Education—or Worldwide Diversity and Human Rights?* [M]. Mahwah: LEA, INC; Bang, J. C. & Døør, J. 2007. *Language, Ecology and Society: A Dialectical Approach* [M]. London: Continuum.

② 汤哲远,2007,"孔子"为什么要走向世界[N],中国教育报,2007-06-23。

传播和发展而开展的活动,这里包括面向国外的语言教育与传播活动[1]。自 2004 年 11 月起,我国陆续在世界各地开设"孔子学院"和"孔子课堂",旨在以汉语为桥梁向世界传播中国文化,被称为中国文化"最妙的出口品"[2]。孔子学院项目就是在全球化背景下中国积极创设文化安全环境,维护文化安全的一项重大工程。

经过近 20 年的推广努力,孔子学院与孔子课堂在世界各地生根开花,发展速度迅猛,数量猛增。这些在不同国家和地区的孔子学院成效如何?2017 年 5 月 Multilingual Matters 出版了《软实力和汉语国际推广:孔子学院项目》一书,该书考察了孔子学院汉语国际推广效力的多个维度,较为全面地分析评估了孔子学院作为一个全球语言推广项目的综合影响力[3]。

该书作者杰弗瑞·吉尔(Jeffrey Gil)博士是澳大利亚弗林德斯大学语言和应用语言学系的教师。他基于大量组织机构的文件、媒体报道和学术文献,对近年来汉语语言文化推广进行了较为广泛的调查和研究。通过对五类不同人群进行了深度访谈,并对汉语学习者发放问卷,他采集了丰富的一手实证数据,从不同角度详细描述了孔子学院的发展现状。该书回顾了中国文化作为软实力来源的历史背景,剖析了宏观语言政策和规划层面与中国当前大力对外推广汉语的举措之间的关系,指出孔子学院项目的推出代表着中国在世界舞台上逐渐崛起的形象。作者罗列了截至 2015 年孔院资金来源和支出的翔实数据,追溯了孔院的历史发展进程,再次强调了汉语学习是提高文化软实力的重要手段和渠道,进一步证实了中国对该项目的巨大投入。

---

[1] 宁继鸣,2008,语言国际推广:全球公共产品和国家公共产品的二重性[J],文史哲(3)。
[2] 吴瑛,2013,孔子学院与中国文化的国际传播[M],杭州:浙江大学出版社。
[3] Gil, J. 2017. *Soft Power and the Worldwide Promotion of Chinese Language Learning: The Confucius Institute Project* [M]. Bristol: Multilingual Matters.

吉尔博士依据广度(即覆盖地区)、强度(即孔院数量)和速度(即孔院扩展速度)等三个维度深入考察了孔子学院的发展情况,挖掘了汉语学习背后的多重动机,分析到位,入理,具有一定的说服力。

然而,作者在高度认可孔子学院项目在汉语国际推广中的巨大贡献的同时,指出目前孔院的发展对于提升中国在国际舞台的地位和影响力有限,也未能成功向相关外国政府传递中国声音。他基于细致调查,将孔子学院项目界定为"扩散型全球项目"(diffused global project),具有扩散幅度广、强度高、速度快的特点,但是综合影响力相对较弱①。

事实上,近年来,在美国等西方国家恶意政治干预之下,孔子学院发展遭遇到了前所未有的障碍和困难。例如美国一些极端学术组织和政府机构罔顾中国政府在文化传播方面的投入与热情,居然指责孔子学院项目干涉美国大学学术自由,传播共产主义思想②。对于这些不实言论,中国政府除坚决予以驳斥外,还需要从语言文化安全角度全面评估孔子学院在国外社会层面的影响力,更广泛地研究在世界各地孔子学院的实际教学效果和接受情况,充分听取来自各国大学、学界教授、媒体和普通大众的声音,结合一手实证数据多方核实验证,用事实说话,用数据正名。

五、舆论安全领域

舆论是态度、意见和情绪的表达,是社会中相当数量的人对于一个特定话题所表达的个人观点、态度和信念的集合体。舆论是自我利益的表达,由于利益主体的多元化,舆论也具有多元利益的

---

① Gil, J. 2017. *Soft Power and the Worldwide Promotion of Chinese Language Learning: The Confucius Institute Project* [M]. Bristol: Multilingual Matters.

② 查希,2018,"让孔子学院滚出美国校园!"喊这话的美国学者疯了![N],环球网,2018-02-23。

指向,例如涉外舆论或是国际传播,就是国际利益集合体的表达[①]。舆论安全既是不同利益主体安全的舆论形态,也是各主体安全在舆论领域的体现。当前舆论安全的现实语境与语言有着千丝万缕的联系。首先,舆论传播的媒介离不开语言;其次,舆论传播的分析和评价离不开言语、修辞和语用策略;最后,国际舆论传播所体现的信息权力,就是一种话语权和软实力,"是一种超越国家范畴但仍作用于国家政治、经济、军事和文化等方面的权力"[②]。例如:"9·11事件"后,在西方强势传媒的话语体系建构之下,其话语霸权成功捏造了一个"邪恶"的阿拉伯—伊斯兰形象,国际受众听到的多半是源自美国为代表的西方大国的声音,由此陷入全球的思想一致——全球共识(global consensus)而难以逃脱[③]。当前,我国舆论安全正面对经济全球化、社会转型期和传媒数字化的现实语境,处于一个全球舆论场域的"后真相时代"[④]。就满足国际舆论安全需求看,一方面,中国需要建立以多语种为依托的全球媒体舆情分析体系,做到知彼知己,另一方面需要按照区域国别视

---

① 严怡宁,2009,国家利益与国际舆论[M],北京:中国传媒大学出版社,第8—9页。
② 郭可,2004,国际传播学导论[M],上海:复旦大学出版社,第36页。
③ 马丽蓉,2007,西方霸权语境中的阿拉伯—伊斯兰问题研究[M],北京:时事出版社,第174—175页。
④ 后真相时代是当前传播学与社会学领域的一个新概念提法。2016年,美国总统特朗普胜选数天后,《牛津英文词典》(Oxford English Dictionary)将"post-truth(后真相)"评为年度关键词。据称该词在2016年的使用率较2015年增长了20倍。"后真相"的词典定义为:在进行政治辩论和塑造公共意见时,诉诸情感和个人信念比诉诸客观事实更有影响力。而维基百科则将其当作罔顾事实、忽视真相的委婉语。2017年4月,美国《时代》杂志封面以红色的大号字体向世界问道:"真相已死?"这一严肃的修辞性提问加深了人们对当今西方社会正处于一种后真相时期的印象。然而众所周知,在引导公共舆论时情感和个人信念的把握本来就是宣传工作的重头戏。那么,这一带有贬义的所谓"后真相时期"岂非了无新意?我们认为"后真相"一词有比词典定义更丰富的内涵。它反映了互联网时代的信息生产、传输、消费全链条变革后的一系列复杂情形,涉及主流媒体长期把持、但逐渐被公众挑战的真相垄断权等等。故此,可把"后真相"理解为信息生产者、消费者对西方社会内外部矛盾和媒体生态变化而作出的回应。

角来研究不同语言文化圈的话语传播规律与受众接受程度,实现分地区、分类型、分领域的精准国际传播,这都应当成为新时期语言安全规划的重要领域之一。

六、信息安全领域

信息安全是信息风险防范与信息危害的消除,或者说是信息系统的完好运行及其相应构件(硬件、软件和数据资源)的良好保护①。语言文字是信息最主要的载体,语言信息化是实现信息化整体战略发展的基础。语言信息技术在很大程度上决定了国家信息化的水平,是国家信息安全的保障,但由于我国语言文字技术标准严重滞后,现代语言技术的创造力、控制力和使用能力等不甚理想②,这制约着国家信息"红利",是信息安全的"隐患"。靳光瑾从中文信息处理标准、语言技术自主知识产权以及语言资源匮乏三个方面提出语言文字信息化的安全隐患③。为此,在语言安全规划中,发展现代语言技术是提升国家语言能力的重要举措④,也是构建和谐的虚拟语言生活,确保非传统安全领域信息安全的核心内容之一。

近些年来,人工智能技术已经直接卷入了战略决策与军事领域的国际互动之中。人工智能技术将会改变全球社会经济生产模式,对国际体系产生系统性影响⑤。在这样的背景下,有关部门需对信息安全领域的语言规划高度重视,因为若受制于语言信息技术等高端技术发展限制,该领域的语言问题就会更为突出。例如:为了对接"一带一路"建设,机器翻译的发展也面临较大挑战,比如

---

① 余潇枫等,2006,非传统安全概论[M],杭州:浙江大学出版社,第228页。
② 李宇明,2011,提高国家语言能力的若干思考[J],南开语言学刊(4),第4页。
③ 靳光瑾,2010,语言文字信息化与国家安全[J],云南师范大学学报(哲学社会科学版)(2)。
④ 李宇明,2011,提高国家语言能力的若干思考[J],南开语言学刊(1)。
⑤ 封帅,2018,人工智能时代的国际关系:走向变革且不平等的世界[J],外交评论(1)。

"一带一路"所涉及的语言几乎都属于"资源贫乏语言",这就要求在特定条件下,设计出一个有效的神经机器翻译模型以克服仅仅只有小规模的双语语料库的缺乏①。另一方面,目前计算机处理自然语言的能力仅仅停留在"处理"层面,还远不能达到"理解"的水平。目前人们对于语言理解的研究还在宏观层面,对于中观与微观层面,如语言理解的生物过程与神经元信号传递的关系,以及信号与语义、概念和物理世界之间的对应与联系等,都是未知的,需要多学科共同努力②。

七、教育安全领域

教育是国家安全的基础,教育的质量、水平、普及程度等都是衡量国家发展水平和安全系数的主要指标③,也是国家竞争力的关键因素。教育安全领域的语言问题不仅是一个重要的研究视角,也是语言规划的综合研究领域。首先,国家安全与语言教育有着必然的联系。在国家安全视域下,外语教育是提升国家外语能力的重要途径,是国家安全的教育保障,也是语言规划的重要领域④。近年来国家外语能力建设问题备受重视,一个最主要的原因是随着中国参与国际事务管理的步伐加速,对于外语的需求越来越大,这也对外语教育规划提出了严峻的挑战。中国外语教育必须从维护国家安全利益的角度,重视各类外语人才培养问题,为提升国家参与全球治理能力,提供国际化人才的支持。

其次,在教育国际化浪潮之下,语言选择事关教育安全。学习者通过本族语言接受教育,不仅会具有较为稳定的认知与习得优

---

① 孙茂松、周建设,2016,从机器翻译历程看自然语言处理研究的发展策略[J],语言战略研究(6)。
② 宗成庆,2016,中文信息处理研究现状分析[J],语言战略研究(6)。
③ 程方平,2006,教育:国家安全的基础[J],教育科学(3)。
④ Liddicoat, A. J. 2008. Language Planning and Questions of National Security: An Overview of Planning Approaches[J]. *Current Issues in Language Planning* 9(2).

势,而且也体现了受教育者的基本权利。本民族语言是不同国家国际教育的重要优势资源,但在很大程度上也成为影响国家教育国际化发展水平的重要因素①。在英语作为国际通用语的主导地位之下,汉语如何利用自己优势与之"博弈",确保自身安全地位,是语言安全规划不得不正视的一个问题。以当前在我国高等教育国际化建设中的英语作为教学语言(EMI)为例,从目前国内外文献梳理结果来看,国内外研究兴趣点的差异很大。国内研究视域相对狭隘,主要关注EMI课程教学设置和教师发展问题,国外研究则视域广阔,早已关注到了全球化背景下,高校国际化发展战略的调适和矛盾,从政策制定和调整等角度考虑其社会影响乃至政治意图等公共价值层面问题。事实上,高校教学语言政策所带来的公共选择性等政策价值争论早已有之。早在2001年,各大高校开设"大学双语教学"就引来争议不断。该政策从出台到推行,并未经过相关政策调研和评估,最重要的是大学双语教学政策的目标和价值取向并未明确,严重忽视外语教育政策价值的公共选择性,从而导致政策从内容到过程的无序和混乱,甚至引发了学界对于国家语言主权和语言安全的隐忧②。

近些年来,中国教育走出去步伐日益加快,目前已经成为世界第二大、亚洲第一大留学目的国,越来越多的外国留学生来华求学,中国不少高校为了吸引来华生源,纷纷设置英语授课的学位和课程。对此,复旦大学苏长和教授认为:中国作为一个有世界影响的文明大国、东方大国、发展中大国和社会主义大国,切忌在教育国际化过程中迷失方向。教育国际化的核心是如何通过教育国际交流,去"化"别人,影响别人,而不是被别人"化",被别人影响。因

---

① 杨启光,2011,教育国际化进程与发展模式[M],北京:社会科学文献出版社。
② 关于大学外语教学的争论在学界讨论颇为激烈,参见胡明扬,2002,外语学习与教学往事谈[J],外国语(5);彭泽润,2002,"英汉双语教学"与"国家汉语战略"的矛盾[J],北华大学学报(社会科学版)(2);俞理明、袁平华,2005,双语教学与大学英语教学改革[J],高等教育研究(3)。

此,教育国际化绝不是英语化和西方化。教育国际化这一看似平等交流的理念其实蕴含着一个隐性目的,即:争取对对方产生更大影响[1]。由此可见,来华留学生的语言教育和教育语言问题,事关我国教育国际化的正确方向与价值取向。

最后,学术语言的不平等现状加剧了学术安全的隐忧。以英语作为科学主导语言的学术知识网络,在客观上造成世界教育体系高度不平衡和不平等的学术不安全现状,致使国际学术话语权长期为英语国家所垄断。对此,非英语国家的研究者从语言规划的角度展开了强烈批评,并提出改变现状的建议和策略[2]。桑海认为中国学术国际化之路具有三重境界,都与学术语言有着密切的关系,一是把西方学术转译为中国现代学术;二是用外语向世界发出中国学术的声音;三是汉语学术在世界上的兴起[3]。我们可以清晰地看到,改革开放四十多年来,中国学术发展与国际交流日益频繁,但是从国际化程度来看,目前主要还停留在前两个阶段。为此,苏长和提出哲学社会科学研究必须有学术自觉,其中在研究选题、使用学术概念和文献材料的选择上都存在对英语这个学术通用语言的"路径依赖"现象。[4] 他指出:"历史上每一个伟大的民族,必然拥有自己的一套成体系的对外部世界独特理解的哲学社会科学知识体系,这套知识体系是在与外部世界来往中逐步积累形成的,绝不是幻想和想象的产物。"[5] 随着"一带一路"建设的逐步推进,中国亟须从学术安全角度重视对世界知识的中文表达的问题,在世界范围内推动汉语学术的发展。

---

[1][5] 苏长和,2017,中国哲学社科研究和教育的国际化目标[J],神州学人(1)。
[2] Ammon, U. 2008. Language Planning for International Scientific Communication: An Overview of Questions and Potential Solutions[J]. *Current Issues in Language Planning* 7(1).
[3] 桑海,2013,中国学术国际化的三重境界[N],人民日报,2013-06-06。
[4] 苏长和,2013,学术自觉与社会科学自主创新[J],复旦国际关系评论(12)。

八、社会安全领域

　　社会的稳定与发展都离不开和谐的语言生活环境。如前文所述,在城市化和城镇化进程中,许多社会问题都是语言关系处理不当所致,直接威胁到社会安全。语言规划就要通过协调语言关系,减缓语言矛盾,尽量避免语言冲突,构建安全和谐的语言生活。当前社会安全领域的语言规划,除了语言本身的问题之外,主要体现在两方面的任务:一方面是语言服务能力建设,另一方面是语言管理能力。

　　语言服务能力关系到城市建设中的社会安全。城市发展与文化日益多元化是相伴而生的,中国城市发展,必然会带来城乡文化、地域文化与中外文化的交融,也难免会产生文化冲突,这对城市的语言服务能力提出了很高的要求。城市如何在人口涌入、文化多元、信息化和国际化四个现实背景下全面规划语言服务体系,将会是现在和未来相当长时间的核心任务。改革开放以来,中国融入国际社会的步伐不断加快,来自五湖四海的国际友人纷至沓来。另外,作为中国全球引才引智战略的重要组成部分,越来越多的外国专家和科技创新人才来华"安居乐业"。据2018年新成立的国家移民管理局公布的统计数字,自四月该局挂牌以来,共批准了1 881名符合条件的外籍人士在华永久居留,这个数字相当于2017年全年审批总量[①]。可以预见的是,随着中国进一步开放人才政策,将会有更多知华、友华和爱华人士来华发展和工作。如何妥善地为来华外国人提供金融、教育、医疗、交通、通信和社会保险等事务的服务,这将对城市语言服务提出较高要求。此外,进入新世纪以来,在国内举办的大型国际活动也日益增多,无论是国际型赛事,如北京奥运会和2022年的北京冬奥会等,还是重要国际展

---

① 国家移民管理局:1 881名外籍人士获在华永久居留,相关报道见:http://news.sina.com.cn/o/2018-06-06/doc-ihcqccip2486230.shtml。

览和会议,如上海世博会和进博会、G20 杭州峰会等,都是中国向世界展现大国风范的重要机遇。这对语言服务能力提出了较高的要求,也是对国家和城市外语服务能力的重要考验。在国际性城市建设中,语言规划要致力于积极营造良好的国际语言环境,提升城市多语种语言服务能力,改善优化城市语言景观(linguistic landscape),从而提高城市的整体服务质量,也是缓解和消除社会安全隐患的关键。

语言管理是全球城市社会治理的基础性工作。一方面,改革开放以来,国内城市化助推外来人口日益增多,从城市和社会规划角度看,促进外来人口语言和文化融入城市,提升劳动力语言能力,解决外来移民子女语言教育问题,有利于提升城市整体社会治理水平,维护社会公平公正。另一方面,目前国内不少城市都出现了外国人聚居地或是国际社区,如上海的古北社区、联洋社区和碧云社区等,广州的黑人社区,浙江义乌和绍兴柯桥等地均有大量外国人聚居,对于外国人聚居区的社会管理,需要有多语种的支持,这就要求当地管理部门,积极开展多语环境的语言管理和规划工作,确保社会治安稳定。

九、公共安全领域

公共安全是指多数人的生命、健康和公私财产的安全。它关系到国家和社会的安定,关系到公民的生命、财产安全,也关系到国家的形象和声誉,包括公共卫生、跨国毒品走私、非法移民、恐怖主义以及抗震救灾等突发事件[①]。与社会安全领域语言问题有所不同的是,公共安全领域的语言问题具有紧急性、突发性、跨国性等特征。首先是紧急性。重大或是紧急公共安全问题需要紧急语言援助,这里就包括为克服语言障碍所需的语言服务、语言技术和

---

① 余潇枫等,2006,非传统安全概论[M],杭州:浙江大学出版社,第 247—248 页。

语言救助。以 2010 年青海玉树地震救援为例,由于存在与灾区少数民族沟通的语言障碍,无论是震后救援,还是灾后重建,都给抗震救援人员带来很大的困扰①,这就要求在公共安全领域开展语言援助的相关规划和服务准备。其次是突发性。近年来,跨国性的公共安全问题也日益突出,如"湄公河"惨案、索马里海盗事件以及"利比亚撤侨"等突发事件,都要求多语种规划未雨绸缪,通过建立专业外语人才储备库,应对和解决由于语言障碍造成的不安全问题。最后是跨国性。随着中国国际地位的日益提升,需要在世界范围内履行一个大国的国际义务和责任,在参与处理国际公共安全问题时,如参与联合国维和行动和开展国际医疗救助等国际事务的时候,都对相关人员的外语能力提出了新的要求,这都需要针对专业人员开展语言规划,以发挥积极作用。

2019 年年底以来,一场突如其来的新型冠状病毒肺炎(以下简称新冠肺炎)疫情席卷全球,世界范围的抗疫行动正如火如荼地全面展开。公共卫生问题事关全球安全。根据世界卫生组织(WHO)的定义,国际关注的突发公共卫生事件(PHEIC)又称国际公共卫生紧急事件,是指通过疾病的国际传播构成对其他国家公共卫生风险,并有可能需要采取协调一致的国际应对措施的不同寻常的事件。在全球化时代,人际交往与流动增加,一旦出现突发公共卫生事件,其影响就有可能迅速跨越国界,波及全球。在重大突发公共卫生事件中,需要国际社会分享信息,加强合作。在这一过程中,语言安全治理能力至关重要。

面对疫情,语言安全规划主要体现在建立应急语言人才库以解决稀缺语种、特殊任务、紧急状态时的语言需求。赵世举将突发事件的应急语言服务视为政府应急能力的重要方面和国家应急管

---

① 孙春颖、杨书俊,2011,青海玉树救灾中的语言障碍与语言援助[A],中国语言生活状况报告(2011)[C],北京:商务印书馆。

理的重要成分①。在本次抗击新冠肺炎疫情中,在教育部与国家语委的指导下,北京语言大学语言资源高精尖创新中心等科研机构及商务印书馆、科大讯飞公司等企业组建的"战疫语言服务团"研发并推出《抗击疫情湖北方言通》《疫情防控外语通》《疫情防控"简明汉语"》等语言产品;齐鲁医院医疗队编写的《国家援鄂医疗队武汉方言实用手册》,对促进医患之间有效沟通起到了重要作用;讯飞输入法研发出将武汉方言转为普通话的功能,运用人工智能抗击疫情;"帮帮湖北义务翻译群"组织外语专业志愿者对国外捐助的抗疫物资信息、采购合同文件、质检报告等材料进行翻译等,为抗疫作出了积极贡献。以上都是政府与社会携手应对重大突发公共卫生事件进行语言安全治理的成功实践。

十、网络安全领域

自1989年提姆·奔纳斯(Tim Berners)建立万维网至今已过去30多年,互联网已然成为人类不可或缺的生产、生活与工作的新空间。随着互联网与人类生活联系日益紧密,网络空间的语言使用和语言生态逐渐成为社会语言学关注的热点领域。其中,互联网空间的语言安全问题引起了专家与学者的重视。国外研究肇始于本世纪初,相关研究涉及语言学、传播学、政治学等多个学科。主要研究问题如下:第一,网络空间的话语权问题。2001年,英国学者戴维·克里斯托尔(Daivd Crystal)就开始关注互联网空间的语言"疆域",提出网络空间语言霸权及网络空间多语权利等问题,相关研究以批判为主,主要涉及网络语言标准、语种选择以及话语规划等领域②。第二,网络空间话语多样性与安全问题。近十年来,互联网空间的语言之争并未停歇,广大非英语国家学者基于语

---

① 赵世举,"一带一路"建设的语言需求及服务对策,《云南师范大学学报(哲学社会科学版)》,2015年第4期。

② Crystal, D. 2006. *Language and the Internet* [M]. Cambridge: CUP.

言和文化多样性的学术立场,纷纷关注网络空间多元话语及本土话语研究①。第三,网络空间跨语言跨文化传播问题,特别是语言在网络空间社会动员与舆论扩散方面的作用,很受国际学界,尤其是传播学的关注。近年来,国外学者基于全球传播视角,将网络空间视为一个跨国、跨语言、跨文化的"公共空间",构成一个网络话语"多样化"的而非"集中化"的过程。新兴大国如俄罗斯、巴西、埃及等都在着手研究互联网空间的话语传播的受众、手段和渠道。总体上看,国外研究突破学科界限,以问题为导向,在理论、方法和实践层面有所创新,但是对于网络安全的话语建构研究刚刚起步,现有研究也缺乏整体性和战略性。

进入新世纪以来,随着中国语言生活状况研究蔚然兴起,网络空间的语言研究方兴未艾。国内研究进路主要有三:第一,从网络语言规范到语言规划。近20年来,语言学研究关注重点在于国内网络语言变化与语言规范问题,基于网络数据库等技术手段,在国内网络语言生活与社会互动关系的研究和课题都有所进展,中国语言生活状况绿皮书在最近10年也极为关注这一领域。现有研究在语言本体变化与社会意义层面成果丰硕,但是在网络安全领域的研究并不多见,仅有刘昌华基于语言安全理论尝试提出了网络空间语言本身安全、语言能力安全与现代语言技术能力安全的多个维度。他同时也指出:"网络空间还存在着大量的网络谣言、网络诈骗、网络支付安全、国际网络舆论竞争、网络信息安全等问题,这些安全问题由语言引发,对社会、文化、政治、经济等的安全都可能产生大小不同的影响。"②

如果从网络安全乃至国家安全角度看,互联网全球治理任务

---

① [法]弗雷德里克·马特尔,2015,智能:互联网时代的文化疆域[M],君瑞图、左玉冰译,北京:商务印书馆。
② 刘昌华,2018,网络空间的语言安全问题研究[J],华侨大学学报(哲学社会科学版)(1)。

艰巨,网络安全领域的语言问题,不仅涉及网络安全技术问题,同时也是国际关系和政治问题。网络已经成为当今社会信息传播的重要媒介和渠道,当一国官方语言在互联网中不具备匹配其国家实力的使用人数和内容数量时,从长远来看,将对其国际影响力和国家安全造成不利影响。进入21世纪以来,网络空间的语言竞争愈演愈烈,互联网在语言推广和语言传播之中起到的重要作用不言而喻,作为语言安全规划研究的新疆域,互联网域之中的交际方式、身份构建和信息传播已经成为社会语言学界关注的重要课题。

习近平同志指出:大国网络安全博弈,不单是技术博弈,还是理念博弈、话语权博弈[①]。近年来,随着中国积极参与和推进全球治理,特别是提出全球网络治理的新主张的背景下,系统分析网络空间语言安全问题,制定提升汉语在网络空间的活力的战略规划,对于新时代构建互联网空间人类命运共同体,具有举足轻重的作用。

第二节　语言安全规划的对象层次

不同非传统安全领域的语言问题,构成了语言安全规划的"谱系"中不断延展的横向坐标。从语言安全规划的对象来看,规划主体或是客体对象也呈现出多样性,构成了这个谱系的纵向坐标:即个人(家庭)安全、社区(社团)安全、国家(民族)安全、国际(地区)安全、世界(全球)安全等五个规划对象层次。每一个安全对象层次中,所涉及的安全问题不尽相同,作为安全考虑的优先层次也不一致。

一、个人(家庭)语言安全

个人(家庭)语言安全问题是语言安全规划最为微观的领域,却与人们的生活感受最为紧密。在非传统安全视域下,个人与家

---

① 习近平,2016,在网络安全和信息化工作座谈会上的讲话(2016年4月19日)[R],北京:人民出版社单行本,第19页。

庭安全属于一个新兴的话题，相关研究对于这个话题的关注主要是基于人的安全问题。冷战结束之后，基于非传统安全威胁来源的多样化、安全形态的复杂化、安全环境的多元化，世界范围内的不安定因素和地区冲突从未停止，人类的生存与安全急需保障。根据联合国发展署提出的《人类发展报告》，人的安全内涵包含使人免于恐惧的自由和免于匮乏的自由，同时也强调了对于个体尊严的保护，该报告同时也列出来经济安全、粮食安全、健康安全、环境安全、人身安全、共同体安全和政治安全七大要素[①]。在中央国家安全委员会第一次会议上，习近平同志就指出总体国家安全观必须以人民安全为宗旨[②]。尽管语言安全没有被直接列入上述人的安全要素之中，但是，语言安全涉及共同体安全、政治安全和经济安全三个要素，是个人或家庭层面不可或缺的安全要素。

首先，共同体安全涉及身份认同与文化特性等安全问题，语言与之关系密切，是共同体生存与发展的连接纽带。在全球化这个大背景下，人口流动与迁移都是大趋势，人们往往都会对自己身份归属和身份变化的标识格外在意，在包括语言权利在内的个体利益维护过程中，个体能动性的发挥也最为明显。从语言规划角度研究个人与家庭语言选择、语言身份认同与语言教育问题，是语言政策与规划研究20多年来研究范式转向的显著标志之一，即从传统的自上而下的研究范式，转向关注个体与家庭与语言政策乃至社会结构之间的互动关系的新范式。在这些新范式研究中，个人与家庭层面的语言安全问题显得尤为明显。

改革开放40年以来，中国的经济发展与社会转型迅速，社会陆续步入个体化社会进程之中，原有的社会结构和传统习惯逐渐

---

① 余潇枫,2015,非传统安全概论(第二版)[M],北京:北京大学出版社,第232—233页。

② 新华社,2018,习近平主持召开十九届中央国家安全委员会第一次会议并发表重要讲话[N],2018-04-17,相关报道见:http://www.gov.cn/xinwen/2018-04/17/content_5283445.htm。

被打破,新的社会形态尚未固化,社会阶层建构互动频繁,承载着不同文化思潮的价值观在社会变迁中不断涌动,语言问题也是层出不穷。一方面,社会变迁导致人们原有的对话途径出现了断裂与疏通的矛盾。另一方面,人与人的交往关系在不同价值观冲击下,也出现了扭曲与重构现象。

近五年来,个人与家庭语言规划问题逐渐得到国内学界关注①。从语言安全视角看,个人和家庭对母语危机和文化传承问题的担忧是一个主要问题。具体而言,就是在国家或是国际通用语言的读写能力规划与母语或是方言文化传承两个具体问题,但是都会千丝万缕地涉及家庭和个人面临的多语竞争关系,以及由此引发的不同语言地位或是语言身份的安全忧虑②。可以预见的是,在社会转型趋势之下,此类语言安全问题越来越值得关注。

其次,近年来由于国际战乱和族际冲突不断,国际难民的接受与安置问题日益严峻。数以百万计的难民涌入欧洲,谋求庇护与安置。从本质上看,难民问题是一个极为重要的政治问题。难民是被迫背井离乡,到他国寻求庇护的;难民自进入接受国之日起,就自然获得接受生活和服务救助的法定权利,其中也包括受教育、培训和工作机会的权利;难民由于颠沛流离的生活,且受教育程度往往不高,极易在生理或是心理上需要特别的照顾与救助③。从政治安全角度看,难民语言问题不仅是一个人道主义问题,更是一

---

① 近五年来,国内研究家庭语言规划的重要课题与研究成果不断出现,一系列的学术会议也陆续召开,其中最有代表性的就是2018年6月在武汉大学举办的"多语与家庭"国际学术研讨会,在这个会议上,李宇明先生、赵世举先生与国外著名学者一起对话,总结近年来国内相关研究的亮点和问题,全面提出中国家庭语言规划的问题与框架,对中国家庭语言规划研究的进一步深入发展,起到了重要的推动作用。
② 汪卫红,张晓兰,2017,中国儿童语言培养的家庭语言规划研究:以城市中产阶级为例[J],语言战略研究(6)。
③ Feuerherm, E. M. & Ramanathan, V. 2016. Introduction to Refugee Resettlement in the United States: Language, Politics, Pedagogy [A]. in Emily M. Feuerherm and Vaidehi Ramanathan (Eds.). *Refugee Resettlement in the United States: Language, Politics, Pedagogy* [C]. Bristol: Multilingual Matters Ltd.

个涉及国际安全与全球治理的大命题。难民及其子女的语言权利,语言教育以及语言在安置和救助过程中的作用,都是需要深入研究的问题,我们将在下一章国际比较研究部分进行讨论。

最后,在人的安全维度中,经济安全的重要性不言而喻,之前我们专门论述过国家经济安全中的语言问题,语言对于家庭和个人经济收入与发展同样关系重大。语言经济学的研究证实个人或是家庭语言能力的发展与经济收入成正比关系。但如果从人的安全角度来看,一方面,语言对于提高贫困人口和家庭的就业、脱贫和发展的机会的关系也很密切;另一方面,语言资源的使用或传播也会影响到社会公平与正义,特别是关于土著居民或是贫困人口的语言教育问题;此外,主流社会对于少数族裔在就业求职中是否存在语言歧视、语言教育资源配置或是公共部门语言服务问题,都与人的安全与发展有着不可分割的联系。上述问题已经引起国外学者的广泛关注[①],在我国社会福利与救助工作中,相关问题也应该得到应有的重视。

二、社区(社团)语言安全

社区(社团)语言安全问题是语言规划范式转型的关键领域。自20世纪70—80年代以来,语言规划的对象从传统的规划"语言"转向规划"言语社区",这一个趋势的出现,一方面是由于西方族群意识渐成气候,成为能够左右或是影响政局的政治力量;另一方面也是由于群体权利意识在西方逐步发展起来,社团或是机构在推动语言的使用与传播过程中,正在发挥着越来越重要的作用。但同时社团语言冲突也是语言安全的一大隐患,需要结合不同地方实际情况,族群特征以及不同机构的现实需求来制定相关语言规划,解决语言安全问题。

---

① Harbert, W. 2009. *Language and Poverty* [C]. Bristol: Multilingual Matters Ltd.

首先，在多民族国家和地区，不同地方受到地缘差异、历史文化和社会发展的客观因素影响，语言安全问题不断涌现。以加拿大魁北克省为例，400多年来，加拿大从殖民地时期以法语为主，逐渐变为一个英语为主的国家，而魁北克省成为唯一以法语为主要语言的地方省份。在对该地区实行双语制的过程中，魁北克省的法语地位与其历史上的独立运动有着密切关系，形成了"法语加拿大"的事实存在，却导致了当地英语群体成为少数群体，英语人口不断下降，英语教育也面临着较大困难，由此引发了英语在当地的语言安全问题。戴曼纯和刘润清等指出：虽然魁北克省的语言立法在一定程度上保障了公民和民族的语言权，但是当地本土的语言与文化是个非常复杂的系统问题，单靠表面上的立法并不能解决一切语言问题，需要结合时代变迁和人口结构的变化，以及教育系统的影响来逐步改变当地的双语生活状况①。

其次，地方语言安全规划必须与国家和政府的总体语言政策形成互动联系，既要因地制宜考虑当地语言文化现实生存状态，同时也要兼顾国家语言文字法律所赋予的地方语言规划的政策空间。在这方面，上海的地方语言规划工作，走在了全国语言文字工作的前面，体现出上海"海纳百川"和开拓创新的城市精神。近15年来，上海语言文字工作在贯彻与落实国家通用语言文字法律的基础上，在普通话推广、国际化城市语言环境构建与上海方言文化保护方面的努力，可圈可点。其中，上海市在处理普通话与方言文化引发的语言安全问题上的做法，尤其值得称赞。自2012年以来，上海本地对于沪语方言的生存状态出现了语言不安的忧虑，民间和精英阶层都纷纷加入"保护上海话"的各项活动之中。对此，上海市教委、市语委及时应对，一方面开展上海方言活力与现状调查，一方面积极回应社会对于上海方言保护的诉求，开展了"上海

---

① 戴曼纯、刘润清等，2012，国外语言规划的理论与实践研究[M]，北京：外语教学与研究出版社，第49—54页。

方言文化进课堂"活动,在很大程度上缓解了社会上因为语言安全问题造成的决策困难与语言压力,为国内其他地方正确处理好语言关系,提供了语言治理的新思路。

最后,不同的机构(如教育机构、商业机构、公共服务部门等)及不同行业领域也是社区或是社团语言安全规划的重点对象。例如,学校作为正规教育的重要机构,在语言文化传承、发展与创新方面扮演着举足轻重的角色。例如,在全球化背景下,英语作为世界通用语被人们视为一种社会资本,在政治、经济、文化、教育等领域发挥着日益重要的作用。为培养国际化人才,亚洲各国都将英语教育纳入教育规划,英语教育政策也成了研究热点。外语教育规划一个重要问题是如何平衡和兼顾母语安全。近些年来,中国基础教育领域的语文与外语课程的"学科互掐"现象本质就是语言安全规划的问题。这表明在"双减"这一国家教育新政之下,学校的语言教育规划需要慎重考虑当地语言生态及社会环境,兼顾社会的道德正义、实际可行性、配置有效性和分配公平性等政策困境。

商业机构的语言安全规划同样是一个不容忽视的问题。对于有志于拓宽国际市场,参与"一带一路"建设的中国企业来说,企业外语能力储备情况或是企业语言战略规划是国际化企业的跨文化战略的基础,对于规避对外投资风险,降低海外业务本地化过程中的跨文化风险具有重要的意义。张卫国认为国际经贸往来在很大程度上受到语言的影响,尤其是英语作为国际经贸语言在对外贸易流量呈现显著相关的关系[①]。随着"一带一路"投资与建设不断升级,国际化企业在对外扩张过程中,语言战略和语言选择等问题将起到直接或是间接的作用,事关企业业务发展大计。

---

① 张卫国、孙涛,2016,语言的经济力量:国民英语能力对中国对外服务贸易的影响[J],国际贸易问题(8)。

三、国家(民族)语言安全

国家(民族)是语言安全规划最重要的规划对象。由于语言安全问题在国家各个领域层出不穷,我们认为在国家(民族)语言安全层面,最为关切的语言安全问题主要集中如下:

(一) 语言单一性与多样性的安全困境

语言之于国家而言,不仅仅是沟通和交流的工具。从表面上看,以单一语言作为主要沟通方式,似乎是最为经济和理性的选择。无论是确定某一种官方语言的单语制,或者选择国际通用语言作为主要外语语种,其中体现的语言规划价值取向明显是将语言作为问题的传统语言规划思想。单一性的优势在于注重简单实用性,可以有效降低国际交流成本。但是,语言不仅是交流工具还是身份认同的"标记",是族群记忆的"容器"。当前,由全球化引发的国际人口流动以及由此带来的移动型多语社会正成为一个世界性问题。在这样的现实语言生活图景下,以单语主义意识形态为代表的语言问题规则显得不合时宜。在全球化浪潮下,语言多样性作为人类文化多样性的重要体现形式,正面临着单一性与多元性的价值困境。人类语言的整体安全与生态发展正受到严重威胁,也致使国家语言能力和对外话语传播陷入安全困境。

新中国成立伊始,我国曾经出现过"一边倒"的俄语单语种外语教育规划的重大失误。改革开放以来,中国在外语语种规划中注意到语种多样化问题,一部分通用语种得到发展,但是相较于英语等国际通用语建设来看,非通用外语语种规划在规模、数量和储备方面都明显不足。目前中国能够开设的外语语种约有120种,经常使用的也就十来种。我国战略语言规划起步较晚,关键战略语种建设工作严重滞后。在"一带一路"的建设过程中,传统安全与非传统安全问题此消彼长,若隐若现,恐怖主义、跨国犯罪、非法移民、国际维和、国际人道救援和搜救等突发事件此起彼伏,交织复杂。语言在防范、规避、预警及保障丝路安全问题时,在消除和化解非传统安全威胁和风险过程中,都具有无可替代的战略价值,"一带一路"非传统安全战略性语种规划必须尽早实施。

另外,从目前情况看,中国参与和推动全球治理格局变革的任务还很艰巨,中国在国际舞台的声音单一且微弱。改革开放近四十年来,中国成就举世瞩目,经济实力更是令人刮目相看。然而,与之形成鲜明反差的是,中国在国际舞台上还不具备重要话语权,更没有设置话题的权利,更有甚者,中国话语体系的国际影响力也是微乎其微。诚然,处于全球竞争中的话语体系受到各种客观历史条件的限制,突破和创新有待时日。但无论是从国家外语能力的种类,还是从国家外语能力的质量、类型乃至领域看,中国语言安全规划缺乏战略考量,传统的以英语为主的单一化、低层次重复建设的规划布局严重掣肘中国话语体系的对外传播。因此,如何传播中国声音,讲好中国故事,是当前中国语言安全规划研究的重要使命。

(二)语言国际化与本土化的安全悖论

在全球"英语化"愈演愈烈态势之下,语言国际化与捍卫本土语言安全的重要命题,涉及语言安全规划的价值冲突管理,事关一个国家对于全球知识体系的掌握和创新,参与和主导知识话语权,战略意义深刻,影响深远。英语作为国际通用语即 ELF(English as a Lingua Franca)现象给本土语言安全确实带来极大的挑战;在高等教育领域,英语作为教学语言即 EMI(English as medium of instruction)学位课程如"雨后春笋"般纷纷设立,成为高等教育国际化的重要指标;在国际学术交流领域,自二战结束之后,英语作为科学语言(English as a language for science)的趋势更是"畅通无阻",不免引发本土知识传播和国际学术交流的文化焦虑。对以上几种现象我们不能都简单贴上所谓"国际化"标签听之任之,放任自流。在现有的国际格局中,这些语言现象背后充满知识权力和国际力量的较量与角逐,需要从语言安全规划角度深入思考。

首先,关于 ELF 这一问题的批判性研究在国内并没有引起关注,这与当前国外学界的反思和批评热潮形成鲜明反差。国外争论焦点在于 ELF 是否有理论依据和教学启示,作为一种语言现象,ELF 有一定研究价值。但是只要踏出过国门,在英美国家有过生活经历的人,都会对 ELF 产生疑惑。因为在超多样性多元文化的现实社会之中,试图以一种标准来限制语言文化多样性,甚至压制本土文化,既无必要,也不可能。因此,在中国外语教育中推行 ELF 模式应该是个彻头彻尾的伪命题。

其次,英语作为教学语言问题(EMI)是目前国际语言政策与规划新的热点研究问题。在欧洲,以 EMI 课程为特色的学位项目纷纷设立,这一热潮背后的真实原因是,欧洲和日本不少高校急于通过扩大国际学生招生数量来缓解办学经费紧张的局面,而 EMI 则是高校国际化语言战略的重要组成部分,这一语言规划成效尚不明显。近年来我国高校也增设了全英语授课的专业和学位,但是由于办学水平参差不齐,课程和学位目标不明确,全英语教学效果不免大打折扣。试想,如果一个国家的知识体系,特别是人文社科领域的知识话语生产都是以英语为载体的话,那么众多国家和民族的本土话语和地方性知识话语如何才能阐释和输出,又有多少中国本土知识话语会被英语及其背后的文化意识形态所过滤和忽略?而且,仅仅以英语为载体获取并输入的知识和信息,在很大程度上就忽视了全世界绝大部分非英语国家的知识文化信息。这对于中国拓展和维护海外利益,推进"一带一路"倡议等全球治理举措显然是不利的。从全球知识生产与传播角度看,西方话语体系借助英语霸权已经逐步渗透到政治、经济、文化和教育等领域,严重压制和限制本土知识与文化,甚至给本土话语体系带来了合法化的危机。在高等教育领域,英语和本国母语地位的高低之分,关系到语言所承载的知识和文化的价值优劣问题①。究其根本,在教育国际化进程中,语言国际化和本土化之间的选择问题,不啻为一个知识和权力博弈的战略问题。如果我们都以英语国际通用语作为政治、经济、社会和文化交流语言的话,会对国家整体语言安全和文化安全带来隐忧。

(三) 语言工具性与资源性的安全博弈

国家语言安全规划必须从政治和战略高度审视语言工具性与资源性的关系。一方面,我们不能否认语言工具性价值,必须充分发挥语言的实际应用价值与功效,但另一方面,基于国家语言安全的考虑,必须兼顾工具性与资源性两者的融合。正如鲁伊兹提出的那样,语言工具性和资源性两者之间是辩证的博弈关系,而非二元对立关系。但是在语言商品化和市场化意识影响下,语言规划中的语言工具主义思想根深蒂固,对于语言的战略认识严重缺位,对于语言学的学科价值和社会意义认识不足。

崇尚实用主义的"工具论"对语言学科的认识有局限。从世界范围看,语言学科的发展受制于实用主义,发展道路布满荆棘。即便是提出国家安全语言计划的美国,长期以来对于语言研究的投入也是严重不足;英国教育部门不断减少外语投入,致使不少中学外语课程难以为继;荷兰阿姆斯特丹大学 2014 年底公布的高校人文系科缩减计划中,外语专业首当其冲,被列入关停并转名单②。西方国家在后工业化时代对包括语言学科在内的人文学科投入不足,其根源就在于短视的实用主义和工具主义思想。可喜的是,近 20 年来,中国语言学在国家重视下,尤其是在国家语委等语言文字管理部门指导和关心之下,树立起了语言资源意识,开始全面认

---

① Shohamy, E. 2013. A Critical Perspective on the Use of English [A]. In A. Doiz, D. Lasagabaster, D., and Siera, J. M. (eds.) *English-Medium Instruction at Universities: Global Challenges* [C]. Bristol: Multilingual Matters Ltd.

② 陈诗悦,2015,阿姆斯特丹大学师生占领校园,抗议校方对人文专业关停并转 [EB/OL],4 月 19 日,澎湃新闻网。

识与研究中国语言生活,形成具有中国特色的"语言生活派"。

中国"语言生活派"主张语言资源观融合语言的工具性价值,从整体上语言生态和社会多语生活角度思考语言安全及其对国家安全的影响和作用,关注各类语言问题,加强国家语言能力建设,科学保护和充分利用语言资源,满足新时代日益旺盛的语言需求,及时化解日益突出的语言矛盾,从而确保国家安全、发展与繁荣[1]。

四、国际(地区)语言安全

当前,国际(地区)语言安全最值得语言安全规划的关注。在全球化日益深入的背景下,随着时空疆域被相继打破,人际交流与流动日益频繁,语言接触与语言变化日益也呈现出跨国性特征,语言规划逐步走出传统意义上的民族国家的界限,进入更为广阔的地区与国际场域之中,民族国家语言的跨境使用,致使国际机构及另一国家的语言政策对于主权国家民族语言影响日益明显[2]。因此,语言规划的国际化趋势随着语言作为一个重要的社会要素,同经济发展、金融交易、文化传播等社会现象一样,进入跨国跨地区的国际化领域。在这一无可逆转的趋势之下,语言安全规划面临着严峻的任务与挑战。需要指出的是,国际或是地区的语言安全问题已经突破了语言学研究的范围,进入国际关系等社会科学领域的研究视域之中。

澳大利亚学者巴尔道夫(2012)曾经对21世纪语言政策与规划的未来走向做过一个预测,他认为20世纪初人们关注语言问题和民族国家的诞生,而21世纪语言规划日益由与国际化和全球化相关的问题所主导。他认为语言规划国际化趋向于移民语言规

---

[1] 赵世举,2015,语言与国家[M],北京:商务印书馆,第6页。
[2] 赵守辉、张东波,2012,语言规划的国际化趋势:一个语言传播与竞争的新领域[J],外国语(4)。

划、由于全球化人口流动产生的新的少数民族、"苏东"巨变后产生的新兴国家政体和超国际组织的语言规划等问题都是亟待关注的热点领域①。

首先,跨国移民和新生少数民族的语言问题往往与民族主义联系在一起,移民在语言身份认同和语言权利方面的问题,都会引起社会语言教育资源与语言关系的紧张局面。人数众多的跨境移民在语言融入、语言保持和子女的教育语言规划等方面的迫切需求,经常会在面对不同社会政治力量之时,遭遇到语言问题上的离心或是向心艰难抉择问题②,容易激起与地缘政治、宗教关系有着千丝万缕联系的语言安全问题,甚至会导致语言冲突问题。

其次,原苏联解体、东欧和中亚的边境线重新划分,欧盟也随之扩张,导致新国家和超国家组织的出现。语言选择和少数民族语言相关的许多新情况导致了政治问题和语言问题,需要从语言安全角度进行规划。再如,世界范围产生的一些经济联盟体,如东南亚的东盟和拉丁美洲的"南方共同市场"也提出了一些类似的语言安全问题,即何种语言将用于何种目来确保经济体联盟的各项安全与发展③。随着全球多极化推动的经济一体化和区域化的发展,地区联盟体或是经济合作体的语言安全规划将与区域合作与治理关系日益密切。

最后,中国政府提出的"一带一路"倡议受到了国际社会的关注,这一中国倡议的提出,将会对周边地区乃至世界产生重要的影响,使沿线各国相互联系、相互依存的程度空前加深,越来越成为你中有我、我中有你的命运共同体。"一带一路"倡议的合作重点

---

①③ Baldauf, R. B. Jr. 2012. Language Planning: Where Have We Been? Where Might We Be Going? [J]. *BLA* (12).
② 赵守辉、张东波,2012,语言规划的国际化趋势:一个语言传播与竞争的新领域[J],外国语(4)。

主要体现为政策沟通、设施联通、贸易畅通、资金融通和民心相通（简称"五通"），而"语言互通"则是上述"五通"的基础性工作，语言安全规划是"一带一路"建设中必须切实重视的基础工程。语言安全规划的重要性有如下三点：

第一，语言是促进"民心相通"的根本保障。"一带一路"不仅是经贸通道，还是文明互鉴之路。"国之交在于民相亲，民相亲在于心相通"。民心相通的深层基础是不同语言文化的相互了解、相互交流、相互理解和相互融合。只有在此基础上，各国人民才能产生思想上的共鸣，才有可能在一些重大问题上取得宝贵的共识。语言作为人类的伟大创造，是不同文化的交流合作、互学互鉴，实现民心相通的根本保障。

第二，语言是服务"互联互通"的重要支撑。"一带一路"建设是新时代中国转型升级的重大战略，在这一次全方位的对外开放进程中，互联互通是一项重要内容和基础工程，涉及基础设施、制度规章以及人员交流等多方面开放与合作，中国将面对一个巨大的全球性市场。要学会同众多的国家打交道，扎实可靠的语言知识储备和外语能力，将成为"互联互通"共商、共建和共享的重要支撑。欧洲有句古话："入境而不通其文，只能如孩提学话。"在全球化时代，欧美著名的跨国公司纷纷制定语言战略，用以处理和解决世界市场带来的跨文化沟通问题，从而减少误解，减少冲突。

第三，语言是确保丝路安全的战略资源。在"一带一路"的建设过程中，传统安全与非传统安全问题此消彼长，若隐若现，恐怖主义、跨国犯罪、非法移民、国际人道救援和搜救等突发事件此起彼伏，交织复杂。丝路安全问题的跨国性和外溢性会使相关国家处于"一荣俱荣，一损俱损"的情况。语言在防范、规避、预警及保障丝路安全问题时，在消除和化解非传统安全威胁和风险过程中，都具有无可替代的战略价值。近年来，教育部专门建设了非通用语种人才培养基地,在语种规划和资源投入等方面都有了很大改善。但在新的战略形势下,语种结构失衡和非通用语言人才缺乏的问题变得更严重了。面对"一带一路"的语言安全问题,我国在语种布局和规划方面,还有待改善,尤其需要加强具有安全价值的战略语种规划和研究。

五、世界(全球)语言安全

世界(全球)语言安全是全球治理危机与变革进程中的一个重要语言问题。全球治理是一种通过国际合作解决全球性问题的机制,为应对共同的问题与挑战、寻求共同利益而进行制度化合作,共克时艰,共同管理、规范我们生存的世界[1]。全球治理与全球化相伴而生,为应对全球性问题而得以发展。冷战结束之后,全球治理走出了受霸权政治支配的"局部全球治理"格局,世界进入多极化格局,发展中大国的群体性崛起渐成气候,原有的西方垄断的全球治理格局危机频发,既有国际规则体系无法有效应对全球事务,更不能应对全球化挑战,致使全球治理体系日益体现出碎片化与多元中心的特征,全球治理问题不断产生和累积,世界秩序处于严重失调状态,甚至连全球化本身都备受质疑与挑战[2]。

在全球治理视野下,语言安全问题尤为突出,主要体现在如下三个方面:

其一,从语言自身安全看,世界语言多样性问题也是全球化背景下的一个重要文化危机现实,很早就引起了联合国与联合国教科文组织的重视,不少国际组织中的有识之士一直在为世界语言生态危机与平衡问题进行着国际努力,语言问题的全球治理体制和格局已是呼之欲出。此外,如何正确看待与应对英语全球化带

---

[1] 何亚非,2015,选择:中国与全球治理[M],北京:中国人民大学出版社,第1页。
[2] 门洪华,2017,应对全球治理危机与变革的中国方略[J],中国社会科学(10)。

来的语言霸权问题,如何采取措施协调和发展各国语言传播与推广问题,亟待集思广益,形成行之有效的全球语言治理机制。中国作为负责任的大国,同时也是语言规划大国,在语言规划上积累了宝贵的经验,应该在世界语言生态发展与语言治理中发挥更加重要的作用。

其二,语言问题因其基础性与渗透性,体现了它在全球治理危机与变革中的重要安全价值。一方面,语言问题的基础性在于语言能力是国际合作与沟通的关键纽带,是实现经济发展与社会进步的基石,更是推动人口素质提升,促进文明进步的安全与发展基础。另一方面,语言问题的渗透性在于其无处不在的特性,例如语言与贫穷、语言与教育普及、语言与经济发展等问题都与联合国"千年目标"紧密关联。再如新兴国家和政体、移民大国的民族语言和少数族裔问题本身就是全球公共治理领域的一个棘手难题,亟待开展系统研究。

其三,全球治理事关深层次的话语安全与国际话语权问题。当前全球治理的合法性与有效性危机,从根本上看,是传统的以西方大国主导的话语体系和模式无法延续所带来的结构性困境,全球治理困境逐步钝化,传统的观念性困境凸显[1]。另一方面,一些新兴大国群体崛起,逐步成为世界经济发展与繁荣的发动机,成为新型全球化时代世界和平发展的核心动力。然而,这些新兴国家在国际舞台上却长期失语,尚未获得应有的国际话语权和影响力。有鉴于此,在新型全球化背景下,亟待重新探索新思路、新路径和新话语的战略举措。

中国是全球治理的积极参与者,积极融入并影响着全球治理体系变革的进程。中国作为世界上最大的发展中国家,理应在全球治理变革新格局中扮演重要的角色。党的"十八大"以来,习近

---

[1] 门洪华,2017,应对全球治理危机与变革的中国方略[J],中国社会科学(10)。

平同志多次提出要共同完善全球治理。他强调,全球治理格局取决于国际力量对比,全球治理体系变革源于国际力量对比变化,他明确指出必须在各个不同领域提升参与和推动全球治理的能力①。在这样的进程中,中国应该致力于构建一个良性的全球语言秩序,以非传统安全中的"优态共存"安全理念,推动"语言对抗"转变为良性竞争、对话合作实现多语共存,和谐的世界语言生活图景②。为建立和谐发展的全球语言秩序,绘就中国方案,发出中国声音,贡献中国智慧。

为此,张日培和刘思静认为:

> "中国应通过建立共同价值、设置具体议题、构建治理规制等途径参与全球语言生活治理。应有效传播中国'和谐有序'的语言生活理念,促使其成为全球语言生活治理的共同价值取向;应以语言教育、语言服务、语言技术等具有包容性、建设性、易于获得最广泛共识的问题为议题;应建立起以联合国教科文组织框架、世界语言大会、双边人文交流机制等为平台的,各国政府、社会机构、民间组织共同参与的,多主体、非正式、非强制的全球语言生活治理规制。"③

近十年来,中国政府高度重视世界语言问题,在中外人文交流机制中定期举办中欧语言政策论坛、中德语言政策论坛、中法语言政策论坛以及中俄语言政策论坛等高端对话机制,共同推动国际

---

① 参见习近平同志在2016年9月27日中央政治局第35次集体学习时的重要讲话。
② 张日培,2018,国家安全语言规划:总体国家安全观下的范式建构[J],新疆师范大学学报(哲学社会科学版)(6)。
③ 张日培、刘思静,2017,"一带一路"语言规划与全球语言生活治理[J],新疆师范大学学报(哲学社会科学版)(6)。

语言治理和语言管理的"同频共振"。2014年6月,中国政府与联合国教科文组织共同举办的世界语言大会,以语言能力、人类文明和社会进步为主题,并达成了《苏州共识》①。2018年9月,世界语言资源保护大会在长沙举办,并产生了《岳麓宣言》。世界语言大会和世界语言资源保护大会的举办,充分展示了中国政府在中外人文交流领域,积极参与和推动全球语言治理的决心,共同合作面对世界性的语言问题,维护语言资源安全与发展。这是中国语言文字事业主动融入国际社会,走向世界的重要举措。

随着国家"一带一路"倡议的提出,近些年来,国家语言能力建设正是基于对语言安全规划的整体战略布局考虑,以提升中国在不同领域参与和推动全球治理的语言能力作为着力点。面向全球治理之新变局,国家语言能力建设不仅要全面考虑不同领域对于语言能力的现实需求,更要从国家安全层面进行顶层设计。正如习近平指出的那样:"更深层次看,我们在国际上有理说不清的一个重要原因,是我们的对外传播话语体系没有完全建立起来。"②文秋芳率先提出国家语言能力建设必须在加强国家语言资源能力建设同时,强化国家话语能力建设的观点,并指出唯有国家话语能力才是检验与国家战略相关的语言事务处理是否有效的终极能力③。当前,构建人类命运共同体进程中的对外话语体系研究,提升对外话语能力,已经成为新时代中国参与和推动全球治理,夺取国际话语权的重要任务,这也是新时代中国应对全球治理的语言战略新使命。

---

① 赵世举,2015,语言与国家[C],北京:商务印书馆,第6页。
② 习近平,2018,在党的新闻舆论工作座谈会上的讲话(2016年2月19日)[R],载习近平关于总体国家安全观论述摘编[Z],北京:人民出版社,第122页。
③ 文秋芳,2017,国家话语能力的内涵——对国家语言能力的新认识[J],新疆师范大学学报(哲学社会科学版)(3)。

第三节 语言安全规划的内容类型

语言安全规划的问题领域众多,对象层次多样,这就意味着语言安全规划的内容类型的复杂性和系统性。基于语言安全规划框架,我们拟从语言本体规划、地位规划、教育规划、声誉规划、使用规划、翻译规划、话语规划与技术规划八个类型进行论述分析。囿于篇幅,本节我们主要探讨的规划主体以主权国家为对象。

一、语言本体规划

语言本体规划是语言安全规划的保障与基石。陈章太先生认为语言本体规划是对语言文字形式本身进行调整的活动,目的是使语言文字形式规范化和标准化,以便于社会成员正确使用和社会语言生活的健康发展[1]。在语言安全规划框架中,语言本体的安全问题主要是确保各种语言文字的规范性、标准化和文字化工作不影响国家安全,或是有利于维护和加强国家安全。语言文字是国家安全的基础,与政治安全与文化安全息息相关,面对非传统安全新形势,需要在如下三个方面加强语言本体规划。

其一,语言文字的规范性是语言认同的基本条件,它关系到国家认同、民族认同和文化认同。随着信息触屏时代来临,大量网络不规范的语言文字、表情包和新造文字不断冲击着人们的眼球,给语言文字规范性和语言纯洁性带来极大的挑战,刘跃进先生也曾经提到外来"语言渗透"和"语言侵略"[2]。不可否认的是,语言接触是全球化时代不可逆转的社会语言现象,但是规范汉字系统,纯净语言使用,是当前语言本体规划的当务之急,也是新时代提高文化自信的重要举措。

---

[1] 陈章太,2015,语言规划概论[C],北京:商务印书馆,第 11 页。
[2] 刘跃进,2011,国家安全体系中的语言文字问题[J],语言教学与研究(6)。

其二，语言文字的标准化建设是全球化时代语言使用、普及与传播的安全保障。例如：汉语拼音国际标准化的规则修订，就意味着我国对中国语言文字国际话语权的维护与拓展[①]；又如，随着网络智能时代的来临，语言智能发展需要多语种语言转换标准的制定；再如，我国有 20 多个跨境民族，加强跨境民族语言文字标准化和文字信息化建设，这对于加强语言认同和民族认同具有现实意义，对于边疆安全和长治久安也有重要的政治意义。

其三，专门用途或是特殊领域的语言本体规划亟待系统开展。鉴于非传统安全领域众多，很多领域诸如科技、教育、外交、工程以及社科领域，都涉及外来科技术语和名词标准的确定，这里就有术语统一问题和辞书编纂问题。不同领域的语言本体规划涉及国家语言主权问题。在人工智能时代，如果中文世界把科技创新领域的新名词或科技术语的使用、命名、翻译权拱手相让的话，这无疑是对国家语言主权乃至话语权的严重损害。

二、语言地位规划

语言安全规划视域下的语言地位规划任务主要是确定不同语言文字在总体国家安全观中的地位，制定具体维护语言安全的政策或进行语言安全立法。总体国家安全观是现在和今后相当长时间内国家安全的战略指引，因此，语言安全规划必须综合考虑不同语言在国家安全体系中的地位与作用。

首先，语言文字安全是国家政治与文化稳定的要素之一。刘跃进认为国民素质是影响国家安全的一个重要因素，而其中就包括了国民语言文字素质，因此他将语言文字安全定位于国家文化安全的首要构成要素[②]。这里不仅涉及母语在国家和社会生活中的地位问题，还关系到母语素养和母语能力，同时也意味着要从母

[①] 冯志伟,2016,汉语拼音国际标准化的新进展[J],语言战略研究(2).
[②] 刘跃进,2011,国家安全体系中的语言文字问题[J],语言教学与研究(6).

语安全角度考虑国家通用语言文字的主导地位,协调处理汉语方言以及少数民族语言文字的语言竞争问题。

其次,国家语言能力建设要从全球治理角度考虑外语能力问题,应当从国家立法层面对外语的地位予以确立,摆正不同外国语言文字在中国语言生活中应有的位置和功能,确立和规范外语服务、外语教育和外语使用的范围和领域,在坚守本土语言文化意识的同时,积极投入国际化大潮之中。在处理母语与外语关系上,我们既不能片面强调语言民族主义,墨守成规,也不能崇洋媚外,刻意迎合,随意放弃汉语在国家各类生活中应有的法定地位,保障国家的语言文字主导地位不受侵害。

更为重要的是,语言安全地位规划需要考虑从立法层面捍卫国家语言文字在国家安全中的地位。2015 年,《中华人民共和国国家安全法》正式颁布实施,法律对政治安全、国土安全、军事安全和文化安全等 11 个领域的国家安全进行了明确。尽管语言安全没有进入法律中的国家安全领域,但是由于语言的基础性和渗透性特征,上述诸多安全领域都需要全面考虑语言的安全作用。为此,语言地位规划需要在立法层面多做一些探索和研究工作,从总体国家安全观的框架出发,确立切实准确的语言在国家安全体系中的地位。与此同时,《国家通用语言文字法》也应该及时顺应和结合总体国家安全观的新要求和新形势,及时进行修订和补充,在法律中凸显语言安全的重要内涵和具体规划要求。

语言地位规划对于构建良好正常的语言秩序,协调语言关系具有重要作用。张日培认为语言秩序范式是旨在处理好各种语言关系、避免语言冲突的语言规划形式①。从语言资源安全价值取向看,不同语言在社会生活的竞争关系和功能分配需要构建良性互动的语言秩序。语言竞争关系不是一朝一夕可以解决的,政府

---

① 张日培,2018,国家安全语言规划:总体国家安全观下的范式建构[J],新疆师范大学学报(哲学社会科学版)(6)。

在语言规划过程中,需要在现实与决策层面寻求政策互动空间,对不同语言关系进行协调和调适,如汉语与外语使用、普通话与方言关系、民族语言与国家通用语言关系等。当前,在"大力推广和规范使用国家通用语言文字,科学保护各民族语言文字"和构建主体多样统一的语言政策基调之下,国家内部的语言秩序语言竞争互动处于可控可治的整体良好的状态。语言地位规划就是在非传统安全"优态共存"原则指导下结合实际操作层面的问题,针对不同地区现实语言环境与语言状况,促进语言治理和语言管理,尽量避免出现语言管理不足或是过度的情况,防止语言生活出现紧张局面,规避语言冲突的发生①。

三、语言教育规划

语言教育规划事关语言学习、传承与传播,是语言安全规划最为核心的内容类型,也是确保和实现语言安全的重要途径之一。2017年12月,北京大学陆俭明先生在"国家安全中的语言战略论坛"(上海)主旨发言中,明确提出国民语言能力和汉语走向世界两大问题关涉国家安全的语言战略,并认为必须重视语言文字的基础性建设问题②。陆先生提出的这两个问题实际上都属于语言教育规划范畴,也是语言教育规划的重点内容。当然,在语言安全规划中,语言教育规划涉及的问题不止于此。我们认为语言教育规划内容至少涉及如下三个方面:

(一) 国家语言能力建设

国家语言能力建设属于语言安全规划的重要能力范式,主要

---

① 张日培,2018,国家安全语言规划:总体国家安全观下的范式建构[J],新疆师范大学学报(哲学社会科学版)(6)。

② 陆俭明,2018,关涉国家安全的语言战略实施中语言文字基础性建设问题[J],浙江大学学报(人文社会科学版)(3)。

通过解决不同语言资源发展和提升问题来解决安全问题①。语言教育规划是提升国家语言能力和保障国家安全的重要途径。以外语教育规划问题为例。沈骑通过对美国、欧盟、非洲和东亚日本、韩国外语教育规划进行国际比较,发现语言安全是全球化背景下世界主要国家和地区外语教育政策的基本价值诉求②。美国外语教育政策是以国家安全为价值导向,无论是其历史上的"国防教育法案"还是国家"安全语言"计划,都明确了国家对于发展与国家安全密切相关的外语教育的重视和关注,从而以国家战略的形式予以确定。虽然美国外语教育政策饱受语言问题安全化和政治化的诟病,但是,美国外语教育以国家安全和国家利益为价值诉求的目标和某些经验值得借鉴。

同样,欧盟在区域经济和社会发展过程中,立足于语言多元化的外语教育政策价值取向,也是为了维护和保障欧盟一体化进程中语言权利和语言资源,充分考虑到了语言文化生态的安全和发展。欧盟坚持语言文化多元共存发展的理念值得中国参考和学习。

相比之下,非洲外语教育政策发展中出现的语言资源衰落和语言教育商品化等语言安全问题,需要引起我们的警惕。若仅将语言视为资本,而不是生态资源加以保护,不仅会使殖民主义"阴魂不散",还会招致新自由主义和消费主义侵袭,给人类整体语言生态带来无可挽回的损失。

再看中国周边国家,日本和韩国出于国际化战略的需求,也将外语教育政策发展提升到国家战略的高度。但是,东亚外语教育政策急需在外语能力国际化与本土化之间寻求价值平衡。日本和

---

① 张日培,2018,国家安全语言规划:总体国家安全观下的范式建构[J],新疆师范大学学报(哲学社会科学版)(6)。
② 沈骑,2017,外语教育政策价值国际比较研究[M],上海:复旦大学出版社,第227—233页。

韩国的经验和教训对中国同样具有现实意义和借鉴价值。张日培通过总结国家安全视角下的语言能力范式,特别提出国家语种能力建设,也就是多语种人才培养问题[①]。外语语种规划和相关语种人才培养对于国家安全意义重大,值得关注。因此亟待开展基于国家安全的外语教育规划,实现语种平衡发展,应对国家安全需求。语种安全问题是当前制约"一带一路"建设的棘手难题。长期以来,我国外语语种规划过于单一,从过去"一边倒"的俄语教育,到如今"一边倒"的英语教育,造成了外语语种规划和布局明显失衡。到目前为止,我国高校能够讲授的外语语种资源不到120种,而欧美著名高校如哈佛大学、英国伦敦大学亚非学院等高校,动辄都可以开出100多门课程。在全球化3.0时代,世界经济和发展的动力来源主要在亚太地区和非洲地区的新兴发展中国家,这些国家大多是非英语国家,而且和欧美发达国家在文化、社会和历史上差异明显。"知彼知己,百战不殆"!从国家外语资源储备来看,我们对这些国家和地区的语种还没有完全覆盖,对这些国家和地区的语言文化不甚了解,相关的区域国别研究更是无从谈起。如此以往,未来我国与这些国家和地区打交道就会存在极大的未知风险。因此,从国家外语教育语种规划来看,语言安全价值明显缺失,我国外语教育政策对于语种安全问题需要提高警惕。

此外,语言教育规划还应当从语言安全角度考虑母语能力提升问题,这里就包括汉语读写和语言素养问题。陆俭明先生从中国国民整体的语言素养和语言能力现状,从人文性与工具性融合角度,提出应对中小学的语文课程和语文教育进行积极稳妥的改革[②]。再者,从政治整合和国家认同角度看,加强国家通用语言文

[①] 张日培,2018,国家安全语言规划:总体国家安全观下的范式建构[J],新疆师范大学学报(哲学社会科学版)(6)。
[②] 陆俭明,2018,关涉国家安全的语言战略实施中语言文字基础性建设问题[J],浙江大学学报(人文社会科学版)(3)。

字在境内各民族地区和全球华人社区的教育与普及,都具有重要安全意义。最后,少数民族地区的国家通用语言文字教育以及城市化进程中的方言文化教育,也是基于语言资源安全角度,实现语言教育规划中的秩序范式的重要规划内容。

(二) 汉语国际教育

汉语走向世界是新时代构建人类命运共同体进程中的重要语言战略,也是话语共同体建设中的根本途径。国际中文教育致力于推动中文国际推广与传播事业,其实质是开展国际理解教育,有助于促进国际社会情感沟通①。陆俭明先生指出,人类命运共同体这一思想体现出国际相互依存观、共同利益观、可持续发展观和全球治理观四种观念,这些观念都离不开作为打开沟通理解之门的钥匙、作为促进文明交流互鉴纽带的语言文字②。改革开放四十多年来,国际中文教育发展迅猛,特别是孔子学院建设,在汉语国际推广与传播方面,发挥了很大的作用。但是,经过十多年规模扩张之后,现有的孔子学院发展模式遭遇到了前所未有的困难,一方面是内涵建设问题,在教材编写、教学研究和师资建设等基础性工作有待优化;另一方面,汉语国际教育还缺乏国家顶层设计与规划。现有研究视野狭窄,缺乏对国际中文教育的语言社会学调查与研究,难以把握汉语推广与传播对象国或目标地区错综复杂的语言环境、语言需求,以及当地的语言社会和政治条件,造成国际中文教育的现实困境。当前,亟待从建立话语共同体的高度全面制定国际中文教育战略,这是一个事关国际话语权的重大战略问题。

(三) 教育语言安全

教育语言安全问题是语言教育规划的敏感问题,也是教育安

---

① 胡范铸等,2018,目标设定、路径选择、队伍建设:新时代汉语国际教育的重新认识[J],世界汉语教学(1)。
② 陆俭明,2018,关涉国家安全的语言战略实施中语言文字基础性建设问题[J],浙江大学学报(人文社会科学版)(3)。

全领域的核心问题之一。无论是中小学的双语教育还是高校双语教学,其实都属于教育语言规划问题。早在2005年,就有专家与学者从国家安全角度提出教学语言主权的质疑[①]。随着教育国际化步伐日益加快,教育语言安全问题愈益凸显,也同时引起了教育公平与效率的争议。国内不少顶尖高校纷纷推出国际化课程,采用EMI(英语作为教学语言)教学模式讲授专业课程,但我们在实际调研中发现不少学生对此颇有微词,在接受访谈时,某学生的意见值得我们深思:

> "(学校)全英语教学导致我上'微积分''高等数学'这样的专业基础课要硬着头皮啃英语教科书,我希望能够有机会听中文授课,至少一些基本概念和原理我可以理解,我是在中国上大学,应该有用母语接受高等教育的权利。"

面对学习者如此"吐槽",我们不仅要反思并深入研究现有EMI课程的实际教学效果和学生的接受情况,更应当考虑在制定外语教育政策时是否对学习者需求、语言基础和专业背景进行过专门调查和考虑,有没有为学习者提供更为公正合理或是具有更多选择性的教学安排,相关研究值得深入探讨。

四、语言声誉规划

语言声誉规划是中国语言安全规划中一直忽视的一个重要问题,事关国际中文教育的成败。在全球化时代,任何语言传播与推广,无论是国内还是国外,都应把语言作为一样公共产品进行语言市场调查、分析与规划工作,综合分析语言推广战略的适用性和可

---

① 彭泽润,2005,"英汉双语教学"跟"国家汉语战略"矛盾——语言学家、南开大学博士生导师马庆株教授访谈录[J],北华大学学报(社会科学版)(2)。

行性,熟悉推广对象国和地区的社会政治环境和经济发展状况,要充分考虑到语言推广市场的接受和受众反应。然而,长期以来,国际中文教育还没有重视和关注到语言声誉规划问题,实践者们往往只关心简单机械地进行语言教学草草了事,有些研究者也仅对理论问题感兴趣,缺乏对于国际中文教育与传播的声誉和形象研究。一味地强调"汉语最为独特,与众不同""汉语是世界上最难学的语言"这样的论调,会使得更多原本对汉语感兴趣的国外学习者产生"畏难"情绪,其实并不利于汉语学习的推广。如何从语言形象上对汉语之美,中文世界如何缤纷多彩,才是语言声誉规划的题中应有之义。

语言声誉规划要求在语言传播过程中,重视多层次利益相关者的规划行动,需要多方动员和协调。国际中文教育,除了需要进一步加强孔子学院等现有推广形式之外,还应当着力在如下几方面发力:

一是积极全面分析对象国语言市场,从语言经济学与中外人文交流角度,研究如何将汉语推广进入对象国语言教育体制之中,提升汉语的语言价值。

二是要多方动员,发动精英阶层与民间的汉语推广力量,全力打造汉语和中文世界的美学和智识层面内涵,挖掘中国文化精髓,根据不同对象国进行精准传播与推广,转变汉语与中国语言文化在世界范围内原有刻板和保守形象。

三是要充分发挥与利用网络空间进行汉语传播,针对不同国家和地区的受众,特别是青年一代的接受习惯与社会心理,有针对性制定汉语网络传播战略,构建为国际网络受众喜闻乐见的语言形象。

五、语言使用规划

语言使用规划是对语言在社会各领域功能的规划,是对不同语言在不同领域的功能与使用有所规定,涉及语言资源的配置与语言服务的发展问题。语言使用规划是要通过科学的管理,使得多语多言的语言生活和谐共处,语言关系各安其位。正如李宇明先生所言:语言规划不能仅仅考虑交际效率,不能仅仅是为了解决语言给社会带来的麻烦,还要充分考虑到"语言是资源"这种理念和民族地区、汉语方言地区的语言感情[①]。李先生从语言资源角度思考的语言在社会生活中使用和功能规划问题,对于协调现有语言关系,缓解语言矛盾具有重要指导意义。当前,语言使用规划需要明确不同语言,如国家通用语言、少数民族语言、汉语方言和外语在社会生活层面的使用范围,如教育场域、大众传媒和公共服务领域等不同语言的功能划分、语言服务资源的配置标准等。

语言使用需要根据不同现实社会需求,及时为不同领域提供必要的语言支持、语言技术和语言服务,满足不同领域日益增长的语言需求、语言产品和语言产业需求,为全社会提供充分合理的语言环境,激发语言消费和语言市场,创造语言红利,提升语言意识。

语言是一个城市发展不可缺少的文化元素,也是城市形象和身份的重要标志。国际化城市的出现和发展使城市语言生活中的国际因素显著增加。这不仅给语言规划研究带来了新课题,更对城市的语言使用规划提出了新的挑战。在经济全球化的背景下,国际经贸往来、文化交流和国际重要赛事会议等跨国活动为城市带来了更多互联互通、中外文化互学互鉴的机遇。但这些机遇也对我国城市软实力和国际语言环境建设提出了新的战略任务。国际化城市发展促使城市在语言能力建设中,不仅要注重本土语言文化传承,也要关注城市的外语能力建设问题。在国际化进程中,

---

① 李宇明,2008,语言功能刍议[J],语言文字应用(1)。

充分培育和调动外语资源,满足城市的外语需求,提供外语服务,推进城市外语战略规划,是展示城市形象及文化软实力的重要窗口之一。

作为中国改革开放的"排头兵",创新发展的"先行者",上海正在大力实施创新驱动发展战略,加快建设具有全球影响力的科技创新中心。根据英国著名咨询顾问科尔尼公司发布的125个全球城市指数排名(2016),上海排名稳居世界前20名,正向更高全球城市发展目标迈进。在积极打造全球都市,服务"一带一路"倡议,加强国际化城市软环境建设进程中,城市多语能力是必要条件和基础保障,也是城市文化"软实力"的重要指标。为了切实做好上海城市外语能力提升战略规划,创建"多语多元、开放包容"的城市语言生活。上海在全球城市建设过程中,就非常需要学习和借鉴世界其他国家的全球城市语言服务和语言环境建设经验,为多语多元的国际化城市提供必要的多语服务,满足广大市民与来沪外国友人的语言需求,彰显出"海派文化",体现上海城市"海纳百川"的开放姿态,营造安全和谐的国际化大都市。

六、翻译规划

翻译规划是语言安全规划中的一个重要特殊类型,这不仅是因为翻译是一种跨语言与跨文化的语言实践行为,还因为翻译规划涉及政治、经济、法律与社会等多个方面。除了之前讨论的关涉国家军事利益的翻译问题外,还有高精尖的现代科技翻译和翻译技术都事关国家利益与安全。可见,翻译规划跨语种、跨文化、跨专业和跨行业特征明显,规划内容复杂多变,涉及利益相关者和受众也呈现多样性趋势,因此牵一发而动全身,充满了不确定性。这客观上给翻译安全规划带来极大的挑战。从文化战略角度看,翻译对政治文化思想变革影响巨大。

到目前为止,国内对于翻译规划研究还处在一个起步阶段,有学者提出了翻译安全学与翻译安全观的问题。在翻译安全学概念上,许建忠提出了翻译安全内容、要素、检测和保障等维度,也提出了国家翻译安全战略的观点[①]。夏磊和张顺生通过"南海仲裁案"新闻翻译及报道中的翻译问题,提出国际新闻报道中应当从翻译安全观指导翻译实践活动[②]。上述两类研究,分别从翻译过程与翻译实践角度论证了翻译中的安全问题,虽有提及翻译安全战略观点,但却没有明确如何在翻译规划中推进安全战略的举措。这说明翻译安全规划还没有受到充分的重视。我们认为翻译安全规划必须从如下三个方面着手开展:

其一是翻译安全规划的现状调查。需要尽快启动与国家安全关涉密切的翻译实践与翻译行业调查,全面评估当前翻译产业发展现状。针对国家特殊需求部门和行业领域,进行深入调研,了解翻译服务与翻译从业人员的水平与资质,推动建立国家翻译行业的职业化和专业化制度建设,规范翻译行业健康发展。

其二是翻译安全规划的需求分析。从国家战略和社会发展战略需求角度,系统分析与国家安全利益相关的重要领域、行业和地区的翻译需求,完善和规范翻译人才培养和在职培训制度,为相关重点翻译领域与部门提供高层次专业化的翻译人才,推动合理科学的翻译市场机制,实现翻译产业机构化、制度化和职业化发展。

其三是翻译安全的战略规划。在特定时期,翻译战略规划需要利用国家和政府力量,培养精兵强将,设立专门机构,对关涉国家利益的高科技翻译、军事情报、外宣翻译和新闻传播等领域实施专门的翻译战略规划,加强对翻译接受与效果的研究,推动和服务

---

① 许建忠,2017,翻译安全学·翻译研究·翻译教学[A],天津市社会科学界联合会会议论文集[C],第241—246页。

② 夏磊、张顺生,2018,从翻译安全观看"南海仲裁案"新闻翻译及报道[J],上海理工大学学报(社会科学版)(1)。

国家对外战略的实施。翻译战略规划是政府机构及相关组织出于战略目的开展的宏观翻译规划行为。例如,中国外文局原副局长黄友义先生近年来一直在呼吁有关部门加强党政文献对外翻译工作①。2017年两会期间,他又一次提出设立一个重要文献外文同步发布的国家级长效机制,体现出其翻译规划的战略眼光。2021年,国家多个部委联合下达"翻译人才培养规划(2021—2025)"的指导性纲领文件。面对百年未有之大变局的复杂国际形势,国家正式开启了国家翻译人才规划的宏伟序幕,这必将对今后一段时期的翻译事业带来天翻地覆的变化,将有效加强国家翻译安全能力建设。

七、话语规划

话语安全规划是实现语言研究进入社会实践领域,对接国家安全战略需求最为直接的规划内容。一个国家或民族,在经济和科技领域取得举世瞩目成果之时,应在世界话语体系之中具有一席之地。在承前启后、继往开来的新时期,如何讲好"中国故事",向世界发出"中国声音",不仅是一个语言学和传播学的命题,更是国家参与全球治理的重大政治学课题。

话语是国家形象、民族意识和国家软实力的重要载体,是文化交流和竞争的重要方式,话语同样可以为国家安全服务,构建安全话语体系,确保国家话语安全。新时代随着全球化的深入发展和"一带一路"建设的推进,中国经济与世界经济的联系日趋紧密,中国的海外利益日益增加。因此,不仅需要强大的国防硬件力量维护海外利益,更需要文化领导力和国家软实力的软件支持。话语安全规划不仅应该关注汉语的国际传播,更应站在国家战略的高度,为多语种的国家形象建设、国家话语传播、舆情监测提供智力

---

① 黄友义等,2014,加强党政文献对外翻译,加强对外话语体系建设[J],中国翻译(3)。

支持。

习近平总书记指出,我们"要加强国际传播能力建设,精心构建对外话语体系"①。这一任务的提出,究其原因,一是因为话语能力是体现国家软实力的重要依托,是塑造国家形象的重要手段;二是因为当前中国在国际上声音较弱,国际话语权及影响力不足。这类问题的出现,其实质就是话语安全规划工作没有跟上,对外话语传播能力建设力度不够。

当前,中国对外话语传播不利的很大一部分原因在于对受众的定位较为狭隘,混淆不清,多将视线集中于本国民众,但事实上,话语虽然是单向对外传播,但话语与受众的互动一直在进行。现代科技打造的地球村使得话语不会仅限于在自我国度内传播,话语一旦形成,就会跨越国门,形成复杂的国际关系,离开了受众的理解度和接受度,话语也就丧失了传播的基础和前提。

2021年5月31日,习近平总书记在中共中央政治局第30次集体学习时强调,讲好中国故事,传播好中国声音,展示真实、立体、全面的中国,是加强我国国际传播能力建设的重要任务。同时,总书记也提出要采用贴近不同区域、不同国家、不同群体受众的精准传播方式的要求。如何运用国际受众喜闻乐见的话语形式,通过精准传播方式,提升国际传播的效能,加强和改进精准国际传播方式,是国际话语规划的重要任务。

随着"人类命运共同体"等新时代国家话语的形成,我国的对外话语传播需要更加重视国家话语安全规划,将中国话语以各国人民易于接受理解的方式广泛传播。综合运用翻译学、区域国别研究、心理语言学、话语分析和语言规划的成果和方法,广泛运用互联网和多媒体技术,做好话语规划,推进新时代国家话语的对外传播。

---

① 习近平,2014,习近平谈治国理政[M],北京:外文出版社,第162页。

八、技术规划

在人工智能时代,技术安全规划的意义不言而喻。语言技术安全规划主要是指利用语言信息化技术、语言智能技术与网络语言技术等手段,实现相关领域安全防范能力,避免出现安全隐患,或在信息技术竞争中处于劣势。从语言安全规划角度看,技术安全规划涉及语言规划在能力建设、区域治理与全球治理三个问题维度上亟待开展的规划活动①。

语言技术的安全规划首先体现在语言技术研发能力的提升上,这既顺应了人工智能时代对语言智能发展的产业升级和科技进步的需求,也可为国家信息安全提供高科技保障。语言技术可以为非传统安全在反恐、打击跨国犯罪、保护海外利益安全等诸多领域提供技术支持。迄今为止,中国语言文字的技术标准还很滞后,我国对于现代语言技术的创造力、控制力和使用能力都不甚理想②,语言技术规划任重而道远。

语言技术规划对于社会安全领域如网络安全治理也很重要。当前网络传谣、网络虚假信息或是网络涉黄涉黑问题不断,网络语言技术规划需要加强相关识别和分析能力,为网络空间纯净安全保驾护航。

语言技术的安全规划在区域安全治理领域也可以发挥重要作用。张日培通过分析新疆的治理范式,认为在"治疆"范式中,需要高度重视和发展语言技术,这里面包括多语种的关键词文字识别和语言识别技术等,对反恐维稳工作起到了重要作用③。

---

① 张日培在总体国家安全观下,对诸多语言问题根据其性质进行了合理分类,提出了认同范式、秩序范式、能力范式、区域治理范式与全球治理范式五个维度。参见:张日培,2018,国家安全语言规划:总体国家安全观下的范式建构[J],新疆师范大学学报(哲学社会科学版)(6)。

② 李宇明,2011,提升国家语言能力的若干思考[J],南开语言学刊(1)。

③ 张日培,2018,国家安全语言规划:总体国家安全观下的范式建构[J],新疆师范大学学报(哲学社会科学版)(6)。

最后，语言技术规划是网络空间全球治理，构建网络命运共同体的重要抓手。网络空间时代，对于世界语言生态构成了新的挑战。随着互联网时代在线言语社区的产生，不同语言族群打破地理阻隔，交流日益加深。强势语言无论在社会资本，还是交际功能方面都居于强势地位，个体的语言转用更加容易发生，加快了弱势语言濒危的速度。从濒危语言保护的角度而言，互联网虽然为濒危语言提供了数据化保存的机会，但由于个体在网络生活中减少弱势语言的使用，长期而言，互联网加速了弱势语言的濒危化。因此，互联网空间的世界语言活力值得深入关注。正是由于网络空间语言使用与分布不均衡问题产生的网络空间语言鸿沟，会进一步导致信息鸿沟乃至经济和社会发展的不平衡问题，给人工智能时代的全球治理带来了安全风险。当前亟须开展网络空间语言战略研究，为构建全球和谐的网络空间人类命运共同体提供有效语言技术保障。

本 章 小 结

本章分三个维度分别阐述了语言安全规划的基本内容：即语言安全规划的问题领域、对象层次和内容类型。通过对语言安全规划的立体建构，分层次、分类别地进行详细论述。视角上或聚焦微观，或立足我国，或放眼全球，或纵横比较，描绘了语言安全规划内容领域的基本图景。最终，本章基本在论述每一个要素之后，都从我国语言安全规划的出发点，提出了具体的建议，对全球化 3.0 时代背景下中国语言安全规划的制定和完善具有十分积极的作用。

首先，语言安全规划的问题领域分为十类，即语言安全领域、政治安全领域、经济安全领域、文化安全领域、舆论安全领域、信息安全领域、教育安全领域、社会安全领域、公共安全领域和网络安全领域。例如,语言安全领域主要有形式语言安全问题、语言地位安全及语言身份安全;在政治安全领域,提出"语言对于政治安全的最大意义在于话语共同体的构建";在经济安全领域,梳理了其来源、研究内容、测量维度、语言价值收益的评价维度等;文化安全领域不可避免地探讨了孔子学院项目在文化推广中的作用、影响及存在的问题;在教育安全领域,教育语言的选择问题、学术语言的不平等现状都是目前存在的热点问题。本节不仅清晰地划分了语言安全规划的问题领域,也针对每个问题域的国外特别是国内发展的热点、难点和亟待解决的问题进行了讨论并提出谏言。

其次,语言安全规划的对象层次分为五个层面:个人(家庭)语言安全、社区(社团)语言安全、国家(民族)语言安全、国际(地区)语言安全和世界(全球)语言安全。个人(家庭)语言安全是语言安全规划最微观的领域,与个人的关系最为密切,近几年在国内学界是一个新兴的研究领域;社区(社团)语言安全牵涉到民族、地缘、历史、文化等诸多复杂因素交织。从国家角度,应该考虑到政府与地方语言政策的互动联系,也要规划不同机构、不同行业领域的语言安全规划;国家(民族)语言安全需要综合考量语言的单一性与多样性、国际化与本土化、工具性与资源性;在国际(地区)语言安全方面,澳大利亚学者巴尔道夫认为相关的热点包括移民语言规划、由于全球化人口流动产生的新的少数民族、新国家和超国家组织的语言规划问题;世界(全球)语言安全需要世界各国通过合作,共同解决全球性语言问题。在此过程中,我国需要提升对外话语能力才能最终提升全球治理能力。

本章最后论述了语言安全规划的内容类型,包括:语言本体规划、地位规划、教育规划、声誉规划、使用规划、翻译规划、话语规划和技术规划。值得一提的是,本章立足于我国,对我国在以上各内容领域的规划提出了具体建议。例如,笔者对语言教育规划着墨颇多,认为其涉及三个方面:国家语言能力建设、汉语国际教育规划、教育语言安全问题。

综上所述,本章对语言安全规划的基本内容分三个维度,从多个视角进行了详细阐述,勾勒出语言安全规划的立体构图。本章最终立足本土,对我国语言安全规划的发展提出了针对性建议,具有积极的意义。

◀第五章▶

语言安全规划的国际比较

中国正在由"本土型"国家开放为"国际型"国家,国际型的国家要求我们必须研究世界。研究世界有远近两个目标:近目标是借鉴国际上的经验与教训,用更为宽阔的世界眼光来看中国,把中国现在的事情办好,把中国未来的事情计划好。远目标是履行一个大国的国际义务,同国际社会一道把世界的事情办好。

——李宇明[1]

一个国家不仅有地理意义上的领土,还有与之同等重要的"知识领土"。所谓"知识领土",就是一个国家拥有知识的多少,尤其是拥有自主产权的知识的多少,具有优势地位的知识领域的多少。为国家的知识领域开疆拓地人人有责,不过作为知识的守望者与创造者的知识分子,当然负有更为重大的责任!

——李宇明[2]

---

[1] 李宇明,2010,序:我们需要研究世界[A],载王辉,2010,澳大利亚语言政策研究[M],北京:中国社会科学出版社。
[2] 李宇明,2006,序:知识领土[A],载高晓芳,2006,晚清洋务学堂的外语教育研究[M],北京:商务印书馆。

第五章
语言安全规划的国际比较

在本章中，我们通过国际比较研究，基于语言安全规划分析框架中的国家语言安全、国家文化安全、区域政治安全、地区语言安全与社区（机构）教育安全五个维度展开讨论，涉及不同领域、不同层次的语言安全问题，包括语言冲突、语言竞争、语言治理、语言濒危和高校语言规划问题。通过对不同语言安全问题进行个案研究，对不同国家和地区层面的语言规划、国际组织语言规划和高校语言规划进行深入分析与解读，希冀为语言安全规划开拓国际视野，提升问题意识。"他山之石可以攻玉"，语言安全规划的国际比较研究对于拓展中国语言规划的全球知识领土，拓展全球语言治理知识体系建设具有重要意义。

第一节 美国语言冲突的制度化考察[①]

语言冲突是国家层面最为重要的语言政治安全问题，直接关系到国家政治安全。语言冲突问题归根结底就是一个国家语言安全与政治关系之间的博弈，是语言安全规划必须予以重视的问题。

美国是个移民国家，语言种类纷繁多样，语言冲突与生俱来。可以说，美国的历史就是一部语言冲突的历史。世界各地由于语言冲突导致政局动荡、国家分裂不乏其例，然而，美国虽有语言冲突甚至是剧烈的语言冲突，却依然能保持政局稳定，个中原因值得深究，也值得借鉴。

美国社会学家科塞在其《社会冲突的功能》一书中"将冲突看作是有关价值、对稀有地位的要求、权力和资源的斗争。在这种斗争中，对立双方的目的是要破坏以至伤害对方。"[②]科塞提出了社

[①] 本节主要内容载于《当代外语研究》，2014(09)：42—47+77，内容有删改，原文合作者为潘月洲。

[②] L.科塞，1989，社会冲突的功能[M]，孙立平等译，北京：华夏出版社，第35页。

会冲突的两种重要起因:一是物质性起因,二是非物质性起因。前者指的是由于地位、权力和资源的分配不均而导致的冲突;后者指的是由于价值观念和信仰的不一致而导致的冲突[①]。

科塞的社会冲突理论吸收、继承和发展了德国社会学家齐美尔的冲突理论。他根据齐美尔关于"作为手段的冲突"和"作为目标的冲突"的论述,提出区分现实性冲突和非现实性冲突。现实性冲突指"那些由于在关系中的某种要求得不到满足以及由于对其他参与者所得所做的估价而发生的冲突,或目的在于追求没有得到的目标的冲突。"[②]

产生社会冲突的原因多种多样,但归根结底在于利益的差异和对立,可以说,社会冲突实质上是一种利益冲突行为。一方面,利益会使利益主体之间产生差别和对立。另一方面,利益格局的改变会导致冲突。利益主体都会以实现利益最大化为目的,运用各种手段为自己谋取更多的利益。弱势主体力图改变自己的劣势地位,打破不平等的利益格局;优势主体则竭力维持自己的优势地位,继续不平等的利益格局,甚至获得更多的利益。这种利益的较量就产生了冲突行为,使得一方利益主体的行为对另一方利益主体构成直接威胁[③]。个体之间、民族和种族之间以及政党之间的冲突都是利益的冲突。

语言冲突也是一种社会冲突,是由语言问题引发的社会群体、族群或共同体之间的冲突,包括由语言问题引发的争斗、战争,也包括言论上的争执、争端等不和谐的现象[④]。具体表现为,在语言选择、语言文化传播、接触过程中产生的对抗以至于企图消灭对方语言和文化的存在而引发的冲突,以及利用语言作为手段获得政治利益和经济利益而引起的冲突。按照上述冲突的

---

① 侯钧生,2010,西方社会学理论教程(第三版)[M],天津:南开大学出版社。
② L.科塞,1989,社会冲突的功能[M],孙立平等译,北京:华夏出版社,第35页。
③④ 何俊芳、周庆生,2010,语言冲突研究[M],北京:中央民族大学出版社。

分类,我们可以把前者称为非现实性语言冲突,把后者称为现实性语言冲突。

不同语言群体间语言利益的差别和对立是导致语言冲突产生的根本原因①。语言的地位及其在社会生活中的应用范围和程度都影响着语言利益。例如,国语或官方语言的选择,会使被选择的语言将获得广泛的应用,在国家政治、经济、文化、教育和公共服务等领域中占据优势地位,也使说该语言的群体在教育、就业等方面获得巨大的"语言红利"。其他语言及其群体就会处在相对弱势的地位,他们不得不花大力气来学习官方语言。语言格局的变化会导致语言利益的变化,进而导致语言冲突的产生。例如,巴基斯坦建国后选择乌尔都语作为唯一的国语,大大提高了乌尔都语的社会地位和应用范围,使得包括东部孟加拉语在内的其他本土语言被边缘化。孟加拉人多次要求把孟加拉语也列为国语,但都遭到拒绝。这一举措导致讲乌尔都语的人与讲其他语言的人之间发生了严重的对立和冲突,双方都多次发动语言运动②。同时,也严重伤害东西部的民族关系,最终导致国家分裂。这种冲突是由语言问题引起,若语言问题得到解决,冲突基本可以化解,这种冲突是一种非现实性的语言冲突。

若把语言作为一种手段实现或达到其他目的,从而引起的冲突,我们称之为现实性语言冲突。这样的事例在世界范围内比比皆是。例如,波罗的海三国从苏联独立后,开始在他们的教育、金融、能源、公共交通、政府部门等领域排斥俄语和俄罗斯族人的影响,采用的方法是确认公民身份,"其中的一项手段就是语言测

---

① 何俊芳,2009,论语言冲突的若干基本理论问题[J],中央民族大学学报(哲学社会科学版)(3),第140—144页。

② 官忠明,2002,巴基斯坦独立后的语言问题之一[J],南亚研究季刊(1),第59—61页。

试","该考试包括听、说、读、写四个模块"①。许多俄罗斯族人无法通过该考试而得不到公民身份,被迫放弃在上述领域里的工作,从而为这三国人腾出了大量的工作岗位。不仅如此,公共媒体不断丑化俄语和俄罗斯人,把他们贬低为"非法移民(illegal immigrants)""殖民者(colonizer)"和"苏联遗产(Soviet legacy)"。(Pavlenko,2011)②这些举措引起当地俄族人和俄罗斯的极大愤慨。这种以语言为手段而谋求语言以外利益所导致的冲突,我们称为现实性的语言冲突。

区分这两种冲突,对研究美国语言冲突来说非常重要。这是因为,美国英裔移民势力把英语作为非现实性冲突手段和现实性冲突手段分别对待不同的族群。把英语作为非现实性冲突手段对待来自西北欧的其他国家移民。例如,英裔移民在宾夕法尼亚对德裔后代、在路易斯安那对法裔后代、在纽约对荷兰裔后代开办的唯英语教育,目标是消解其他白人移民语言,防止其他语言势力超过英语,维护英语和盎格鲁文化的独尊地位。把英语作为现实性冲突手段对待非白人族群。例如,白人势力利用唯英语政策来压制印第安各部落,丑化印第安人语言和文化,目的是为攫取印第安人土地寻找借口。在加州利用唯英语政策和法律来剥夺被占的墨西哥人的土地。当代唯英语和英语官化运动并不是为了提高少数族裔的英语水平,而是利用英语来同化移民、维护英语的独尊地位和白人的语言利益。

一、美国语言冲突的历史考察

美国的语言冲突始于殖民地时期的语言接触。美国的语言冲

---

① 戴曼纯,刘润清,2010,波罗的海国家的语言政策与民族整合[J],俄罗斯中亚东欧研究(4),第17—24页。

② Pavlenko, A. 2011. Language rights versus speakers' rights: on the applicability of Western language rights approaches in Eastern European contexts[J]. *Language Policy*(10): 37-58.

突是一种现实性冲突,或者说是仅仅把语言(英语)当作一种手段的冲突,是掠夺印第安人土地的借口;是英裔群体担心移民的大量涌入而使权力格局受到挑战,把语言作为同化其他种族的一种工具,成为种族压制的代理。

殖民者进入北美大陆后,一方面通过欺骗、武力等方式侵占和掠夺印第安人的土地,另一方面把印第安人描述成好战的、没有文化的、需要拯救的低劣民族。这些贬低印第安人的话语成了他们武力攫取印第安人领土的合法理由和借口。内战结束后,印第安人抵抗白人向西扩张、侵占他们的土地。联邦当局把二者之间的矛盾主要归结为语言差异造成的,下决心消灭印第安人的语言,对他们的下一代实行唯英语教育,使他们统一使用英语,由此开始了"以毁灭原住民语言为目的、以唯英语教育为特征的语言教育"的先河①。在唯英语教育中,最臭名昭著的是绑架印第安少年儿童而集中教育的"印第安寄宿学校"模式。

对待移民语言的态度经历了一些变化,其中富兰克林对德语的态度变化最为引人注目。德裔移民主要集中在宾夕法尼亚。为吸引德裔移民团体支持和参加独立运动,对德语和德裔学校的德英双语教育采取宽容的、任其自由发展的态度。随着德裔移民的增加,富兰克林感到英语语言统一受到了威胁,开始在德裔居住区散发传单,表达对德裔人口增长的警觉,警告德裔不学英语会给殖民地带来混乱和不利之处。他还在提供宗教教育的外衣下,在德裔居住区开办英语语言学校。德裔居民开始对此挺有热情,但当这些"慈善学校"的同化目的被曝光后,他们拒绝送孩子到这些学校来上学②。克劳福德认为,富兰克林代表的是有财产的英国人及其后裔,担心将来德裔会通过独占市场和政治偏袒从而获得优

---

① 蔡永良,2007,美国的语言教育与语言政策[M],上海:上海三联书店。
② Crawford, J. 2001. *At War with Diversity* [M]. Clevedon: Multilingual Matters Ltd.

势。克劳福德指出,富兰克林是为自己谋利的商人,他开办印刷厂,出版美洲的第一份德语报纸和第一本德语圣经。只是因为德裔居住区引进了更高质量的德语印刷机,他在商业竞争中败北,才开始提防德语、贬低德裔。他称德裔为"来自莱茵河畔的乡巴佬"(Palatine Boors),指责德裔不愿为对印第安人的战争出资,会阻碍殖民地的发展。德裔对富兰克林的言论发动反击,1764年全体动员使他在殖民地大会选举中落败。后来,富兰克林改变了对德语和德裔的态度,支持由公共资金资助的双语高等教育,也成功赢得德裔对联邦主义的支持①。由此我们可以看出,语言政治由物质利益决定,语言是争夺政治、社会和经济独尊地位的最佳外衣。

　　语言本身几乎不是美国社会冲突的主要来源。但从20世纪初美国化运动开始后,英语成为对国家忠诚和国民身份认同的一部分,并被逐渐建构成为对国家忠诚和国民身份的象征。说英语的就是美国人,不说英语就是对美国不忠。西奥多·罗斯福就曾怀疑不说英语的移民对美国的忠诚,曾建议把学不会英语的移民遣送回原籍国。他说,"我们这里只有一种语言存在的空间,那就是英语;我们有一种而且只有一种忠诚,那就是对美国人民的忠诚。"②在"爱国"和"忠诚"的大旗下,对德语的限制和禁止很快演变为对所有少数民族语种的敌视。在大多数州实行已久的双语教育被强行终止,被唯英语教育所取代。

　　二战以后,尤其在20世纪60年代,人口结构的变化和民权运动等政治因素和社会环境创造了有利于双语教育发展的条件。美国从唯英语教育开始转向双语教育。1968年,《双语教育法》在国会通过,为英语能力有限的少数族裔学生接受双语教育提供了法律依据。但美国政府只是把双语教育作为过渡性手段,重点资助

---

①② Crawford, J. 2001. *At War with Diversity* [M]. Clevedon: Multilingual Matters Ltd.

"过渡性双语教育"项目,目的是同化少数族裔学龄儿童,使他们通过双语教育迅速有效地从母语过渡到英语[①]。

在 20 世纪的最后 20 年,英语成了美国认同的一个重要问题。在"美国英语"组织等保守势力的推动下,美国大部分州推行"英语官方化运动"和"唯英语运动"。他们的目的有二:确定英语为官方语言;废除《双语教育法》,终止双语教育,实行"唯英语"教育[②]。1986 年加州以全民公决方式规定英语为官方语言。1998 年加州通过旨在结束双语教育的 227 提案,矛头直指西裔移民。

进入新世纪后,2002 年美国通过《不让一个孩子落后法》。该法有两大特点:实行统一的英语语言测试;实行问责制。另外,还规定对达不到年度进步目标的学校停止资助拨款。这样"客观上迫使学校忙于提高学生的英语标准测试成绩",无暇顾及双语教育,双语教育就此式微。[③]

美国几乎没有国家层面的语言政策,但有全国性的语言教育政策和语言意识形态。双语教育和唯英语教育是其中两种主要语言教育政策形式,二者虽然形式不同,但最终目的都是同化,本质上都是同化少数族裔,维护英语的独尊和支配地位,是"强迫他们遵从盎格鲁—美利坚文化的基本要求"[④]的语言政策的两种表达。

二、美国语言冲突的模式

引起美国语言冲突的因素复杂多样,其中人口结构与文化的变迁、基于语言的权利诉求以及对同化的态度改变是主要因

[①③] 潘月洲,2014,美国语言政策中的语言意识形态[J],北华大学学报(社会科学版)15(2),第 17—21 页。
[②④] 塞缪尔·亨廷顿,2010,谁是美国人?——美国国民特性面临的挑战[M],程克雄译,北京:新华出版社。

素。这些因素引起对国家忠诚、身份认同和英语学习与使用的态度变化,使得支配群体倍感压力。支配群体感到财富、声望和权力分配受到挑战。亨廷顿感叹说,"美国的国民认同在重要性和实质内容方面发生了变化。"①但由于自由主义意识形态的构建和发展,以及"政治正确"的原则,几乎无人敢发表种族主义的言论、制定种族主义的政策,于是语言就成了种族歧视、反移民的切入点和替罪羊。语言成了他们反击的代理。于是双语教学与移民语言在公共领域的应用就成为社会冲突的牺牲品。

美国在1965年通过新的移民法后,大量移民的涌入导致美国人口结构进一步异质化。移民的文化稀释了主流文化,加剧了语言冲突。少数族裔争取语言权利的斗争也加剧了语言冲突。西班牙语被认为从涉及语言的立法中得到的好处最多,因而最受敌视。因为西裔人口相对于其他族裔来说增速最快,唯英语运动支持者认为多数移民第一次说同一种语言——西班牙语。亨廷顿担心西班牙语会成为美国的第二语言,害怕"美国社会中的拉美化倾向"②。因此,大部分保护英语的行动针对西裔族群,西裔是唯英语支持者的主攻对象。

种族和民族同化的态度变化是美国语言冲突出现的另一个根源。20世纪中叶后,美国作为一个熔炉的观念受到了挑战。许多族群未能也不愿意达到完全同化。作为对民权运动的回应,美国社会和司法系统越来越重视公民权利和对少数族裔和个人的保护,这也引起白人团体的反对。许多美国人感到政治权力受到威胁,怨恨他们纳税却使得移民及其孩子受益。一些本土主义者组织发起英语官化运动,发起针对移民的社会服务进行限制的全民公决,制定和通过英语为官方语言的州法律,等等。到2002年为

---

①② 塞缪尔·亨廷顿,2010,谁是美国人?——美国国民特性面临的挑战(程克雄译)[M],北京:新华出版社.

止,已有 26 个州通过法律规定英语为州官方语言,比美国历史上的任何时候都多。在教育领域、工作场所、投票场所、和政府设施的其他领域,语言少数民族公民权屡受侵犯[①]。

分析语言政治要在一定的社会环境中进行,强调语言政治和非语言因素的相互依存。美国语言冲突通常包括象征性的文化、宗教、种族、或国家认同等争斗,但他们代表的不仅仅是关于同化与多元化的不同理念、对英语官化、对"美国性"的真实含义的争论,在这些公开辩论的表面之下是争取社会和经济优势的斗争。

美国对少数族群语言几乎没有一致性的政策,这是因为语言政策变化很大。从压制到限制、到宽容、到同化,取决于支持该语言的势力的强弱。种族、族群性和同化等概念是建构起来的,思考这些概念时要根植在人口模式、政治生态、经济条件等物质现实中。例如,在过去几十年里,在移民不断增加和社区不断异质化的过程中,"双语主义"和"语言少数族群"等就获得了特殊的意义。又如,种族中心主义在 19 世纪呈现不同的形式。现在已很少有人会想到挪威定居移民、契约华工、意大利纺织工人、新墨西哥牧童和拉科塔族战士,他们曾由于英语水平有限而被定义为同一个阶级。根据这些族群的人数、政治力量、经济地位、区域位置、土地所有权、军事实力、"种族"独特性以及其他特点,当局对他们的态度和政策大相径庭。

从历史上来看,唯英语运动背后的语言政治可分为两类:作为族群之间竞争的代理和作为社会控制机制。对少数民族语言的歧视,既可作为保持某些族群优势地位的手段,又可作为维护统治精英霸权的一种工具。种族主义和本土主义,特别是对西

---

① Schmid, C. L. 2001. *The Politics of Language: Conflict, Identity and Cultural Pluralism in Comparative Perspective* [M]. Oxford: Oxford University Press.

裔的恐惧症,通过语言限制主义的力量来维护主导群体的物质利益,其目的是使社会资源,尤其是不同形式的财富、声望和权力分配的不平等加以合法化。这种冲突可能是纯粹象征性的,但所涉及的利益是非常真实的:资源、权力和地位。第二类语言政治的功能是强化阶级支配、殖民统治或军事占领。这些包括在"使印第安人文明化"或"移民美国化"的名义下所进行的语言压制[①]。

总之,语言政治的起因、影响和思想的正当性,各不相同,但它从来没有独立于支配美国历史的物质力量。

三、美国语言冲突的制度化

制度是社会互动的行为规范和行为模式,"包括为社会生活提供稳定和意义的规制性、规范性和文化—认知性要素,以及相关的活动与资源。"[②]其中,"规制性"(regulative)要素、"规范性"(normative)要素和"文化—认知性"(cultural-cognitive)要素是制度的基础要素,构成制度的三大系统;而"活动与资源"是保证制度有效运行的人、物和具有奖惩作用的权力关系。

规制性系统的作用是制约、规制和调节行为,具体表现为规则、法律和奖惩措施等,其特征是强制,包括使用暴力手段等。规范性系统包括价值观和规范,具体表现为合格证明和资格承认等,其特征是规范。文化—认知系统包括"关于社会实在的性质的共同理解,以及建构意义的认知框架",表现为共同信念和共同行动

---

① Crawford, J. 2001. *At War with Diversity* [M]. Clevedon: Multilingual Matters Ltd.
② 理查德·斯科特,2010,制度与组织—思想观念与物质利益[M],姚伟、王黎芳译,北京:中国人民大学出版社.

逻辑等,其特征是让人模仿①。

制度的三大基础要素"规制性""规范性"和"文化—认知性"中,规制性要素是有意识的要素,文化—认知性要素是无意识的要素;前者是合法地实施的要素,后者被视为当然的要素②。

制度起着非常重要的作用,影响着社会生活中的利益分配,所以人们会竭力寻求能带来最大利益分配份额的制度规则。当出现实际利益冲突时,有权力优势的群体会在寻求分配优势的过程中制定社会制度,同时迫使他人遵守制度规则或限制他人选择。弱势群体在没有更好选择的情况下,只能尊重制度规则,不管是否愿意都只能遵守③。

制度化是一种历时性过程,指群体和组织的社会行为向被普遍认可的模式的转化过程,是社会行为受制度制约向规范化、有序化的整合过程。其核心含义,一是指人类社会行为的定型化与模式化;二是社会行为受制度所制约。制度化有两个方面的作用:对某种行为的合理性进行价值判断;为人们的社会行为提供规范④。

斯科特确认了基于回报递增、基于承诺递增、基于客观化的三种制度化观,也就是制度化的三种基础机制⑤。下面以此为框架来探讨美国语言冲突制度化的机制和动因。

基于回报递增的制度化观点认为,存在一种路径选择,即如果坚持同样的方向,进一步选择就会得到奖赏;如果选择替代途径就要付出成本。该制度化观点强调的是物质激励的作用,如果某种行为按照一定的模式完成,行为人就得到奖赏;若不按该种模式,就受到惩罚。这种制度观对行为者也有学习、模仿和促

---

①②⑤　理查德·斯科特,2010,制度与组织—思想观念与物质利益[M],姚伟、王黎芳译,北京:中国人民大学出版社.
③　杰克·奈特,2009,制度与社会冲突[M],周伟林译,上海:上海人民出版社.
④　吴增基、吴鹏森、苏振芳,2006,现代社会学[M],上海:上海人民出版社.

进作用。

在殖民地时期,白人殖民者丑化、贬低印第安人,说他们"野蛮无知"、处在"黑暗深渊里",要用英语开化、"拯救他们罪恶的灵魂",这一切都是抢占印第安人土地的借口,为野蛮掠夺寻找合理性。建国后,白人向西部扩张,跑马圈地,多次与印第安部族发生战争,强迫印第安人放弃肥沃的土地、把他们押送到贫瘠的"保留地"居住。这一切都是在让印第安人学习英语的幌子下,为攫取土地和财富而进行的侵略行为。为彻底消灭印第安语言和文化,美国政府有计划地实行针对印第安人子女的唯英语教育,所以有学者称之为"毁灭文化的教育"。

美墨战争后,美国强占了本属于墨西哥的加利福尼亚,这里的墨西哥人成了被征服者。起初,墨西哥人占加州人口的绝大多数,白人统治阶层还能尊重墨西哥人,1849年的加州宪法也确认了西班牙语的权利。"淘金热"后,加州涌入大批白人淘金者,墨西哥裔人口渐渐变为少数,但加州的大部分土地仍然掌握在说西班牙语的墨西哥裔手中。1851年的加州土地法要求土地所有者用英语证明他们的所有权,无法证明的土地将被没收。这一招让不会说英语的墨西哥裔被剥夺的土地高达1 400万亩,而其中有近40%被迫卖掉去付说英语的律师的代理费。1855年,加州正式终止西班牙语教育。1878年,加州重订宪法,150名制宪代表中没有一个是墨西哥裔。从此,墨西哥裔在加州就失去了发言权。

在美国的历史中,利用唯英语政策使得白人群体攫取和获得财富、确保其优势地位,这种政策屡试不爽。从一次又一次的利益回报中,白人群体把唯英语做法加以制度化,并把它推广到就业、教育、公共事业等领域,以维持白人群体的利益回报、确保他们的优势地位不受挑战。唯英语政策的本质在于维护白人在语言和文化方面的优势和垄断地位,其最深层的根源在于美国主流社会的根深蒂固的种族偏见和歧视。

研究规范性制度要素的学者们认为,组织在发展过程中,把价值观承诺或忠诚灌入到其运作机制或程序中,这样"组织通过体现一套特殊的价值观,获得了一种'人格结构'、一种特殊身份。"①这里突出了承诺或忠诚机制在制度化过程中的作用,承诺的核心要素包括规范和价值观、结构与程序以及行动者。这种制度化观强调了身份的作用。具体来说,组织通过一套机制,把问题"我(们)是谁?在这种情景中我(们)的适当行为方式是什么?"制度化了,内化成行为者的思维方式、行动方式,形成了特定规范。

殖民地时期,英格兰殖民者就开始营造非英裔对盎格鲁—新教文化的认同。英语教育成了他们"使印第安人文明化"的工具,他们"争取原住民的子女,教会他们英语和英国生活方式,开化原住民,让他们皈依基督教"②。英裔移民及后代占人口的主体,盎格鲁—新教文化"规定了教育、语言、法律、福利和信仰领域的公共政策",成为美国社会的主导和核心文化。其他移民基本上来自西北欧,文化上和种族上接近英裔移民,移民很快融入美国社会。"统治者的期待就左右着进入的群体——移民、被征服者或被奴役者,他们都将遵从这种核心文化。"③这种假定在19世纪末的"美国化运动"中得到充分的体现,并逐渐被制度化,成为占据支配地位的一种规范,被称为"盎格鲁遵从"(Anglo-conformity)。建国后,英裔白人主流社会构建以盎格-新教文化和美国信念为核心的具有美国特色的国民身份认同,其中包括"英语、基督教、宗教义务、英式治理、新教价值观"等成分。并以此作为规范和价值观来要求和同化其他族群和后来的移民,维持和确保了英裔白人的文化统

---

① 理查德·斯科特,2010,制度与组织——思想观念与物质利益[M],姚伟、王黎芳译,北京:中国人民大学出版社。
② 蔡永良,2007,美国的语言教育与语言政策[M],上海:上海三联书店。
③ 马丁·麦格,2007,族群社会学[M],祖力亚提·司马义译,北京:华夏出版社。

治地位。

思想观念、共同信念、价值观等要素经过日益客观化、习惯化或物质化而沉淀下来,成为外在于行为者的事实,并向第三方传递、扩散,成为社会共同的思维方式和行为规范。

从殖民地时期的"唯英语教育""语言一致""盎格鲁遵从"与"同化",到"美国化""美国身份认同"与"熔炉论",再到20世纪下半叶的双语教育、唯英语和英语官化运动,都体现了美国语言政策和语言教育政策。虽然形式发生了变化,但用英语来同化异族的这一根本目的没有变化。说英语成为美国公民身份的当然要求和组成部分。唯英语和英语官化运动的支持者经常挂在嘴边的一句话是"这里是美国,请说英语。"英语作为同化工具经过长期的制度化已成了一种习惯,成为一种理所当然的事情了。

社会冲突包括现实性冲突和非现实性冲突两种。语言冲突是一种社会冲突,产生于冲突双方语言利益的差异和对立。语言冲突分为以语言为目标的冲突和以语言为手段的冲突,即非现实性语言冲突和现实性语言冲突。引起语言冲突的因素很多,人口结构的变化、少数族裔的语言权利诉求以及他们对同化态度的改变等等,但主要原因是优势群体利用英语作为手段和工具来同化其他族裔和消解其他族裔语言、攫取经济利益和保持优势地位,从而导致与少数族裔之间的语言冲突。美国语言政策和语言意识形态中含有丰富的制度要素内容,通过"基于回报递增""基于承诺递增"和"日益客观化"三种制度化过程,日益把英语作为同化工具和手段等工具性作用制度化成一种思维方式和行为规范,把语言冲突控制在最小范围内。语言冲突的制度化具有丰富的研究内容,有待挖掘。对其充分研究有助于多语社会控制和减少语言冲突。

本案例通过对美国语言冲突的制度化考察,有助于我们理解语言安全作为非传统安全领域的一个重要领域,从美国建国至今,一直是影响其国家政治统一与社会稳定的重要问题,美国语言冲突涉及少数族裔语言地位安全与语言身份安全问题。这个案例给我们的启示在于:在当今世界的众多多民族、多移民国度,语言安全规划必须注重顶层设计,从制度层面确立规划的价值范式,避免出现激烈的语言同化政策,减少不必要的语言冲突,维护国家语言总体安全的和谐局面。

第二节 阿联酋"Vision 2021"语言战略探析①

语言是文化的重要载体,也是一个国家或民族文化身份与地位的符号系统。在世界语言竞争中,国家或民族的语言安全问题始终是国家文化战略中最为重要的考量因素。进入新世纪以来,地处中东的阿拉伯国家,因石油能源经济而实现富裕和繁荣之后,产生了复兴阿拉伯文化的诉求和雄心。在阿拉伯文化国际传播的战略之下,语言问题至关重要。长期以来,由于受到西方国家文化浸染,以阿拉伯语为代表的本地文化受到欧美文化的压制,国际化语言与本土语言之间的语言竞争态势,正是文化安全领域的重要语言问题。

全球化的浪潮在很大程度上加剧了国际通用语与本土语言之间的语言竞争,语言战略体现出了语言规划在国际化和本土化的战略博弈关系。阿拉伯联合酋长国是"一带一路"建设中重要的海湾国家之一,是阿拉伯半岛地区经济开放程度和非自由经济发达程度名列前茅的国家,阿联酋政府为了在全球语言竞争环境中保护阿拉伯语在本国的地位,促进阿拉伯语言文化的传播,在其2021年愿景计划(The UAE Vision 2021 National Agenda,以下简称"Vision 2021")及《阿拉伯语语言宪章》(*The Arabic*

---

① 本节部分内容载于《语言政策与语言教育》,2017(02):15-22,119。内容有删改,原文合作者为作者指导的硕士生金絮。

Language Charter)中明确规定并强调了阿拉伯语的国语地位,核心理念是在全球语言竞争环境中保护阿拉伯语在本国的地位,促进阿拉伯语言文化的传播,通过一系列措施加强民族认同、保护本土文化,使阿拉伯语广泛应用于学校教育、创新发明和文学科技作品翻译之中,逐步成为学术语言。国内对阿联酋语言规划的研究仍在萌芽阶段,分析和研究该国语言政策制定的背景、内容和特点,可以助推两国"一带一路"的互通发展,优化两国的国际交流;探讨阿联酋在全球语言竞争环境下如何应对英语的强势影响,也可对我国的语言竞争,特别是外语竞争问题起到一定的借鉴和参考意义。

一、全球化语境下的语言竞争

经济全球化的迅速发展加快了人力资源流动,不同国家使用不同语言的人群更广泛地散布于全球各地,尤其是国家的政治、经济、文化中心城市,这就使同一地区产生了多语并存的现象,语言接触也就必不可免。由于语言自身发展的程度、使用场合、社会地位等结构和功能的差异化发展,语言在接触时自然而然地产生了高低不同的语言地位,语言地位的不同往往会导致语言竞争,最典型的例子就是在世界各地跨文化交流中,英语占据了不可或缺的地位,可以说英语在今天成为了人类有史以来最重要的通用语[①]。语言竞争可以激发语言活力,也会触发各种语言矛盾甚至社会矛盾[②],谨慎对待语言竞争问题则是维系语言关系和社会关系和谐发展的关键。

目前不同的国家和地区都面临着一定程度的语言竞争,社会各界对此也十分关注。语言竞争是语言关系的产物,是调整语言协调于社会需要的手段(戴庆厦 2006)[③],为了保持语言地位、维护

---

① 海然热,2015,反对单一语言[M],北京:商务印书馆,第 27 页。
② 李宇明,2016,语言竞争试说[J],外语教学与研究(2),第 212—225 页。
③ 戴庆厦,2006,语言竞争与语言和谐[J],语言教学与研究(2),第 1—6 页。

语言关系、平衡语言竞争,各国也采取行动,制定、颁布了语言规划方案、法案。随着我国在"一带一路"倡议下与战略合作国家的沟通与交流不断增加,国际往来愈加密切,不论在国内还是国外,汉语与外语的接触面扩大,都面临着国际通用语和"一带一路"沿线国家本土语言的竞争关系,从国际视角探寻"一带一路"沿线各国如何应对语言竞争,了解相关的语言规划,对我国维持语言竞争良性循环、确保语言政策合理有效、巩固语言传播的国际影响都有一定借鉴意义。

二、"Vision 2021"语言政策出台背景

阿联酋独立前一直受到英国的殖民统治,宗主国语言英语在国内的语言环境中长期处于强势地位。1971年独立之后,宪法明确规定国家的官方语言是阿拉伯语,应用于政治、教育、媒体和官方文件等,除了官方语言政策的推动,阿联酋本国的宗教因素也驱使阿拉伯语在国内语言地位迅速提升。需要注意的是该语言变体是现代标准阿拉伯语(Modern Standard Arabic),通行于包括阿联酋在内的阿拉伯国家,而阿联酋本土居民的母语是阿拉伯语方言,与阿拉伯标准语有一定区别,不具有标准化的书写系统,仅用于日常非正式场合的交流。

独立后的阿联酋因石油的发现迅速发展成为一个富有商机的现代化国家,随着对单纯依靠石油资源的经济发展模式的改革,阿联酋实施了经济多元化战略,通过丰富产业结构成功降低了石油天然气收入在国内生产总值中所占的比重,迅速发展了其他类型的产业。迪拜、阿布扎比等地作为地区贸易、金融、物流中心的地位逐步加强,从而吸引了越来越多的跨国企业和外国劳动力。在此基础上,来自欧洲、美洲的劳动力组成了阿联酋高学历、高收入阶层,南亚、东南亚的劳动力则主要从事低技术含量的体力劳动,阿联酋本土居民二者兼备,不同语言的使用者在交流时往往会选

择英语。根据阿联酋国家统计局的数据,到2010年本土居民仅占总人口的11%,在长达40多年的多民族多语言融合环境下,加之英语使用人群占据较高的社会地位,具有更多的话语权,英语在阿联酋主要城市成为了使用效率和频率较高的通用语,在教育和日常生活中广泛应用。

阿联酋语言政策从地位规划层面来看,国家宪法推行的是阿拉伯语单语,而在官方工作、经贸往来、教育教学层面,普遍通行的是阿拉伯语和英语两种,书面语、正式场合以阿拉伯标准语和英语为主,公共空间内涉及不同民族、不同语言的民众交流以英语为主,阿联酋本国人通常使用阿联酋方言。阿拉伯语标准语、阿联酋方言和英语的应用之间存在着一定的矛盾和张力,学校教学语言也在方言、标准语和英语之间反复调整,这种不尽一致的语言环境也给阿拉伯语教育带来了若干衔接障碍,阿拉伯语在公共场所、现代科技、文学作品中的存在日趋式微。基础设施、政府网站、官方文件多为阿英双语,更有使用阿丁字母书写阿拉伯语的情况(王辉,2015:8)。[①]

从习得规划层面来看,阿联酋公立学校的基础教育和中等教育阶段(1—12年级)使用阿拉伯标准语为教学媒介语,高等教育阶段使用英语。私立学校则从基础教育时期就以英语为教学媒介语,施行欧美教育模式。高等教育体系中,只有阿联酋大学有少量以阿拉伯语为教学媒介语的语言和伊斯兰文化课程,大多数高校均以英语为教学媒介语,课程中几乎没有阿拉伯元素,更有大学没有设立阿拉伯文学系。同时,阿拉伯语口语和标准语分化程度较大的特点也使阿拉伯语教学有一定困难。

在全球化影响逐渐加大,国际竞争日益激烈的条件下,阿联酋人发现英语代替了阿拉伯语成了通用语言,阿拉伯语在自己的国

[①] 王辉,2015,"一带一路"国家语言状况与语言政策,第一卷[M],北京:社会科学文献出版社。

家成了一种"陌生"的语言,有人提出了"语言危机"说,呼吁政府和民众要认识到,语言的丧失是民族文化的"沦陷",是民族身份的丧失[①],语言危机的提出让阿联酋政府意识到了阿语的地位问题,战略性语言政策的制定迫在眉睫。

三、"Vision 2021"语言规划内容述评

"Vision 2021"的总战略目标是在2021年将阿联酋建设成为一个综合发展的世界级强国,促进民族认同和文化凝聚力,使该国成为世界阿拉伯语发展中心。战略还包括社会责任、国家安全、经济建设、教育改革、环境保护和健康社保等方面。在语言方面,阿联酋副总统马克图姆认为阿联酋的民族认同与阿拉伯语紧密相连,通过阿语可以有效的表现国家价值、文化底蕴,扩展阿语的使用范围、促进阿语发展是为未来夯实基础,是年轻一代对国家文化传承的保障。在"Vision 2021"中明确提出要通过温和的伊斯兰价值观和阿拉伯语建设阿联酋独特的文化,文化与语言互相促进,使阿拉伯语重新成为一个充满活力和创造力的语言,广泛应用于演讲和写作,成为国家进步和阿拉伯伊斯兰价值观的象征。阿联酋的科研人员、学者应积极使用阿拉伯语研究创作,国家将对原创内容给予支持,积极推进国际文学和科学著作的翻译。针对阿拉伯语的发展一共提出了三项要求,一是提升阿拉伯语国内和国际语言地位,二是使阿拉伯语成为学术语言,三是将国家建设成为引领阿拉伯语发展的中心。为了实现"Vision 2021"的要求,国家内阁与未来事务部联合教育部、文化与知识发展部、司法部等多部门联合发力,从法律保障、财政支持、语言文化教育等方面保证阿拉伯语的语言地位。

---

① 蒋传瑛,2016,阿拉伯联合酋长国的语言危机[A],世界语言生活报告(2016)[C],第131—139页,北京:商务印书馆。

(一) 出台法律法规,保障阿语法律地位

《阿拉伯语语言宪章》在"Vision 2021"战略计划出台三年后颁布,《宪章》首先重申宪法中第七条的规定,即阿拉伯语是国家官方语言,随后从语言在行政、教育、文娱、商业、传媒领域的使用为阿语提供了法律保障,最后要求有关政府机构在其责任范围内应制定规章制度确保《宪章》的执行。

在行政方面,《宪章》规定阿拉伯语是政府工作语言,用于官方交流、通讯、文件、协议、法律法规等,是政府实体日常工作、与其他政党的官方机构交流沟通用语。《宪章》认为阿拉伯语在政府服务工作中有卓越成效,但同时规定,在必要情况下也为非阿拉伯语使用者提供其他语言服务。

在教育方面,《宪章》指出阿拉伯语是阿联酋教育的基本组成部分,教育部和相关机构须致力于提高阿语学习方法和能力,培养国内公立、私立学校阿语教师的语言能力,使其达到国际最高标准。政府相关部门应确保私立学校重视阿语教学,使阿联酋和阿拉伯学生能够掌握应有的语言技能。除了国内的阿语教育,《宪章》还规定,政府要鼓励非阿语国家的阿语教学,将其落实到学校层面,为不同学龄段的非阿语学生提供现代化的阿语教程,为成人开设阿语学习中心,包括以阿联酋境内大学为主体的公立中心和私立教学中心,从而搭建文化交流平台。针对阿语的高等教育,《宪章》规定政府要监督公立大学将阿语作为教学基础,关注阿语教学现代化,提高毕业生阿语能力,使他们为国家的可持续发展作出贡献。阿联酋的高等教育机构和科研中心应通过科学技术和文学创作丰富阿语语言词汇,鼓励阿语科研,使阿语重新成为具有创新创造力的语言,起到其历史意义。

在文娱、商业和传媒方面,《宪章》规定政府应鼓励和支持阿语文化产品和文学、科学作品的翻译,实现文化复兴和可持续发展,推广阿语文化活动、倡议和娱乐活动。政府需指导经济商业活动

提供阿语和其他语言版本的相关资料。为了促进阿语的正确使用，广播传媒机构的节目应使用标准阿拉伯语，特别是少儿类节目。

（二）进行教育改革，保障阿语教育水平

从阿联酋的法律文件中可以看出，阿拉伯语的国家语言规划占有很高的地位，政府也不遗余力地为推广复兴阿拉伯语给出了教育政策保证。根据"Vision 2021"中提出的一流教学评价体系显示，2016年统计发现阿联酋9年级学生熟练掌握阿拉伯语的比例仅为67%，为了能在2021年将这一数据提高到90%，教育部在教育总体战略改革中特别提出要提高阿语的教师素质，优化阿语教学课程，更新阿语教育技术。

2017年阿联酋国家资格认证部门（NQA）联合教育部、阿布扎比教育委员会、迪拜教育委员会和阿布扎比职业技术教育与培训中心出台了新的教师资格认证计划，阿联酋教育部明确规定所有教师需要通过考试认证，要求公立学校和私立学校所有任教人员通过正式考试和注册，并开具包括无罪证明在内的资格证明。教育部还鼓励支持教师参加国际培训，学习别国阿拉伯语教学理念，交流、提升教学技术。

在阿语基础教育方面，各酋长国教育机构纷纷制定相应法规，阿布扎比教育委员会提出了阿拉伯语、英语并行的双语教育模式，基础教育阶段形成以学生为中心新的课程体系，阿拉伯语言、历史和伊斯兰文化学习使用阿拉伯语，科学、数学等课程使用英语，并聘用母语者教授相应语言的课程。在高等教育和成人教育方面，阿联酋的高等教育机构开设阿拉伯语教学中心，扎耶德大学的阿拉伯语中心为来自国外和居住在阿联酋的非阿语人士提供在个人深造、学术研究、就业从业等方面应用阿拉伯语的知识技能，并教授阿联酋的文化和历史知识。课程主要通过翻译、商务阿拉伯语、外交官用阿拉伯语和古兰经阅读等阿语环境下的互动提高学生的书面和口语能力。

"Vision 2021"教育战略要求整合科技和教育,打造一个智能化、现代化的教育体系,2012年副总统马克图姆发起了MBRSLP智能学习项目(Mohammed Bin Rashid Smart Learning Program),经过五年的投资,阿联酋的学生、教师逐渐在教学课堂中使用上了最先进的智能设备,截至2016年,有202所学校加入了MBRSLP项目,为6 703名教师配备了电脑,1 719间教室装有智能教学设备,共有34 508名学生因此受益(MBRSLP,2017)。教育技术的革新为阿语教学带来了全新的教育模式,这一项目将学生的学习体验置于教学中心,把传统阿语教学方法与科技结合,使学生可以即时参与到语言学习中,原本拒绝发言的学生可以通过即时信息系统参与课堂学习,该信息可以单独发送给教师或在课堂公开发表(Pennington,2014),根据MBRSLP的统计显示,有79%的学生的学习态度得到了明显改善。智能系统的应用也为教师节省了大量时间,自动批改作业、展示板书教案等功能大大提高了阿语教学效率。

四、阿联酋语言战略存在问题评析

尽管阿联酋政府不遗余力地促进阿语发展,但在实际交流和教学过程中,英语对阿语的冲击不可忽视,根据针对教育系统中明显的英语转向,各酋长国都在尽职履行政府的要求,但在具体实施时仍然存在一定的困难。首先,资金人力资源分布不均。尽管阿联酋对教育和阿拉伯语教学的财政投入逐年增高,2014年教育投资98亿迪拉姆(折合约18.2亿元人民币),但资金很难保证在所有地区全面到位,资金不足的地区只能艰难地维持阿拉伯语教育项目。各酋长国学校和教师分布相差悬殊,阿布扎比的教师数量占总数47.95%,学校数量占总数37.74%,远超其他酋长国,尽管各酋长国面积和发展重心有所不同,但如此巨大的差距势必造成各酋长国教育关注点产生偏向,资源较少的地区首先要保证稳定发展,其次才能保证阿语教学,对阿拉伯语的全面复兴也产生了一定阻碍。

第二,不能保证合理的阿拉伯语课时数。在阿联酋的大学中,阿拉伯语课时逐渐减少,第一学期 300 个小时,第二、三、四学期分别为 204 个小时。小学课程中每周只有五个小时的阿拉伯语课程,包括在阿拉伯国家通常每周一小时或两小时的伊斯兰宗教课①。

第三,阿拉伯语影响力仍显不足。根据迪拜学校督察局 2012 年的报告,阿拉伯语课程通常会收到负面评价,有学者认为由于缺乏阿拉伯语科研资料,高等院校并不适合使用阿拉伯语教学,特别是科学技术方面。②另外,固有的语言态度影响了阿语的发展,一方面是英语和阿语的适用范围有明显差距,另一方面由于阿拉伯语口语和标准语的不同,使阿拉伯语课程很难取得预期成绩,家长和学生对阿拉伯语教学的开展并无足够的信心,扎耶德大学调查发现,有 50% 的学生倾向于英语教学,22% 的学生倾向于阿拉伯语教学,另有 28% 的学生认为二者皆可③。

从综合历史发展的角度来看,阿联酋政府为了复兴、推广阿拉伯语做出的努力在英语如此强势的影响下收效甚微的原因主要有以下三个方面。

一是英语在科研领域占据重要地位。根据 Web of Science 的统计,2016 年全球 SSCI 期刊收录学术成果共计 299 758 篇,其中英语 290 273 篇,德语 3 034 篇,法语 1 253 篇,汉语 21 篇,阿拉伯语仅有 1 篇,为了能够在学术界获得话语权,非英语母语的专家学

---

①② 王辉,2015,"一带一路"国家语言状况与语言政策. 第一卷[M],北京:社会科学文献出版社。

③ Randall, M. 2010. The status of English in Dubai [J]. English Today, 26 (1): pp. 43-50.

者也只能选择用英语写作，即使在本国语已经有丰富研究基础的国家也是如此。

二是美国的迅速崛起和德法俄等非英语大国发展减缓，科技的发展推进全球化进程，英语使用者的贸易规模扩张，大量劳动力涌入阿联酋，工厂的员工也倾向于使用英语交流，为了获取更多的利益，英语成为了高效便捷的通用语，英语的传播力度也达到了顶峰。

三是阿联酋自身受到英国殖民统治的影响，比起科研和经济对其他国家的冲击，英语在该国盛行更大程度是由于政治因素。英国殖民时期通过英语教育程度划分阶级，阿联酋独立时大部分人民文化程度有限，接受过英语教育的阶级有高的社会地位，在阿联酋独立发展后依然沿袭了英国的教育模式，这就使该国比起亚非殖民地更容易接受英语，也会使英语具有更高的语言地位[①]。

阿拉伯的专家学者认为阿拉伯语是国家、民族、文化的象征，在地位规划上一直给予了高度重视，但在实际工作中仍然使用英语，2008年议会才决定阿拉伯语为所有部门和机构的官方语言[②]。因此即使在建国之初阿联酋就规定阿拉伯语为国家官方语言的情况下，阿联酋全国都能接受英语作为实际使用的语言在国内通行，这也是在习得规划时显性语言政策与语言事实不能匹配的根源。但是阿联酋的"Vision 2021"仅处于开端，除了《阿拉伯语语言宪章》的政策支持外，阿联酋政府在阿语传播发展积极投入，在教育、媒体、技术创新、文化文学等领域都设立表彰奖项，从资金上鼓励使用阿拉伯语的个人和团体，在舆论上注意宣传阿拉伯语的使用，利用社交媒体传播阿拉伯文化，相信经过时间的沉淀将取得有效

---

① Burden-Leahy, S M. 2009. Globalisation and education in the postcolonial world: The conundrum of the higher education system of the United Arab Emirates[J]. Comparative Education 45(4): pp. 525-544.

② Cook, W. R. A. 2016. More vision than renaissance: Arabic as a language of science in the UAE[J]. Language Policy 58: pp. 1-22.

成绩。

总而言之,阿联酋提出语言战略虽然信心满满,但是实施起来困难重重。一个重要的原因就是战略的可行性与可操作性不强,缺乏全面系统的战略规划过程和具体的规划举措。需要指出的是,文化安全领域的语言问题绝不应该仅限于语言文化和教育领域,而应当加强国家的顶层设计,从政治、经济和社会层面慎重考虑语言问题。阿联酋这一战略的困境就在于,一方面国家在政治与经济实体领域与欧美国家有着千丝万缕的联系,另一方面又试图在语言文化层面消除西方影响,摆脱"本土语言危机"。这种"头疼医头、脚疼医脚"的做法,无异于缘木求鱼,并不利于本土语言安全问题的缓解和消除。

我们也发现,阿联酋的个案是具有重要代表性的。自20世纪中叶以来,一大批亚非拉国家在摆脱西方殖民或是半殖民统治与剥削之后,在现代化进程中从蹒跚学步到自信前行,在实现经济发展与社会进步之后,开始反思民族和国家身份问题。但是,即便是在全球化时代,在处理本土语言文化问题上,不少国家的后殖民思维却总是阴魂不散,始终无法走出独立的文化自信之路,因此,在国家文化领域的语言竞争态势或将长期存在,国家语言安全风险也始终挥之不去。

第三节　欧洲难民危机中的语言问题论析[①]

近十年来,由于世界政治变局和社会动荡,难民问题已经成为全球治理中的一个敏感问题,给世界安全局势带来极大的挑战。难民问题不仅是一个全球范围内的治理难题,同时也是关涉区域政治安全与社会安全的棘手问题。自2011年起,欧洲出现了自第二次世界大战以来规模最大的难民潮,难民问题引起了欧盟及世

---

①　本节部分内容载于《外语学刊》,2016(06),第166—170页。内容有删改,原文合作者为上海外国语大学博士刘辉。

界各国的关注,面对如此庞大的群体,欧盟各国相应出台了接收和安置政策,来解决难民的生活问题。欧洲各国均不同程度地遭遇到了难民带来的一系列社会安全与公共安全问题。在欧洲难民危机之中,语言问题尤为突出。难民的语言问题,已经进入欧洲语言治理中的安全议程之中。

我们将探讨难民输入国与输出国间的语言差异给欧洲难民带来的一系列问题,并在此基础上从语言安全规划视角,指出欧盟各国亟须关注与思考的语言教育规划问题。

一、欧洲难民人口状况

自2011年叙利亚内战爆发以来,出于地缘、历史、社会福利、难民政策、《申根协定》政策等原因,欧盟成为了难民避难的首选之地。根据欧洲统计局统计,2014年欧盟难民避难申请的数量为62.6万,这是自1992年以来的新高点。

据欧洲统计局统计,仅2013—2014年间申请到欧洲避难的难民输出国主要为叙利亚、阿富汗、科索沃、厄立特里亚、塞尔维亚、巴基斯坦、伊拉克、尼日利亚、俄罗斯和阿尔巴尼亚。这些难民避难申请的欧洲国家主要集中在德国、瑞典、意大利、法国、匈牙利、英国、奥地利、荷兰、瑞士和比利时。

二、语言与难民生活

相对于贫穷落后或者经济被战争击垮的国家,欧盟国家的高福利制度对难民无疑具有致命的吸引力。但是在他们长期居留过程中,语言成为他们求生谋福的关键性屏障。为了深入讨论这一问题,笔者将主要难民输入国与输出国所使用的语言进行比较(如表5.1、表5.2)[①]。

---

① 信息源自中华人民共和国外交部网站。

（一）难民面临的语言差异问题

表 5.1　主要难民输出国语言使用

序号	国家	国家/官方语言	殖民
1	叙利亚	阿拉伯语	法国殖民地
2	阿富汗	普什图语、达里语	
3	厄立特尼亚	主要用提格雷尼亚语，通用英语、阿拉伯语	意大利殖民地；英国托管地
4	科索沃	阿尔巴尼亚语、塞尔维亚语	
5	塞尔维亚	塞尔维亚语	
6	巴基斯坦	乌尔都语；英语曾为官方语言	英属印度殖民地
7	伊拉克	阿拉伯语、库尔德语	曾为英国的"委任统治地"
8	尼日利亚	英语	英国殖民地；英联邦成员国
9	俄罗斯	俄语，各共和国有权规定自己的国语	
10	阿尔巴尼亚	阿尔巴尼亚语	

表 5.2　主要难民输入国语言使用

序号	国家	国家/官方语言
1	德国	通用德语
2	瑞典	瑞典语；通用英语
3	意大利	意大利语，部分少数民族地区分别讲法语、德语和斯洛文尼亚语
4	法国	通用法语
5	匈牙利	匈牙利语
6	英国	英语；部分地区使用威尔士语和盖尔语
7	奥地利	德语

(续表)

序号	国家	国家/官方语言
8	荷兰	荷兰语;弗里斯兰省讲弗里斯语,海外领地还通用荷兰语、英语、西班牙语、帕皮阿门托语
9	瑞士	德语、法语、意大利语及拉丁罗曼语
10	比利时	荷兰语、法语和德语

如表 5.1 和表 5.2 所示,主要难民输出国中,除了曾沦为英法等国殖民地的国家外,其他国家的官方语言或主要通用语言皆与难民输入国的语言不同,由此可想而知,难民若要在输入国落地生根,不再依靠政府援助讨生活,他们首先需要克服的就是语言障碍,因为语言是他们在欧洲生活、学习、工作的重要工具。

(二)语言对于改善难民生活的意义

1. 语言是与人沟通交流的重要工具

据新华网 2015 年 9 月 19 日报道[①],难民因为沟通难、就业难、效率低而"嫌弃"法国。相比于法语,这些来自苏丹、埃塞俄比亚、厄立特里亚、阿富汗、巴基斯坦和叙利亚的移民更擅长讲英语。正如苏丹难民易卜拉欣·亚当所说:"与法国人互动时,即使懂英语,也不想说。他们明白我在问什么,但他们更喜欢用法语回答。与此相比,至少意大利人会试图与你说话。"故此,部分难民在选择逃亡地时,他们更青睐于选择那些语言态度较为包容、沟通较为容易的国家,如英国、意大利。由此可见,沟通交流成为难民在欧洲生活的关注要点之一。

但由于各国的语言态度、语言政策、语言使用方面存在巨大差异,难民很难与当地人进行沟通与交流,因此,对于目前身处欧洲的难民来说,他们面临的最大难题是如何让欧洲人民理解并接受

---

① 张超,2015,非法移民"嫌弃"法国,投奔英国?[EB/OL],新华网,9 月 19 日。http://news.xinhuanet.com/world/2015-09/19/c_128246833.htm。

他们。毋庸置疑,掌握难民输入国的语言成为难民走近欧洲人民,打破沟通壁垒的重要工具。但是,沟通不能仅仅依靠单方面的努力,欧盟人民也应该敞开胸怀,容忍差异的存在,尊重和保护难民的语言权利。有效的语言交流能够促进难民与当地人民沟通思想、化解矛盾、协调关系、增进情感,进而减缓欧洲难民的流动性,使难民安置问题早日得以解决。

2. 语言是难民就业的基本前提条件

难民身份仅能保证难民得以居留于欧洲,但对于流亡他乡、失去经济来源的难民来说,谋得一份工作,获得稳定可靠的收入,才是难民进入输入国后的头等大事。因此,符合当地劳动力市场的基本要求成为难民找工作的首要条件。语言能力是劳动者工作能力的重要构成要素之一[①]。德国联邦劳动局局长弗兰克·于尔根说[②],"我们的劳动力市场稳固且接纳能力强,但凡能说好德语并具有专业技能的人,都可以很快找到工作。"德国中小企业协会2015年10月23日公布的一份报告显示[③],3 000多家受访企业中,80%的企业认为难民无法快速融入劳动力市场;78%的企业认为,不足10%的难民能直接就业或参与职业培训;83%的企业拒绝聘用不会德语的难民。这组数据充分说明了语言是他难民寻找工作机会,解决生计问题的前提。语言产生于社会生产活动,服务于生产,有效的语言沟通能够促进生产,同样,生产也能促进语言的发展。

对于难民而言,如果他们的沟通仅仅局限于能够彼此语言相通的难民与难民之间,那么他们的生产与生活也只能局限于这样的社会结构之中,不能得到扩大。如果难民想要在欧洲谋求更好

[①] 沈骑、夏天,2014,论语言战略与国家利益的维护与拓展[J],新疆师范大学学报(哲学社会科学版)(4),第112—118页。

[②③] 沈忠浩,2015,德国就业市场的"难民经"[EB/OL],http://dz.jjckb.cn/www/pages/webpage2009/html/2015-11/02/content_11664.htm 经济参考报,11月2日。

的生活,他们便需要积极地融入当地的劳动力市场,参与社会生产,以此加速其身份融合的进程。但这一切都受制于其语言能力,语言能力的好坏制约个体在生产活动中的参与程度,同样,生产也能促进其语言能力的提高。

3. 语言是接受教育的必要基础

语言是教育的工具,离开语言,教育无从开展。理论上讲,每一位社会公民都享有使用自己的母语接受教育的权利。然而,这一理想受到诸多现实因素的限制。总体而言,优质的教育资源多依附于一个社会的强势语言。

对于欧洲难民来说,要在其输入国接受以自己母语提供的教育,至少要满足以下两个条件:1)输入国有关决策层能充分意识和尊重每一位公民以自己母语接受教育的权利,并对难民一视同仁;2)目的国有能力组织和维持系统的、持续的基于难民母语的教育,包括相关教育资源开发、师资队伍建设等。首先,就意识而言,在世界多数国家和地区都是强势语言主导教育,少数族群语言的教育未得到应有的重视,更不必说提供以外来民族语言为载体的教育。唤醒尊重这一受教育权利的意识有待时日。其二,就能力而言,欧洲难民群体的多样性注定了提供其母语媒介的教育困难重重。一个基本的问题是:提供这样的教育边界在哪里?说同一语言的难民达到怎样的规模可以考虑为其规划以其母语为媒介的教育?教育系统的终点是中学还是大学?若无相应的高等教育衔接,难民们是否会自动放弃追逐目的国语言主导的主流教育?

通过上述分析和追问不难发现,至少短期来看,欧洲难民尚不能奢望在其目的国享受以自己母语为媒介的教育。事实上,对各目的国而言,安置大量难民的生计问题相对于其教育规划来说更为迫切。因此,作为个体,难民若要接受教育,就必须学习当地语言。

4. 语言是身份认同、融入社会的有效途径

身份认同(identity)指的是用来界定个体所扮演的社会角色

或群体成员角色，抑或用以区别于他人的个体特征的一组意义。身份认同是在社会互动过程中形成的。人们往往根据交际者的符号称谓（即语言）来识别其身份；其属类是由其使用的语言和身处的文化决定的。因此，难民在沟通交流中所使用的语言将构建其自身及他人的身份认同及相互间的社会关系。但目前在欧洲的难民却因语言问题陷入了身份认同的困境。

2013年英国社区与地方政府大臣埃里克·匹克尔斯（Eric Pickles）在接受英国智库"英国未来"（British future）的采访时指出精通英语将是不同族群融合并促进社会流动的关键因素①。他还表示，使用同一种语言对经济、团结人民和增加相互间理解至关重要。德国歌德学院主席克劳斯-迪特·雷曼在接受东方早报记者采访谈到难民问题时，也指出对于在德国的难民而言，融合和融入的关键就是语言②。比利时布鲁塞尔自由大学（荷兰语）难民事务负责人科恩·范登·阿比勒所认为，如果这些难民能够在大学中学好语言并最终获得文凭，肯定能够在未来的比利时社会中找到自己的立足点③。因此，语言成为难民能够扎根欧洲融入欧洲的先决条件之一。那么，随之而来的就是难民的语言教育问题。

三、欧盟国家亟须思考的语言安全规划问题——语言教育规划

如前文所述，语言于个人而言，是基本素养，是权利，是生存之道；于民族而言，语言是文化的结晶、是民族精神的体现；于国家而言，是社会发展的推动力、是安全维护的保障。在欧盟国家应对与

---

① 王双，2013，调查称移民成英社会最大问题 民众忧社会分歧[EB/OL]，http://www.china.com.cn/education/news/2013-01/21/content_27747150.htm 中国新闻网，1月21日。

② 赵镇江、陈柯芯，2015，难民融入德国的关键是语言？[EB/OL]，http://cul.qq.com/a/20151030/019289.htm 腾讯网，10月30日。

③ 沈晨，2016，带着文凭上路的难民如何融入新文化[EB/OL]，http://www.chinanews.com/gj/2016/02-19/7763755.shtml 中国新闻网，2月19日。

安置难民的过程中语言问题凸显,因此,语言与语言教育问题成为欧盟亟待解决的问题。结合目前难民危机的现状,笔者认为欧盟各国应主要规划如下三个方面的内容:

(一)开展难民语言调查,制定语言教育政策

如今,难民已经成为欧洲社会基本社会群体形式之一。难民群体呈现出数量庞大、来源广泛、结构复杂、流动性强等特征。但截至目前,针对难民群体的调查却停留在部分基本人口特征的层面,并未涉及难民的语言、宗教、教育背景等相关信息,无法为制定相应的语言教育政策提供翔实的数据支撑。笔者查阅了联合国难民署、欧盟、欧洲统计局、欧盟边境管理局等机构的网站,仅查询到难民输出国、难民输入国、避难申请数量、性别、年龄及身份信息。这些信息只是利于解决欧盟各国难民分配及维护国家安全的问题,未能考虑到难民今后的生产和生活问题。因此,开展难民语言调查,了解难民的语言需求,制定相应的语言教育政策是欧盟各国需要深入思考和探索的。

(二)语言学习与培训

语言作为难民与人交流、接受教育、就业、融入当地社会的基本工具,语言学习与培训无疑成为欧盟各国需要即刻开展的又一项专项行动。欧洲部分国家持较为宽松的难民政策的原因是要弥补国内劳动力不足,但事实情况却是难民无法真正地填补劳动力空缺,这最重要的原因就是语言障碍。科隆德国经济研究所所长米夏埃尔·许特尔指出,语言是难民融入德国社会最大的障碍,因此需要为难民开设德语必修课。[①] 德国公司企业也呼吁当局应从难民入境的第一天起,就提供德语课程,并且加速对难民的专业及教育资格的认证程序。语言课程的开设得到了各界人士的关注。

---

① 沈忠浩,2015,德国就业市场的"难民经"[EB/OL],http://dz.jjckb.cn/www/pages/webpage2009/html/2015-11/02/content_11664.htm 经济参考报,11月2日。

多元文化的国家如何开展语言培训与语言教学在学界已经有了丰富的研究成果。依据教学对象、教学媒介语、语言科目、及选择方式的差别,托弗·斯库特纳布·坎加斯教授[①]将双语/多语教育划分为以下三种形式:1)强式(strong forms),如母语保护项目(mother-tongue maintenance/language shelter programmes)、双语项目(two-way bilingual programmes)及多语项目(plural multilingual programmes);2)弱式(weak forms),如短期母语项目(early-exit programmes)、长期母语项目(late-exit programmes);3)非形式(non-forms),如强势语语者以沉浸式学习方式学习一门外语或一门少数族群语言的项目(immersion programmes for dominant language speaker)、已丧失本族语的少数族群或土著族群以本族语作为教学媒介语的沉浸式学习(immersion programmes for indigenous people or minority)、以母语为代价的第二语言或外语学习(submersion),以及隔离式学习(segregation programme),即仅为少数族群儿童提供以弱势少数族群的语言进行教学的项目。由于目前难民需要解决的是在异乡谋生的问题,第三种形式在现阶段较为适合难民的现实需求。尽管难民的语言在欧洲是弱势语言,但从长远来看也需要得到应有的保护,其蕴含的经济价值、政治价值、文化价值、教育价值都是不容忽视的。

(三)师资问题

语言教师紧缺是欧盟各国面临的一个棘手问题。德国教育学会会长多洛斯·莎菲(Dorothea Schäfer)表示,"我们现在并没有足够的德语教师负责教授外籍学生(需要学习德语的外籍学生)。

[①] Tove Skutnabb-Kangas and Teresa L. McCarty. 2008. Key Concepts in Bilingual Education: Ideological, Historical, Epistemological, and Empirical Foundations[A]. In Volume 5, Bilingual Education, eds Jim Cummins & Nancy Hornberger[C]. Encyclopedia of Language and Education, 2nd edition. New York: Springer, pp. 3-17.

理想状态下,一位老师也只能负责教授 15 名学生。"①据德国《世界报》报道,德国已招募 8 500 人教难民儿童德语。目前大部分的德语老师都是兼职的志愿者。不难看出,语言教师的师资队伍在规模上远不能满足现实的社会需求。莎菲同时也担心没有接受过正规训练的语言老师将难以担此重任。从上述的一番话可以看出,语言教师师资队伍的规模、教师素质和结构、聘用制度等方面都是欧盟各国政府需要协调解决的问题。师资队伍的建设既要包括从事难民输入国语言教学的教师,也要包括从事难民输出国语言教学的教师,这不仅仅是教育公平的体现,同样也是教育生态化发展的关键。

难民在欧洲生活,要经历从语言到文化、到身份的转化过程。难民语言与语言教育问题的解决将为难民提供学习技能和接受教育的机会,具备良好职业素养的难民才能够在输入国开启新的生活,成为社会中的一员。科学理性地规划难民的语言教育问题将推进欧洲难民安置问题的解决。可以预见的是,难民语言安全与语言融入问题将是未来欧洲安全研究与语言规划研究不容忽视的重要议题。

第四节　苏格兰盖尔语保护与语言战略规划评析②

濒危语言保护和发展事关人类语言文化传承,是一个全球性的语言资源安全问题。自 20 世纪 90 年代起,随着"扭转语言转用"和"代际语言破坏等级"③的提出,语言濒危现象成为语言规划领域重

---

① 吴婷,2015,德国教师迎难民学生:语言教师紧缺 安抚是关键[EB/OL],http://lx.huanqiu.com/2015/lxnews_0921/72198.html 环球网,9 月 21 日。

② 本文部分内容载于《语言政策与规划研究》,2021(01)。内容有删改,原文合作者为同济大学外国语学院助理教授郭书谏。

③ Fishman Ja. 1991. Reversing language shift: theoretical and empirical foundations of assistance to threatened languages [M]. Clevedon: Multilingual Matters Ltd.

点关注的议题。鲁伊兹[①]提出的语言资源论,将语言多样性视为文化资源、智力资源、经济资源以及维护人权和公民权的资源,认为语言多样性加强了社会交流和联系,维护了文化多样性,具有多种意义上的建设性资源价值。在1992年举行的第15届世界语言学家大会上,"濒危语言问题"成为会议的两大主题之一。将语言视为社会生态的重要组成部分,凸显语言多样性对于保持本土民族文化的重要性,尊重并平等对待少数族裔的语言文字,逐步成为语言安全规划理论和实践中的一种思潮。在这一背景下,"将语言视为国家、社会乃至全人类的重要资源,并作为文化生态和文化'软实力'不可或缺的组成部分,对其进行科学的保护、继承、利用和传播"成为重要的政策实践[②]。

近年来,随着语言资源保护工作日益受到重视,国内学者加大对濒危语言保护与规划的研究。目前相关研究主要集中在濒危语言的社会语言学调查[③]、录音存档[④]以及语言资源保护工程[⑤]三个领域。以上研究大多基于人类学、社会学视角,其目的是挽救濒危方言的音系和语法等语言学特征以形成文献、录音资料。但是通过立法、行政等政策行为倡导濒危语言社会使用的语言规划尚未开展。如何以更广阔的视野对濒危程度不同的语言保护进行研究,是一项具有理论和实践意义的研究课题。本文通过简要回顾濒危语言保护的相关研究,从五个领域评析近15年来苏格兰盖尔语保护规划的经验与做法,分析这一规划的背景、举措和效果,总

[①] Ruiz, R. 1984. Orientations in language planning [J]. NABE Journal, 8: 15—34.
[②] 沈骑、夏天,2014,论语言战略与国家利益的维护与拓展[J],新疆师范大学学报(哲学社会科学版)(04),第112—118页。
[③] 孙宏开,2005,少数民族语言规划的新情况和新问题[J],语言文字应用(1),第13—17页。
[④] 范俊军,2015,少数民族濒危语言有声语档建设四论——关于语料采录和加工、技术培训等问题[J],西北民族大学学报(哲学社会科学版)(1),第78—82页。
[⑤] 曹志耘,2015,中国语言资源保护工程的定位、目标与任务[J],语言文字应用(4),第10—17页。

结并展望该规划存在的现实问题和未来政策走向。

一、语言规划视域下的濒危语言保护

语言规划这一概念诞生于二战之后,早期从理论到方法旨在为新独立的原殖民地国家建立一套标准的现代语言体系,包括为本土语言创制文字、发展语法、编写词典,实现语言的标准化、现代化,以期为民族团结服务。然而这一愿景的实现经历了相当的困难。由于不当的语言规划引发一系列社会矛盾,各民族围绕语言权利和本民族语言地位进行政策博弈。在之后的几十年间,政府在语言政策的执行中逐步寻求一种平衡:兼顾国家官方语言法定地位的同时,维护少数族裔的语言权利。不再以社会改造的视角将语言视为问题,将语言视为一种社会文化经济资源。

语言作为资源的观念促进了语言规划从理论到实践的逐步转型。1987年新西兰议会批准了旨在保护本土原住民语言的《毛利语法》(Maori Language Act),1990年美国国会批准了旨在保护美洲印第安语言的《美洲原住民语言法》(The Native American Language Act)。

澳大利亚学者洛·比安科[①]借鉴了豪根[②]的地位规划、本体规划等概念,和早期语言规划学者不同,Lo Bianco更加主张多语制,鼓励文化多样性,从语言的文化功能、社会功能和跨文化交际功能等方面论述了多语制的必要性。在政策实施方面,他将语言规划的政策目标划分为五大方面:语言地位规划、语言本体规划、语言习得规划、语言声望规划和语言使用规划。语言地位规划(status

---

[①] Lo Bianco, J. 2010. The importance of language policies and multilingualism for cultural diversity [J]. International Social Science Journal, 61: pp. 37-67.

[②] Haugen E. 1964. Linguistics and language planning [C]. Proceedings of the sociolinguistics: proceedings of the UCLA sociolinguistics conference.

planning)指政府通过立法程序确定某语言在一国之中的法定地位。通常在一国宪法中都会规定其国语或官方语言,此外还包含对少数民族语言地位的认可条款。语言本体规划(corpus planning)指对语言自身要素(如字、音、形、词汇、用法等)的规划行为。语言习得规划(acquisition planning)又称语言教育规划,是结合语言习得(包括一语习得和二语习得)理论对语言教育制定规划,使之科学有效。此外,还有语言使用规划(use planning)和语言声望规划(prestige planning)。在此基础上,他探讨了多语制对于文化多样性的重要作用,从五大方面概述了多语制下的语言政策规划。这一理论将濒危语言保护的各种政策行为纳入了统一的分析框架。洛·比安科本人曾应邀为苏格兰语言委员会提供语言规划政策咨询服务,并提交了一份重要的语言政策规划建议书,其中对苏格兰盖尔语保护和规划提出战略建议。在过去的 15 年中,苏格兰政府在盖尔语濒危语言保护规划过程中,取得了一定成效,也产生了一些问题。

二、苏格兰盖尔语的保护与规划

苏格兰盖尔语(下文简称盖尔语,通常盖尔语还可指爱尔兰盖尔语)属于凯尔特语族盖尔语支。公元 5 世纪,罗马帝国结束对英伦三岛统治后,盎格鲁—撒克逊民族入侵英格兰并征服了凯尔特人,古英语逐步成为英格兰地区的通用语。在苏格兰地区,长期以来苏格兰盖尔语和古英语同时存在。盖尔语是聚居在苏格兰地区的高地苏格兰人的传统语言。1018 年卢锡安(Lothians)省被苏格兰王国征服之后,盖尔语在社会、文化、政治等方面的地位达到顶峰[①]。1707 年《联合法》(Act of Union,1707)生效,随着英格兰、苏格兰、威尔士合并为大不列颠联合王国,英语成为教育媒介语和政

---

① Withers, C. W. 1984. *Gaelic in Scotland*, 1698—1981: *the Geographical History of a Language* [M]. John Donald.

府语言,苏格兰盖尔语的使用人数逐年减少。1745 年的詹姆斯起义(Jacobite Rising)失败后,英国政府实行高地大迁移(Highlands Clearances)政策,苏格兰地主被迫迁出高地地区,此举完全摧毁了盖尔语的生存基础①。如表 5.3 所示,据估计 1755 年时有 23% 的苏格兰人使用盖尔语,而到了 1806 年,这个数字下降至 18%。1951 年,仅存 95 447 人会使用盖尔语,占苏格兰人口的 1.9%(见表 1)。盖尔语的衰退一直持续到 21 世纪。2014 年的人口普查显示,在苏格兰拥有的 139 种家庭使用语言中,将盖尔语作为家庭语言者仅有 497 人,甚至比说汉语家庭人数(2 490 人)还要少。

表 5.3 苏格兰盖尔语使用者的历史人数变化(Mcleod, 2004)

年份	苏格兰盖尔语使用者总数	占苏格兰总人口比例(单位%)
1500	150 000(?)	50(?)
1755	290 000	22.9
1806	297 823	18.5
1891	254 415	6.3
1951	95 447	1.9
1981	79 397	1.6
1991	65 978	1.3
2001	58 652	1.2

盖尔语是苏格兰高地地区原住民凯尔特人的语言,具有悠久的历史和独特的民族性,是苏格兰地区大多数人口的语言,有着丰富的口说与文学传统。不少历史文献和书籍都由盖尔语书写,举世闻名的苏格兰民谣由盖尔语传唱。尽管盖尔语的存续在过去两百年间受到了强势语言英语的不断挑战,但是它的保存和复兴对于苏格兰民族的身份认同十分重要。此外,作为少数凯尔特语族

---

① Murdoch, S. 1995. Language Politics in Scotland[R]. Aberdeen: AUSLQ.

现存仍然被使用的语言,其存续记录了与英语差异化的语言特征,具有重要的学术研究价值。

随着苏格兰议会于 1997 年重新获得立法权力,由工党领导的议会和议会第二大党苏格兰国家党在盖尔语问题上达成一致,希望通过立法以实现盖尔语的复兴和发展。苏格兰议会于 2005 年通过了《盖尔语法》(Gaelic Language Act,2005)[①],自 2006 年开始生效。该项法律分为以下几部分。第一,成立苏格兰语言委员会(Bòrd na Gáidhlig),该机构作为各项法案的主要执行者,其宗旨在于鼓励盖尔语的使用,有效增加盖尔语的使用者数量。第二,规定每隔五年苏格兰语言委员会须向苏格兰教育部提交国家盖尔语发展计划;建立各地区、各机构盖尔语发展计划的政策途径和实施框架;确立盖尔语教育的基本方针和目标。第三,根据这一计划要求,苏格兰地区的公共部门须结合自身情况制定各自的盖尔语发展计划。

这一法案的通过扭转了盖尔语保护工作长期以来缺乏主管机构和经费支持的局面,确立了专项经费和主管机构,将盖尔语保护上升为政府行为。与民间组织和非营利组织相比,可以更加有效地组织各方资源促进语言使用和复兴。

2005 年法案实施之后,一系列具体政策得以出台,根据政策目标的不同主要集中在以下几个方面。

(一)双语制:盖尔语地位规划

英国成文法中没有规定英语是其官方语言,但在实践中作为官方语言使用。英国议会和政府文件都由英文书写,英国王室成员使用英语与公众交流。这一事实上的官方语言地位在历史上经历了漫长的斗争和变化,1066 年诺曼征服之后,法语一度

---

① Dunbar, R. 2005. The Gaelic Language(Scotland) Act 2005 [J]. Edinburgh Law Review,9:pp. 466-479.

成为英国王室和上层社会用语①。公元 1362 年《诉讼条例》(Pleading in English Act)法案规定法庭使用英语。在宗教领域拉丁语长期在教会中通用。经历了新教改革,亨利八世支持英文而不是拉丁文作为圣经统一版本的语言文字,直到 1568 年,具有新教色彩的英语版本的《圣经》得以出版并逐步成为通行版本②。自 1707 年《联合法》生效以来,英语既是大不列颠议会和政府的官方语言,又是苏格兰地区主要学校的教学媒介语。2005 年的《盖尔语法》中提出"确保盖尔语成为苏格兰官方语言,获得与英语同样的地位",从立法层面明确了盖尔语和英语共同作为苏格兰官方语言。

盖尔语官方语言地位的确立,是英国政府让渡部分权力进行属地管辖的结果。历史上苏格兰地区长期居住着高地苏格兰人(凯尔特民族)、低地苏格兰人(日耳曼民族)和英格兰移民(盎格鲁—撒克逊民族),语言分别是分属凯尔特语族的盖尔语、日耳曼语族的低地苏格兰语和苏格兰英语。由于凯尔特民族既是苏格兰地区最早的原住民,又是历史上苏格兰民族构成的主体,尽管在大不列颠王国中处于少数民族地位,但保持着独特的民族认同感。采用双语制赋予盖尔语和英语相同的地位,既兼顾了苏格兰民族的语言权利,又承认了苏格兰作为大不列颠联合王国一部分的政治现实。与《威尔士语法》(Welsh Language Act,1993)相似,延续了语言政策在英国各少数民族地区的一致性。

双语制在苏格兰地区的确立另一方面受到了多元文化主义(multiculturalism)政治哲学的影响③,这一公共政策主张从 20 世

---

① Crystal,D. 2004. *The Cambridge Encyclopedia of the English Language* [M]. Ernst Klett Sprachen.
② Greider,J. C. 2013. *The English Bible Translations and History* [M]. Bloomington:Xlibris Corporation.
③ Taylor,C. 1994. *Multiculturalism* [M]. Princeton:Princeton University Press.

纪60年代末被加拿大接纳,逐步扩散到其他国家和地区。多元文化主义主张政府支持和维护不同族群的各自特点。典型代表如加拿大的魁北克地区,司法上独具特色地采取大陆法系,语言上通行法语。英国自20世纪60年代起逐步酝酿多元文化主义政策,以工党内政大臣罗伊詹金斯为代表,被称为"詹金斯准则"。多元文化主义影响了许多后来的英国政府的政策制定[①]。在苏格兰地区,历史上凯尔特民族长期以来与英格兰主体盎格鲁—撒克逊民族在语言、身份认同等方面存在差异。在多元文化主义的影响之下,英国政府逐步让渡了部分权力,苏格兰议会能够决定当地社会的语言使用。

(二) 正字校音:盖尔语本体规划

豪根将语言本体规划分为三大步骤:文字化、语法化和词汇化。盖尔语的本体规划活动从19世纪就已经开始,一直延续至今。

为口说语言确立文字系统是语言本体规划的重要步骤。1976年苏格兰教育考试委员会(SCEEB)在其盖尔语专家部门(Gaelic Panel)的要求之下,设立了一个研究盖尔语书写系统的子部门。在SCEEB的努力之下,1981年第一版的《盖尔语书写标准》(Gaelic Orthographic Conventions)得以出版,这一书写标准结束了盖尔语长期以来书写不规范不连贯的历史[②]。2005年苏格兰资格认证局(Scottish Qualifications Authority)决定对这一标准进行修订,在原有基础上拓展了2 000余个新词,包含拼读规则、发音规则(元音、辅音、重读、省略、变音)、动词、介词、标点符号、数字、日期、地名、人名、缩写和词汇表等部分。

[①] Grillo, R. 2007. An excess of alterity? Debating difference in a multicultural society [J]. Ethnic and Racial Studies, 30; pp. 979-998.

[②] Ross, S. 2016. The standardisation of Scottish Gaelic orthography 1750-2007: a corpus approach. Thesis [M]. University of Glasgow.

早期进行盖尔语语法化研究成果包括 Elements of Gaelic (Stewart，1812)[①]和 The Celtic Review(Mackinnon，1909)[②]。随着 *A Gaelic Grammar*[③] 以及 *Grámar na Gáidhlig*[④] 两本盖尔语语法著作的出版，盖尔语逐步建立起较为完备的语法规则体系。

词汇化的过程包括词典编纂出版和语料库建设。盖尔语的词典编纂活动自 19 世纪始，包括 *Faclair Gaidhlig*、*A Gaelic Dictionary* 等辞典都是早期的典型作品。2005 年法案生效之后，盖尔语词典的电子化进程加快，出现了一批在线盖尔语词典。语料库建设主要成果有两项：DASG 文本语料库(Digital Archive of Scottish Gaelic)和 Tobar an Dualchais/Kist o Riches 音频语料库。前者于 2008 年建立，包含 337 份文本，总计 1 900 万词。后者由爱丁堡大学负责建设，起步于 2005 年，包括总计超过 1 520 件数字化作品，约合 11 500 小时的录音。此外，微软公司不仅出版了盖尔语风格指南，也推出了针对盖尔语的拼写检查功能。

(三) 家庭课堂成人教育并举：盖尔语习得规划

盖尔语国家规划文件中将习得规划划分为早期家庭教育、学龄教育和学龄后教育。早期家庭教育的盖尔语规划以宣传自愿为主，政策目标围绕"增加家庭中盖尔语的习得人数"和"以盖尔语为媒介的早教人数"。学龄教育阶段划分了盖尔语为媒介的教学(GME)和盖尔语学习者教学(GLE)，分别把盖尔语作为教学媒介语和外语进入课堂。学龄后教育针对成年人，以提高盖尔语使用者熟练度和盖尔语学习人数为目标。为了达成这一目标，作为配

---

① Stewart, A. 1812. Elements of Gaelic grammar: in four parts [M].
② Mackinnon, D. 1909. On the orthography of Scottish Gaelic [J]. Celtic Review, 6: 1-17.
③ Calder, G. 1923. A Gaelic grammar: containing parts of speech and the general principles of phonology and etymology with a chapter on proper and place names [M]. Colton Book Imports.
④ Byrne, M. 2002. *Grámar na gáidhlig* [M]. Stòrlann-Acair.

套措施盖尔语课程的开发和师资培训逐渐展开。

斯波尔斯基认为"语言活力是语言生存的关键,只有当语言的自然代际传承起作用的时候,语言复活才会出现"[①],并把爱尔兰语复活运动的失败归因于自然代际传承的不成功,因为把"维持语言的重任推给了学校"。盖尔语习得规划似乎意识到这一点,学校虽然是教育的主要场所,然而由于语言习得的特殊性,家庭在第一语言习得中也扮演了重要角色。因此必须鼓励成人学习盖尔语,为家庭中的盖尔语习得创造条件,逐步恢复语言的自然代际传承。此外,在学校域的语言管理实践中,地区语言、国家通行语言和强势外语会形成竞争关系。法语作为苏格兰地区传统意义上的强势外语,英语作为国家通行语言和世界强势外语,从工具价值而言都胜过盖尔语。除了民族情感之外,如何说服教育管理者和家庭成员,在盖尔语学习上投入资源,恢复使用已经弃用多年的本民族语言,将是一个显而易见的难题。

(四)使用双语化:盖尔语使用规划

如何在双语制社会中处理好两种语言之间的关系,避免冲突,增进和谐,是语言使用规划的目标。实践层面而言,麦克雷(McRae)区分了双语制中的属地原则(territoriality principle)和属人原则(personality principle)[②]。在盖尔语的语言规划中两种原则兼而有之:在大不列颠王国层面,苏格兰地区实行双语制符合属地原则,即仅在苏格兰、威尔士等少数民族聚居区下放语言立法权,让地区人民自己决定语言政策。而在苏格兰地区,每个个人可以任意选择盖尔语或者英语作为与官方交流的语言,符合属人原则。

---

① Spolsky, B. 2009. *Language Management* [M]. Cambridge: Cambridge University Press.

② McRae, K. D. 1975. The principle of territoriality and the principle of personality in multilingual states [J]. International Journal of the Sociology of Language, pp. 33-54.

从具体政策而言,国家盖尔语规划中明确了标识双语化政策。这一政策经由各个公共部门,如苏格兰警察局、苏格兰美术馆等等部门自行拟定的盖尔语规划,在全社会范围内广泛实施。具体而言,任何部门的标识、网站、文件和公共展示物,都将以盖尔语、英语两种语言共同呈现。例如,苏格兰警察局在原先英文版 Police Scotland 的涂装上,增加了 Poileas Alba 的盖尔语版本。

另一重要举措在于推动公共部门工作语言的双语使用,即无论政策咨询、展览导游、公共宣传等行为都由具备盖尔语英语双语能力的雇员进行。这一政策为苏格兰各个公共部门提出了新的要求,因此在各个部门自己的盖尔语计划中,都制定了人事、培训和公共服务各方面的具体方针。人事上优先雇佣具有盖尔语能力的人士;为现有员工建立盖尔语能力档案,培训语言能力;规定使用盖尔语举办讲座和活动的数量。

(五)鼓励公众参与和支持:盖尔语声望规划

语言教育规划应该作为本体规划和地位规划的成果,而声望规划是语言规划的动机要素[①]。简而言之,声望规划的目的在于推动公众认可盖尔语复兴运动的各项政策措施,并积极参与其中。

麦凯南(Mac Kinnon)总结了迄今为止公众对盖尔语态度的三次调查,第一次于 1980 年由盖尔语社区(An Comunn Gaidhealach)开展,第二次于 2003 年由英国市场调研(Market Research UK)进行,第三次于 2011 年由 TNS-BMRB 负责[②]。这三次公众调查构成了盖尔语态度和声望研究的基本依据。根据三次研究的对比发现,苏格兰人民对盖尔语的重要性认可度占据绝

---

① Baldauf, R. B., Kaplan Jr. R. B. 2005. *Language-in-education Policy and Planning* [M]//Hinkel, E. (ed.).

② Mac Kinnon, K. 2011. Public attitudes to Gaelic: a comparison of surveys undertaken in 1981, 2003 and 2011 [M]. Bòrd na Gáidhlig.

大多数。认为盖尔语对苏格兰人民十分重要的受访者不断增加，从 1981 年的 41％ 上升到 2003 年的 68％，直到 2011 年的 78％。认为盖尔语对苏格兰国家具有重要性的受访者由 1981 年的 70％，上升至 2003 年的 87％ 和 2011 年的 86％。认为在学校教育中增强盖尔语可及性十分重要的受访者由 1981 年的 49％ 上升至 2003 年的 66％，在 2011 年略有下降至 63％。

公众对盖尔语重要度认可程度的增加和盖尔语声望规划实践密不可分。自 2006 年起发布的国家盖尔语规划文件论述了盖尔语对历史遗产、民族自我认同、文化多样性和双语教育等几方面的重要意义，并不断通过媒体、教育和宣传，不断巩固加强公众的认可度。早在拉波夫[①]的社会语言学调查中已经表明，语言声望和语言态度对于语言演变具有至关重要的影响。濒危语言保护与发展仅靠专家学者和政府力量是不够的，通过声望规划改变大众对特定语言的态度、增加民意基础、认可语言复兴的重要性，是语言战略规划能否成功的重要前提条件。

三、盖尔语保护与发展政策评价

（一）盖尔语语言政策实施过程

自 2005 年《盖尔语法》出台迄今，苏格兰语言委员会已经完整制定并实施了两个国家盖尔语发展五年计划。包括议会、机场、大学等各个公共部门纷纷出台了结合自身的盖尔语发展计划。这些计划大部分按照苏格兰语言委员会提供的样板撰写，包含四个核心目标——认同感、交流、出版、人事，以及四大具体执行领域——语言习得、语言使用、语言地位和语言本体。在此基础上确立了每一项措施的具体步骤、截止日期、负责单位或个人。

---

① Labov. W. 1963. The social motivation of a sound change [J]. Word, 19: 273-309.

在盖尔语的复兴过程中,苏格兰语言委员会作为政策制定和执行的核心机构,更多地发挥了指导、宣传、资金和人事支持的作用。它指导并批准各个公共部门制定自己的盖尔语发展计划,为盖尔语教育、双语化标识、盖尔语戏剧文学等方面提供一定的资金支持。例如,盖尔语教育基金鼓励青年学生学习盖尔语,并在各个教育机构担任教职。盖尔语戏剧发展基金鼓励具有相应实力的团体创作盖尔语的话剧作品。

盖尔语国家发展计划主要包含各种鼓励盖尔语使用的政策,但不具有排他性和强制性,个人仍然具有选择哪种语言作为交际和教学媒介语的自由。近年来由于英语作为强势语言在全世界范围内的通行,苏格兰教育越发"英语化",外语教育的不足和传统语言的缺失,不利于地区和国家的文化多样性。因此,苏格兰教育部门在近年来不断强调"1+2语言战略",即在基础教育阶段保证习得第一语言的前提下,在小学一年级引入一门外语教育,在小学高年级引入另一门外语教育,力求受过教育的苏格兰公民在通晓母语的前提下,掌握两门其他语言。

(二)盖尔语语言政策成效显著

在盖尔语保护法案实施的10余年间,一系列盖尔语保护和复兴发展计划得以通过和实施。统计数据表明盖尔语使用人数的下降趋势大为减缓。2011年数据显示,尽管盖尔语使用者从59 000人下降至58 000人,仅占苏格兰总人口的1.2%,但相比前一统计周期11%的下降率,最近的统计周期仅下降了1.2%,下降趋势大体得到控制。引人注目的是20岁以下的盖尔语使用者上升了0.1%[①]。

盖尔语习得规划的实施取得了一定成效,2009—2016年,以盖尔语为媒介语的教育(GME)取得了一定增长,人数从2 638人

---

① Mcleod, W. 2004. Divided gaels: gaelic cultural identities in scotland and ireland, c. 1200-c. 1650 [M]. New York: Oxford University Press.

增长到 3 892 人,在原有基础上增加了 50%;但是盖尔语学习者教育(GLE)近年来保持在 7 000 人的水平甚至略有下降。从绝对数量而言,盖尔语教育的发展仍然任重而道远,GLE 和 GME 的总人数仅占学生总数的 1.6%(见图 5.1)。

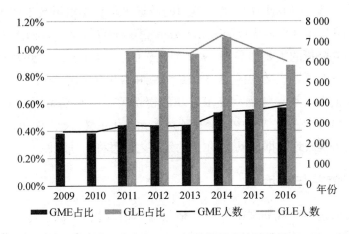

图 5.1　2009—2016 年 GME 和 GLE 的学生及占比统计(Gov. scot, 2017)

近些年盖尔语本体规划的主要成果集中在电子化方面,语料库、在线词典、拼写检查软件等相继建设,2016 年盖尔语成为最新收录至 Google 翻译的语言,这一系列举措为盖尔语的互联网使用提供了基础。此外,使用规划措施初见成效,公共场所的盖尔语标识已随处可见,苏格兰美术馆、警察局等主要社会服务机构已提供盖尔语服务,双语版本的网站逐步面向公众开放。

(三)未来政策展望

过去多年来的语言复兴政策虽然遏止了盖尔语在苏格兰的持续下降趋势,挽救其濒危处境,但距离 2005 年法案中盖尔语作为苏格兰官方语言之一的地位还相去甚远。相比英语接近 100%的使用人口覆盖率,盖尔语目前 1.2%的人口覆盖率和 1.6%的教育覆盖率仍然显得非常弱势。希伯来语的复兴从 1879 年埃里泽·

本·耶胡达提出到 1998 年已达到 500 万使用者,历时百年之久。未来如果苏格兰的 500 多万人口都成为盖尔语使用者,恐怕也将持续百年。

决定未来盖尔语政策是否会像希伯来语一样成功,主要取决于多元文化主义和集中主义在英国的政策平衡。盖尔语政策的主要推动者苏格兰民族党(Scottish National Party)同样也是 2014 年苏格兰独立公投的主要倡导者,从某种意义而言,盖尔语的复兴政策不单纯具有语言意义,更包含了民族独立和身份认同的主张。这一点在希伯来语复兴与犹太复国运动的密切关系中已成为历史佐证。2011 年卡梅伦在演讲中已经批评过多元文化主义,未来趋同的集中主义若在政坛占据上风,盖尔语的复兴之途恐将十分漫长。

四、借鉴与启示

通过语言规划理论分析苏格兰盖尔语复兴实践可以发现,濒危语言保护不仅需要技术层面的录音录像,更需要战略规划的指引和立法的支持。在语言本体、语言习得、语言声望等各个层面制定相关规划,采取行之有效措施力求将语言作为重要文化资源和民族情怀载体,使其得到应有保护。

苏格兰盖尔语的复兴政策为濒危语言保护政策提供了一个解决方案和路线图。通过地方立法程序赋予濒危语言相应的法定地位;通过编纂词典、语料库和电子化程序实现语言的现代化和标准化;面向全年龄段因地制宜确立教育目标,恢复代际语言自然传承;鼓励公民在语言生活中能够平等地使用濒危语言和强势语言;根据现有统计了解语言声望并制定措施宣传濒危语言,为其存续创造良好的舆论声望。以上措施构成有机整体,其政策关键在于通过建构盖尔语在当代的工具效用,鼓励公民作为主体参与到濒危语言复兴当中来,从而为盖尔语的社会使用创造有利条件,最终实现代际语言的自然传承。从国家语言资源安全视角看,民族语言的保护不仅是保存在博物馆中的"文物",语言最终也需要被赋予一定的社会功能和使用场景才能维持延续。当前,在坚持国家通用语言文字政策的前提下,科学保护各民族语言文字是实现国家语言资源安全的关键所在。

第五节　丹麦高校"双语并行战略"研究[①]

语言安全问题不仅是在国家与地区层面,在机构和社区层面的语言安全问题同样值得关注。教育领域素来都是语言规划的重要研究领域。李宇明先生曾经指出:教育领域的语言竞争与语言矛盾最为突出[②]。教育机构不仅受到国家和社会语言生活状况的影响,在教育机构内部,不同语言的竞争也会带来教育安全问题。教育领域的语言安全是当前中观与微观领域语言规划的热点领域。

近年来,高等教育领域的语言规划,乃至高校语言战略研究在国外更是备受重视。从学校层面看,高校的教学、科研和社会服务都以语言为媒介,高校如何在不同场合和领域中规划不同语言的学习和使用已引起国外学者的广泛关注。除了常规的语言教育研究外,不少研究者将目光集中于如下几个方面:一是高校各个层面如何应对英语作为教学语言(EMI)这一趋势;二是以非英语作为学术语言的规划问题;三是高等教育国际化进程中多语战略下各种语言间的博弈,四是高校"双语并行战略"的发展和演进[③]。总

[①] 本文部分内容载于《云南师范大学学报》(对外汉语教学与研究版),2017, 15(06),第 73—81 页。内容有删改,原文合作者为上海外国语大学硕士研究生王雅君。

[②] 李宇明,2016,语言竞争试说[J],外语教学与研究(2),第 212—225 页。

[③] Saran Kaur Gill. 2016. Change in Language Policy in Malaysia: The Reality of Implementation in Public Universities [J]. Current Issues in Language Planning(1); Cots, J. M., Lasagabaster, D., Garrett, P. 2012. Multilingual policies and practices of universities in three bilingual regions in Europe [J]. International Journal of the Sociology of Language, (216); Hult, M. K. F. M. 2016. Discursive mechanisms and human agency in language policy formation: negotiating bilingualism and parallel language use at a Swedish university [J]. International Journal of Bilingual Education & Bilingualism(1).

体而言,国外对于高校语言规划的研究已具规模,研究的深度和广度不断扩展。在我国,随着高等教育国际化的发展,尤其是"双一流"建设战略的实施,高校语言规划问题亟待引起重视。目前我国高校语言规划主要局限于语言教育领域,现有研究存在重视不足、问题意识缺乏、焦点单一等缺陷,尤其缺少对高校语言管理、母语高等教育规划、英语作为教学语言(EMI)规划、国际学术语言规划、外语教育规划等话题的深入探讨。面对建设世界一流大学和一流学科的时代重任,研究并制定全面的高校语言战略是摆在语言研究者面前的重要使命。2008年至今,丹麦哥本哈根大学全力推进实施"双语并行战略",该战略问题导向突出、内容全面丰富,探究哥本哈根大学提出"双语并行战略"的背景,分析该战略的内容与特色,可以为我国在"双一流"建设中建构高校语言战略提供重要的借鉴。

一、"双语并行战略"内容评析

哥本哈根大学(以下简称"哥大")是丹麦最有名望的综合性大学,也是北欧历史最悠久的大学之一。经过500多年的发展,哥大已发展成为一所学科全面、集教育与科研于一身、多项科技成果领先世界的著名公立大学。在全球化时代,伴随着世界不断"缩小",知识分类体系逐步走向统一,知识的跨国流动加剧,各个国家的教育改革迅速被纳入全球教育体系,不同的民族国家正以开放的姿态学习互鉴,促进共同理解,真正进入了教育国际化时代[①]。哥大强调大学的意义在于服务社会,期望搭乘高等教育国际化快车,吸引国内外最优秀的学生以及高层次研究人员和教师,加强内外合作,不断提升其作为国际公认的研究型大学的地位。语言接触必然引起语言竞争[②],因此高等教育国际化也会产生语言间的博弈

---

① 杨启光,2011,教育国际化进程与发展模式[M],社会科学文献出版社。
② 李宇明,2016,语言竞争试说[J],外语教学与研究(2)。

问题。在多语竞争中,最有可能胜出的语言无疑是英语,这不是偶然的,这与新自由主义的权力和意识形态霸权存在固有联系[①]。但是不可否认的是,过去几十年的全球化进程促使英语成为全球语言体系的核心[②]。因此,高校如何制定合理的语言政策,在维护本土语言地位并发挥其作用的同时,合理规划和处理英语的地位成为亟待解决的问题。为实现这一目标,2008年,哥大成立国际化以及双语并行中心推进实施"双语并行战略"以服务于其国际化战略目标。

哥大提出的"双语并行战略"是指在某一领域内两种语言扮演平等的角色,语言选择取决于在特定情境中该语言的适用性和效率。在哥大,丹麦语和英语并行使用,哥大高度重视丹麦语作为学术语言的重要地位,同时鼓励使用英语并将其作为学校的教学和行政语言[③]。此外,哥大提出的"双语并行战略"并不限于丹麦语和英语,也涵盖其他语言服务,鼓励大学教职员工和学生使用多种语言。为了更为清晰地解读该语言战略的内容,我们借助卡普兰和巴尔道夫提出的语言规划目标框架进行评析。两位学者提出的语言规划目标框架涵盖四种语言规划活动类型,即语言地位规划,语言本体规划,语言习得规划以及语言声望规划[④]。每种语言规划对应多个目标,特别的语言规划包含多种语言规划类型,可能有多个目标,目标之间不是彼此独立的,也不是孤立实施的,而是作为更广泛的目标的一部分。基于此框架可以发现哥大的"双语并行战略"主要从以下五个方面开展语言规划,推

---

① Phillipson, R. 1992. Linguistic Imperialism [M]. Oxford: Oxford University Press.

② 张红玲,2007,跨文化外语教学[M],上海外语教育出版社。

③ Siiner, M. 2016. University administrators as forced language policy agents. An institutional ethnography of parallel language strategy and practices at the University of Copenhagen[J]. Current Issues in Language Planning, p. 17.

④ Kaplan, R. B. & Baldauf, R. 2003. Language and Language-in-Education Planning in the Pacific Basin [M]. Kluwer Academic.

进和保障战略实施。

（一）语言管理机构扮演多重角色

为推进和实施"双语并行战略"，哥大专门成立"国际化以及双语并行中心"（The Centre for Internationalization and Parallel Language Use，以下简称CIP）来研究和应对各类语言问题。CIP是一个充满活力的场所，其核心价值观包括经验共享、激辩和协作。CIP旨在推广以研究为基础的语言战略，从而促进校内人员对于丹麦语、英语以及其他语言的掌握，不断提升哥大的国际形象。CIP极其注重研究，其研究领域包括：并行语言在实践中的应用、外语和二语习得及教学、语言政策、语言学习效果、学术背景下的语言能力测试。此外，该中心开展多样的研究活动。以研究为基础制定的语言战略更加切合实际、提供的语言课程更能满足需求，体现其科学性、先进性。CIP的管理团队认为让教职员工参与语言战略的制定和实施至关重要，注重实践与反馈。在哥大之外，该中心也不断加强与丹麦社会以及国际组织和机构的合作。CIP不仅扮演着语言政策研究者、制定者的角色，倾听各方意见，还提供语言研究以及语言学习方面的信息和资源，推出多样化语言课程，并组织各色活动。在行政上，CIP设在人文学院，隶属于教育学院。从它的组织结构来看，该中心不断加强与英语、日耳曼语和罗曼语系研究院以及北欧语和语言学研究院的合作，力求与学校所有六个学院的管理、行政、教育和研究部门建立联系。

为保障"双语并行战略"的顺利实施，提升全体成员的多语能力，CIP推出国际化和语言技能项目，该项目是一个在2013—2016年期间实施的跨学科合作项目，其目的是制定一些倡议，提升学生的语言以及跨文化交际能力，注重改善学校的学习及研究环境，加强整个大学学习环境的国际化，吸纳优秀人才。此外，哥大推出"让更多的学生使用更多样的语言"2013—2018五年项目，为学生出国学习做准备，提升学习环境以及工作场所的国际化水平。五年发展期分为两个阶段:项目第一年注重需求评估,以后四年为发展阶段。由于该语言项目是面向用户和用户驱动的,因此注重所有相关人员的意见,以此配合以研究为导向的需求分析。

(二)地位规划明确具体

语言地位规划指的是选择使用某种语言,实现某个社会、机构或个人的目的,达到特定的语言目标,语言地位规划的主要目标是以公开或含蓄的方式确定某种语言在某个社会中的地位,公开的语言地位规划通常采用官方化、国语化和禁止使用三种形式[①]。2004年丹麦领导人会议、北欧部长理事会、丹麦文化部均指出为应对英语作为国际通用语的强势地位,应将"双语并行战略"提上议程,同时鼓励多样化语言的使用,彼此之间和谐共存,互不侵犯。哥大的语言地位规划响应国家号召,旨在使丹麦语和英语成为两种并行语言,同时尊重其他语言的使用。从整体来讲,哥大的语言战略服务于学校整体发展战略。纵观哥大发展战略,无不体现其国际化需求。哥大强调自主研究以及基于研究开展教学,战略实施关键点有三:一是教研结合,二是加强内部合作,三是密切外部联系,这使得哥大成为一个多语竞争之地。为配合学校整体发展战略,哥大提出"双语并行战略",把丹麦语和英语置于平等地位,同时倡导使用多样化语言。学校希望通过丹麦语服务丹麦社会,同时发挥英语在国际教学以及其他领域作为信息解码和媒介的积极意义。

(三)本体规划科学系统

语言本体规划是对语言本身的改造,既包含赋予缺乏书写系统的语言一套完整的正字体系,也包含完善现有的正字法,主要包括编典和细化两个方面。编典实质上是一个标准化过程,可分为文字化、语法化和词化,细化包括词语现代化、文体现代化、革新

---

① Kaplan, R. B. & Baldauf, R. 2003. Language and Language-in-Education Planning in the Pacific Basin [M]. Kluwer Academic.

(语言净化、语言改革、文体简化、术语统一)以及国际化[1]。在全球化背景下,科技发展日新月异,外来科技名词层出不穷,术语统一和规范等充斥着语言竞争。非英语国家的科研人员遇到新术语,就面临着采用英语、翻译或者另造新词/字的艰难抉择[2]。哥大希望丹麦语在国际学术领域占有一席之地,因此提出丹麦语应作为一种学术语言,在此背景下,用丹麦语进行术语翻译以及创制新词被提上议程。与此同时,随着全球化的深入发展,英语逐渐成为通用语,其地位日益增长。然而,当英语用于国际交流时,可能需要对其语言语料进行正式或非正式的更改。语言可以在结构和词汇两个方面进行简化,或者忽略其部分语用信息,以便语言的使用者更易于理解[3]。在此方面,哥大正着手解决这些问题。

(四)习得规划全面丰富

语言规划学家罗伯特·库珀将语言习得规划从豪根提出的语言规划模型中的"实施"部分分离出来,赋予其独立地位,成为一种新的语言规划类型[4]。语言习得规划也叫作语言教育规划,主要关注教育中的语言规划问题。语言教育规划是指制定宏观政策,采用具体的方法和材料,支持个人和社区的语言发展,以实现不同语境中语言的多样化功能,这些目标可能会满足社会、机构或个体需要。语言习得规划包括六个目标:(1)确定教育规划的对象,(2)确定课程,(3)确定教学方法与教材,(4)建立评估体系,(5)反

---

[1] Haugen, E. 1983. The Implementation of Corpus Planning: Theory and Practice[J]. Cobarrubias, J., Fishman, J. A. *Progress in Language Planning*[M]. Mouton Publishers; Kaplan, R. B. & Baldauf, R. 2003. *Language and Language-in-Education Planning in the Pacific Basin*[M]. Kluwer Academic.

[2] 赵守辉、张东波.2012.语言规划的国际化趋势:一个语言传播与竞争的新领域[J].外国语(上海外国语大学学报),(4).

[3] Kaplan, R. B. & Baldauf, R. 2003. *Language and Language-in-Education Planning in the Pacific Basin*[M]. Kluwer Academic.

[4] Cooper, R. 1989. *Language Planning and Social Change*[M]. Cambridge University Press.

映社会需求,(6)确定教育资源投入,(7)确定师资供给[①]。

1. 确定教育规划的对象

哥大提供的语言课程是其一大亮点,其课程不是随意设置,而是基于研究,量身定制,因时而变。针对学术研究人员、行政人员、留学生等群体的不同需要,提供不同的语言课程,确保教职员工及学生的语言能力达到"双语并行战略"可以执行的水平。哥大为全校师生提供的课程主要包括三类:一是一对一的语言训练,主要针对研究人员,使其克服语言障碍完成特定任务,比如会议演讲、文章发表等;二是量身定制的语言课程,主要针对特定的研究群体和行政人员,上课地点灵活;三是 CIP 的常规语言课程,全体师生均可参加。由此可见课程的覆盖面之广、针对性之强。

2. 确定课程

在哥大校园工作中,大部分沟通以丹麦语进行,比如电子邮件、会议等,在午餐和咖啡时间也经常讲丹麦语,对于正在学习丹麦语的人来说,这可能是一个挑战。因此,学校提出了"让我们讲丹麦语吧!"这一口号,提供免费的市场导向型丹麦语言课程。该项目包含的丹麦语言课程持续 18 个月,共 250 节,以面授和网络授课两种形式穿插进行来提升学生的听、说、读、写能力,培育基本语言技能,学习相关语言技巧,传递文化内容,促进文化认同。此外,学校同样注重外语教育并鼓励以英语为媒介进行授课,倡导学术成果面向广泛受众。最终实现所有教师以及学生无论是在国内环境还是在国际环境中都能够根据不同情景、不同需要使用丹麦语、英语甚至其他任何语言。

3. 确定教法与教材

CIP 的主要目标之一是提供高质量的语言课程,旨在满足所有师生的多样化需求。语言教学采用交际教学法,并以教学研究

[①] Kaplan R. B. & Baldauf, R. 2003. *Language and Language-in-Education Planning in the Pacific Basin* [M]. Kluwer Academic.

和二语习得研究为基础。经验分享,激辩和协作是其语言课程发展的核心要素,因此 CIP 的员工定期参加团队会议,在课程开发和教学方面与同事分享经验并交流意见。但是,在教材选取方面,CIP 并未给出明确说明。

4. 建立评估体系

CIP 提供英语语言能力认证评估,帮助受试者认清自己的水平,有针对性地进一步提高学习者的语言能力,同时为需求分析提供依据。测试名为学术人员英语口语水平测试(Test of Oral English Proficiency for Academic Staff),过程持续两个半小时,包含三个环节:热身讨论、迷你演讲、回答问题。测试过程内涵丰富,互动性强。测试结束后,CIP 不仅给出分数,还为参加者提供书面以及口头反馈,提供测试全过程的录像资料,并组织后续会议。因此学术人员英语口语水平认证是一个重要的能力提升工具,注重如何提升参与者的英语语言水平,并为需求分析提供数据,而不是局限于测试结果的得出。

5. 反映社会需求

语言规划不是凭空想象,要关注与语言规划相关的社会环境,倾听来自不同群体的声音。高校语言规划是一个复杂的过程,需要将政治、经济、社会、宗教、人口结构、教育和文化等复杂的社会环境因素纳入考虑。此外,来自国际和国家组织以及政府机构在宏观和中观层面的外部政策限制学校的自主权。为应对这种复杂性,需要不同的参与者加入语言规划行动,确保语言政策的合理性。语言规划的参与者可以形成一个从国际到国家,再到地方直至基层和个人的等级序列,处于该序列不同层面的规划者所做出的尝试、付出的努力相互作用,既有利于共同利益的协调与合作,也不乏矛盾和冲突。实际上,高校语言规划需要连续的自上而下以及自下而上的广泛合作,以适应语言规划环境中各种相互矛盾的需求。通过分析哥大的"双语并行战略"可以发现,学校为语言政策的利益相关者提供广泛的参与空间,不仅加强校外合作,重视校内各个学院间的联系,而且注重将学生纳入语言政策的研究、制定和实施。

6. 确定教育资源投入

高校语言战略的成功实施需要国家的支持、相关部门的协作、充足的师资、完善的设施,而这一切都以稳定可靠的资金来源为保障。我们发现,无论是在哥大的"双语并行战略"的介绍之中,还是对其他配套项目的描述中,都很少提及资金来源。仅有在"让我们讲丹麦语吧!"这一项目中,提到其丹麦语课程是免费的。此外,在"让更多的学生使用更多样的语言"这一五年项目中规定每年60万丹麦克朗被作为种子基金,指导委员会将按照一套标准每年两次通过申请款项,但是并未明确资金来源。语言政策以及相关配套项目中对于资源投入问题的回避或者模糊提及难以真正确保语言战略的实施,往往导致理想与现实的较大差距。

7. 确定师资供给

高校语言战略的成功推广不能仅停留在表面,缺乏明确细致的课程和相关项目保障的高校语言战略最终只能沦为一纸空文。学校针对推广语言政策推出的语言课程以及其他课程应关注多种因素对教学效果产生的影响,除了已经提到的教育规划对象、教学课程、教法教材、评估体系、社会需求、资源投入等,师资供给也会在很大程度上影响教学质量,进而对高校语言规划活动产生或积极或消极的作用。为保证课程效果,学校应明确师资供给,不仅注重教师数量,更应把教师质量作为重中之重。反观哥大的"双语并行战略",尽管学校推出基于研究、量身定制的多样化语言课程,配以丰富的语言课程项目,但是在师资供给方面却只字未提。学校开设课程、启动项目的初衷无可非议,但是对师资供给的忽视在日后难免会带来令人失望的结果。

(五)声望规划重点突出

德国语言学家哈尔曼在地位规划和本体规划之外提出语言规

划的另一个纬度,即声望规划。语言声望规划发生在政府活动、机构活动、群体活动以及个人活动四个不同层级之中,每个层级反应不同的声望,其影响效率也不尽相同[①]。声望规划是指制定语言政策并鼓励使用某种特定的语言形式,在重要或有声望的情境中得以充分利用语言的全部功能[②]。语言声望规划最主要的目标是语言推广,即制定政策提高某种语言在某个国家的地位以及声望。语言地位规划、本体规划、习得规划的完成并不代表语言规划活动的结束。为确保语言政策的影响力,语言推广不容忽视。此外,全球化的深入发展使得世界被不断压缩,各国联系日益增强,英语几乎无处不在,在此背景下,语言智识化可以确保在多种语言构成的生态环境中某种语言拥有稳固的地位[③]。因此,语言规划和政策推进不仅要求不同层次的机构推广语言,还要求个人和团体通过在重要领域使用该语言来实现语言智识化。哥大将丹麦语与英语置于平等地位,强调丹麦语用于全体教职员工以及学生的生活、工作和学习,倡导把丹麦语作为一种科学语言、专业语言、高等文化语言,不断提升丹麦语的社会声望。

二、思考与启示

哥大的"双语并行战略"内容丰富、特色鲜明,对我国高校语言规划具有重要的指导意义和借鉴价值。目前,我国高校语言规划主要局限于语言教育领域,依然面临诸多问题。具体而言,我国高校语委管理职能单一模糊,缺乏科研规划;母语高等教育规划缺位;高校双语教学,特别是 EMI 教学在师资力量、学生水平、教材选用、教学方法等方面不完善;国际学术语言规划研究尚未系统开

---

① Haarmann, H. 1990. Language planning in the light of a general theory of language: a methodological framework [J]. International Journal of the Sociology of Language(1).

②③ Kaplan, R. B. & Baldauf, R. 2003. *Language and Language-in-Education Planning in the Pacific Basin* [M]. Kluwer Academic.

展;高校外语教育规划也存在结构性和制度性问题。哥大基于以高等教育国际化为导向的整体发展战略提出了"双语并行战略",把丹麦语和英语放在同等重要的位置,同时注重推广多样化语言。该战略在内容建设方面有不少可圈可点的经验可资借鉴,这些经验值得中国高校关注和参考。在"双一流"建设进程中,中国高校应加强对语言规划的重视,全面关注语言管理、母语高等教育规划、英语作为教学语言(EMI)规划、国际学术语言规划、外语教育规划等五个方面。

(一) 全面发挥高校语委管理职能,开展语言安全规划

为推进并确保语言战略实施,哥大专门成立 CIP 来研究和应对各类语言问题,以求更好地推进和实施"双语并行战略"。CIP 不但是语言政策研究和管理机构,也是一个资源提供者,负责提供语言研究以及语言学习方面的信息和资源,推出多样化语言课程,并组织各类语言活动。这一语言管理机构的建设具有重要借鉴价值。高校不仅是国家培养高素质人才的重要基地,也是维护国家语言文字的重要阵地。加强高校语言管理既是历史和社会赋予的使命,也是应对和解决高校语言问题的迫切需要。中国高校通常均设有语言文字工作委员会,负责推广普通话、进行普通话测试等具体工作。但从语言战略角度看,高校语委的语言管理职能单一模糊,缺乏科研规划。因此,中国高校应加强语委建设,具体而言可以从管理理念、管理机制、管理队伍、管理手段四个方面入手。首先,应认识到语言管理的重要性及其范围,避免将语言管理等同于普通话推广的倾向性,明确语言管理机构可扮演语言政策研究者、制定者和资源提供者等多重角色;其次,健全语言文字管理机构,完善语言文字管理机制,为保障语言管理的效率,可以采取在一条清晰的指挥链的顶端设置权利的方式,比如高校语委隶属于校长或副校长,下设专职管理人员以及工作人员,依照相应的管理办法负责语言文字的日常管理工作;再次,语言文字管理工作难以仅靠专职机构的力量独自完成,必须开发人力资源,加强内外合作,倾听来自不同群体的声音,发挥更多有识之士以及专业人才的优势;最后,高校语委必须不断创新管理手段以进一步扩大语言文字工作的影响力,信息化手段就是方式之一。高校的语言管理工作必须做到与时俱进、开拓创新,营造良好的语言环境,全面提高人才素质,逐步实现高校示范社区,社区辐射社会的长远目标。

(二)深入推进母语高等教育,捍卫母语安全

哥大在英语全球化背景下,关注本土语言地位和习得规划问题,力图把丹麦语作为一种科学语言、专业语言、高等文化语言,不断提升丹麦语的社会声望。为实现此目标,哥大以丹麦语课程及相关项目为保障,尤其注重将国际教师、留学生纳入丹麦语课程计划内,促进外来人员对丹麦文化和社会等方面的理解。近年来,中国关于母语高等教育的讨论一直是教育界关注的热点,讨论的焦点也已经超越课程开设、教学内容、教学方法等层面,而与人才培养模式、民族文化传承、语言帝国主义、语言安全等尖锐问题交织在一起。母语作为重要的交际工具、文化载体,是一个民族生存发展之根本。在中国高校中,大学语文作为高校公共必修课程开设由来已久,是母语高等教育得以实施的重要课程载体。但是,在教学实践中,大学语文教育却存在着课程内容空洞,教学形式单一等问题,在不少理工科大学,大学语文课程形同虚设,甚至在课程体系中"缺席"。一个民族的语言是一个民族的标志和象征,语言背后的文化意识形态更是一个民族得以生生不息的动力来源。2014年,为提升上海高校母语教育水平,"上海高校语文教育联盟"正式成立,由此开启了引领和深化上海高校语文教育的改革与发展。借鉴哥大经验,我们在母语高等教育规划中,首先要明确本土语言的地位,其次应不断提升母语的声望。英语被认为是无可替代的通用语,"英语热"现象遍布世界各地;法语作为"世界上最美丽的语言",其语言学习成为人们追求高雅的方式之一;而汉语往往被看作"世界上最难学的语言",这使得外国学习者望而生畏。因此,语言工作者须深入挖掘汉语文化之美,重新定位并传播汉语形象,提升对汉语学习的兴趣以及信心。此外,高校应加强对母语习得规划的重视,不仅面向中国学生开设大学语文课程,更要吸引包括国际教师、留学生在内的全体师生主动接受我国母语高等教育,使我国优秀文化发扬光大,顺应我国"走出去"的战略目标。

(三) 统筹规划英语作为教学语言,维护教育语言安全

EMI 即英语作为教学语言,是指直接运用英语进行专业课程讲授,涉及教学语言的改变问题[①]。因此,严格讲,EMI 课程不属于传统的以语言能力提升为主要教学任务的大学英语课程范畴。为顺应全球化发展趋势,高校改革不断加快,以英语为媒介的教学已经成为高等教育国际化改革的热点。作为一种新型教育模式,EMI 教学必将在新时期为培养高层次复合型人才发挥举足轻重的作用。哥大在其网站首页的"学在哥大"板块中明确表明 EMI 教学的地位,为国际留学生提供以英语为媒介的课程。此外,哥大的 CIP 致力于开发以英语作为教学语言的多样化课程。进入新世纪以来,中国高校将英语作为教学语言进行规划的步伐日益加快。早在 2001 年,教育部就发文要求在本科教育方面积极推行使用英语等外语进行专业课讲授;教育部与财政部共同推出"2007—2010 三年计划"支持建设了 500 门双语教学示范课程;上海市教委从 2009 年起开展"上海高校示范性全英语课程"建设,每年在全市范围重点资助建设 100 多门示范性课程。但是,由于对 EMI 规划缺乏经验和配套措施,学界对于高校双语教学问题的争论不绝

---

① 束定芳,2011,高等教育国际化与大学英语教学的目标和定位——德国高校英语授课学位课程及其启示[J],外语教学与研究(1)。

于耳,甚至有学者提出高校双语教学与母语使用能力培养相冲突[1],英语作为教学语言的地位备受争议。因此,面对种种问题,在接受和推进英语作为教学语言的进程中,应全面统筹师资力量、学生水平、教材选用、教学方法等各个方面,综合改革,使其真正发挥作为培养面向现代化、面向未来、面向世界的高层次复合型人才的有效途径的积极意义。具体而言,可采取对专业教师进行培训、引进专业能力强且外语水平高的复合型教师以及聘请国外相关领域的专家进行授课的方式加强师资队伍建设;为保障 EMI 教学不流于形式且有较高质量,应根据学生的外语水平进行分班教学,这样有助于教师根据学生的现实情况调节教学难度以及教学进度;原版外语教材的引入可以搭配中文教材作为参考,外文教材的选择应综合考虑本专业的教学要求以及学生的外语水平,保证教材内容可以反映国际上这一领域的最新进展,同时又要兼顾教材中使用的表达难易适中;为保障 EMI 教学的有效性,必须创新教学方法,针对不同课程的不同特点,可以借助多媒体等现代教学手段,采用多样化的教学方法。

(四)系统开展国际学术语言规划,重视语言安全研究

根据语言学家克洛斯和库珀对于语言规划类型的表述,国际学术交流领域的语言规划也可大体分为三类:语言地位规划、语言本体规划以及语言习得规划[2]。国际学术领域的语言地位规划实质上就是对各种学术场合下使用何种语言的规划活动,学术交流语言本体规划活动关注学术术语统一和规范、语体风格一致、语言表达选择及写作规范的比较与标准界定问题,学术语言习得规划研究的重点是国际学术交流的语言政策、提高国际学术交流能力

---

[1] 蔺丰奇,2003,高校实施"双语教学"中存在的问题及对策[J].复旦教育论坛,2003(3).

[2] Kloss, H. 1969. Research Possibilities on Group Bilingualism: A Report [M]. Quebec: International Center for Research on Bilingualism; Cooper, R. 1989. *Language Planning and Social Change* [M]. Cambridge: CUP.

的教学政策和语言课程,以及国际学术交流语言写作指导与服务机制等问题①。因此,国际学术语言规划中对于语言课程的涉及并不属于传统意义上旨在增强母语能力、提升文化素养的母语高等教育范畴。在全球化浪潮下,知识与技术无国界的人类共享性日益凸显,学术研究不再是一项"闭门造车"的活动,各个高校不断加强学术跨国交流与合作以实现其国际化战略目标,国际学术交流领域的语言规划成为一个热门话题。在此背景下,高校必须注重语言在学术研究的国际交流和传播中所扮演的"桥梁"作用,高度重视国际学术语言规划。英语在国际学术领域无疑拥有"至高无上"的地位,但是哥大同样重视丹麦语在这一领域所扮演的角色,明确丹麦语作为学术语言的地位,对其进行进一步规范、完善,并且开设旨在提升学术语言能力的课程以满足学术研究方面的需要。相比国外,我国国际学术语言规划研究尚未系统开展,学术语言规划领域的语言问题日益突出。参考哥大经验,从高校层面讲,首先应该明确学术语言国际化绝不等同于"英语化",合理规划学术语言,正视母语在国际学术交流领域的重要作用,最终达到汉语学术在世界上兴起这一境界是我们为之努力的方向②;其次在面临新术语时,必须在采用英语、翻译或者另造新词/字三种方式中做出选择并逐步形成一套标准体系;最后开设旨在提升学术语言能力的课程不容忽视。

(五) 不断完善外语教育,提升国际话语权

哥大为顺应全球化发展趋势、迎合高等教育国际化潮流,把语言教育特别是英语教育列为重中之重,确定教育规划对象、提供富有针对性的语言课程、选取先进的教学方法、建立完备的英语语言能力评估体系、倾听多方意见。改革开放和经济全球化使世界范

---

① 沈骑、夏天,2013,国际学术交流领域的语言规划研究:问题与方法[J],外语教学与研究,(6)。
② 桑海,2013,中国学术国际化的三重境界[J],理论视野(7)。

围不断"缩小",外语(尤其是英语)的媒介作用日益显著。在此背景下,我国高等外语教育尤其是高等外语专业教育事业发展迅速,然而若冷静地审视我国高校外语教育的现状,可以发现问题依然存在,其中既包括外语教育本身存在的缺陷,也包含社会对外语学科地位的质疑。在新的历史时期,应以国家政策为指导,充分发挥外语专业教学指导委员会的作用、制定外语教育整体发展规划、探索外语学科新观念、完善外语教师资格认证制度、明确学生准入标准、提供以研究为基础的语言课程、创新外语教育方法、健全外语能力评估体系,关注各方意见,使外语学科真正承担起为国家和社会发展服务的重大使命①。具体来讲,哥大提供的语言课程、建立的英语语言能力评估体系以及其关注各方意见的决策方式尤其值得我们学习。语言课程不能流于形式、千篇一律,必须因时而变、基于研究、量身打造,针对不同群体的不同需要,提供多种形式的语言课程,以此确保高校语言战略的顺利实施;语言能力评估体系应区分不同专业对于外语水平的不同要求,以提高受试者的语言能力为指向,采取笔试和口试(讨论、演讲等)多样化形式、注重反馈;同时要反映社会需求,倾听来自家长、学生等不同群体的声音,确保外语教育规划决策的合理性。

"双一流"建设是我国国家战略转型,实现高等教育国际化战略发展目标的重要任务和使命。在此背景下,如何制定合理的高校语言战略以适应日新月异的发展环境,服务和对接国家总体发展战略,实现建设世界一流高校和一流学科的宏伟目标已经成为亟待解决的问题。我们希望高校语言战略的制定将以多元的视野,以"大道多容"的心态,以开放的气息,坚持从本国本民族实际出发,取长补短、择善而从。我们欣喜地看到,中国高校在"双一

---

① 戴炜栋、吴菲,2010,我国外语学科发展的约束与对策[J],外语教学与研究(3);沈骑,2015,外语学科发展的责任与使命——略论许国璋外语教育思想三观[J],当代外语研究(11).

流"建设中,与世界顶尖高校的差距正不断缩小。借鉴世界一流大学的语言战略,全面思考语言战略规划,服务于高校整体发展战略,有助于提升中国高校国际对话和交流能力,争夺世界高等教育领域的国际话语权,也有利于打造一批具有国际视野、开放包容的世界一流大学。

本 章 小 结

　　本章根据语言安全规划理论,开展的国际比较研究。在研究过程中,我们力求以理论指导实践研究,在实践探索中检验理论,形成理论与实践良性互动,问题与方法融会贯通,国际视野与本土实践同时关注的研究特色。

　　语言安全规划的区域国别研究对于建构语言安全规划与语言安全理论都具有重要的学术价值。一方面,语言安全作为语言规划的重要价值维度,在理论建构的基础上,亟需实践案例作为学科研究素材,为推动这一新兴领域积累学术资源;另一方面,不同国家、地区和机构的语言安全问题对于中国语言安全规划也有重要的借鉴意义。

　　在本章选取的五个国际比较案例中,第一个案例是对美国语言冲突的制度化考察,基于美国语言冲突的历史演变,揭示出美国语言冲突产生的根源在于主导群体利用语言政策作为同化其他族裔、攫取物质利益和维持其优势地位的工具,作为族群竞争的代理和社会控制的机制。文章在介绍制度因素的基础上,利用斯科特的基于回报递增、基于承诺递增和基于日益客观化等三项制度化框架,分析美国语言冲突的制度化过程。

　　第二个国际个案聚焦中东国家阿联酋,全球化的浪潮在很大程度上加剧了国际通用语与本土语言之间的语言竞争,语言战略体现出了语言规划在国际化和本土化的战略博弈关系。阿联酋是

"一带一路"沿线重要海湾国家之一,该国颁布的"Vision 2021"战略规划中明确指出在推进国际化战略过程中,要复兴阿拉伯语和阿拉伯文化,将阿联酋建设成为阿拉伯语发展中心,使阿拉伯语成为学术语言。分析该战略规划的背景和内容,评析该战略面临的现实问题,可以为我国开展语言规划,应对语言竞争,提供重要的现实借鉴和重要参考。

欧洲难民危机是当前全球治理危机与变革中最为棘手的难题,难民的语言问题也是语言安全规划的重要关注点。第三个国际案例研究首先探讨难民输入国与输出国间的语言差异给欧洲难民带来的一系列问题,包括沟通、就业、教育、身份认同和融合等问题,并在此基础上提出欧盟各国应通过开展语言调查、制定相应语言教育政策、开展语言培训、建设语言教师师资队伍等手段来规划难民的语言教育问题。

濒危语言保护与规划是一个全球性语言问题,也是当今世界语言安全的重要话题。苏格兰盖尔语作为苏格兰地区的民族语言,近500年来使用人数逐步减少,并于20世纪末濒临灭绝。随着2005年盖尔语法案的通过,近十年来苏格兰语言委员会全力推动各个公共部门采取一系列盖尔语复兴实践。第四个案例基于洛·比安科提出的语言政策分类框架,从地位、本体、习得、使用、声望五大领域评析盖尔语保护与发展规划的历史背景、战略举措与实施效果。借鉴和参考苏格兰盖尔语这一濒危语言保护规划的经验和做法,有助于加强和提高国内濒危语言资源保护规划研究的国际视野和政策水平。

最后一个国际案例关注对象是高校语言安全规划问题。在高等教育国际化进程中,语言问题日益突出,高校语言规划研究成为当务之急,事关教育安全和学术安全。本研究以卡普兰和巴尔道夫提出的语言规划目标框架为理论基础,深入探讨丹麦哥本哈根大学的"双语并行战略",发现哥本哈根大学的语言管理机构扮演多重角色、其语言地位规划明确具体、本体规划科学系统,借鉴丹麦高校语言安全规划的做法与经验,有助于中国高校及时制定和实施高校语言战略。

  总体而言,本章五个国际比较案例展现出了语言安全规划理论与实践相结合的研究范式,为中国语言安全规划研究的系统全面开展提供了理论与方法的借鉴与参考。

第六章

人类命运共同体视域下的语言安全战略

> 这个世界既充满希望又充满不确定性,人们对未来既充满期待又感到困惑。安全问题解决不好,人类的和平与发展的崇高事业就难以顺利推进。安全问题确实是事关人类前途命运的重大问题,必须引起各国与国际社会高度重视。
>
> ——习近平[①]

> 参与全球治理需要一大批熟悉党和国家方针政策、了解我国国情、具有全球视野、熟练运用外语、通晓国际规则、精通国际谈判的专业人才。要加强全球治理人才队伍建设,突破人才瓶颈,做好人才储备,为我国参与全球治理提供有力人才支撑。
>
> ——习近平[②]

2012年11月,在党的十八大上,中央明确提出倡导"人类命

[①] 习近平,2017,坚持合作创新法治共赢,携手开展全球安全治理[N],人民日报,2017-09-26(1)。

[②] 节选自2016年9月27日习近平同志在中共中央政治局第三十五次集体学习时的讲话。

运共同体"意识。之后，习近平同志在多个场合都提及这一重要理念。2015年，习近平总书记在纽约联合国总部发表重要讲话指出，提出打造人类命运共同体。2017年，习近平总书记在党的十九大报告中，明确提出坚持和平发展道路，推动构建人类命运共同体，促进全球治理体系变革的重要战略思想。党的十九大明确提出中国特色社会主义进入新时代，中国正从"本土型"大国向"国际型"强国战略转型。习近平提出的构建人类命运共同体思想已经成为新时代中国特色社会主义思想和基本方略之一，这一理念同时也被写入联合国文件。在这个中国发展的新历史定位中，中国语言学科应如何参与到积极构建人类命运共同体这一历史进程之中？习近平同志的人类命运共同体思想对于语言学研究具有怎样的指导意义？中国的语言学研究者应如何思考这一新时代的重要战略思想？这是当前每一个语言学研究者必须思考的重要问题。

人类命运共同体思想是新时代中国走向世界强国的重要理念。人类社会在全球化时代遭遇到前所未有的安全与发展的棘手难题，世界正处在新型全球化或是逆全球化的十字路口。左右徘徊之际，中国率先提出的"中国智慧"，为世界的繁荣与发展提供了重要的公共产品。如果说人类命运共同体是体现中国智慧的重要理念，那么中国所倡导的新型国际关系，推动全球治理格局变革的"中国主张"，就是新时代的中国战略。"一带一路"建设则是体现中国智慧，落实中国主张的重要实践，是中国应对全球治理，建构人类命运共同体的"中国方案"。因此，人类命运共同体、全球治理与"一带一路"建设是三位一体的有机统一体。

在构建人类命运共同体进程中，语言至关重要。中国古人云："言为心声"！语言会通中外思想，超越文化藩篱，推动文明创新，是促进中外人文交流的根本保障，更是推动人类命运共同体建设的重要支撑。语言相通是不同文化交流合作、互学互鉴，实现民心相通的根本保障。在这一"理念—战略—实践"的"三位一体"的中国战略规划中,中国语言规划应该发挥怎样的作用?如何服务与推进这一战略规划的实施?语言安全规划在这一战略进程中的使命与挑战是什么?本章我们将从"理念—战略—实践"三个维度讨论中国语言安全规划方略。

第一节 话语共同体:人类命运共同体理念的基本条件

一、从语言安全到语言安全规划

2015年,在联合国成立70周年的系列峰会上,习近平同志代表正式提出了构建人类命运共同体的重要理念。这一理念是21世纪以来平衡全球化时代各方利益的重要思想,显示出中国作为新兴大国的国际道义与现实担当。

随着全球化3.0社会的到来[①],人类在共同体进化过程中进入更高阶的命运共同体建设当中。认同、共识与默契构成了人类共同行动的基础。从基于语言一致的共识,到实现不同语境下的"视域融合",语言与人类命运共同体的发展关系密切。人类命运共同

[①] 关于全球化3.0时代的提法,有中外两个版本。2006年,一本美国畅销书在中国走红,书名是《世界是平的:二十一世纪世界简史》(弗里德曼,2006)。该书将人类全球化进程按照行为主体的不同,划分为三个不同阶段:即全球化1.0版(1492—1800),这个阶段是劳动力推动着全球化进程,是"国家"的全球化;全球化2.0版(1800—2000),这个阶段是"企业"的全球化,工业革命扮演主要角色;全球化3.0版(从2000年至今)是指互联网时代人与人之间沟通无界限,全球融为一个市场,劳动力和产品均可全球共享,全球竞争加剧,地球由此被"铲平"了。这三个全球化不同阶段的判断,对于我们把握和认识世界全球化进程与发展具有一定意义。2016年,国内也有一本畅销书问世,书名是《世界是通的:"一带一路"的中国逻辑》(王义桅,2016)。该书从全球化发展格局的地缘变迁提出了新的全球化3.0版本:即以欧亚大陆为载体的"古丝绸之路"带来的全球化1.0时代和以海洋为载体、以西方国家为中心的全球化2.0时代,由中国首倡,联合国安理会以决议形式通过"一带一路"倡议为载体的"全球化3.0时代"正在到来。参见:弗里德曼·托马斯,2006,世界是平的:21世纪世界简史[M],何帆译,长沙:湖南科学技术出版社;王义桅,2016,世界是通的:"一带一路"的中国逻辑[M],北京:商务印书馆。

体这一重要理念是民心相通和世界文明互鉴的终极目标,也是语言规划的学科使命。语言规划的学科使命就是要在践行与落实这一重要理念过程中,构建一个既能"通事"(沟通信息),又能"通心"(民心相通)的话语共同体。

俗话说,"罗马不是一日建成的"。构建人类命运共同体需要统筹安全与发展两个大局。安全不仅仅是命运共同体的重要领域,更是命运共同体建设的基本要求。因此,人类命运共同体的构建离不开国内外安全环境的评估与塑造。人类命运共同体理念从传播到接受,从落实到落地,从认同和共识到深入人心,都需要语言进行沟通、传播与互动。有鉴于此,确保语言的总体安全对于人类命运共同体建设而言是一个具有战略意义的重要议题。

在全球化日益深入的现实语境下,语言安全问题愈益突出。若应对不当,则极易影响安全与发展大局。综合前述章节的分析可见,语言安全问题看似是世界语言生活格局中出现的语言竞争、语言矛盾、语言濒危或是语言冲突等显性问题,但其实更多问题是隐性的或是潜在的,是人类整体语言资源的安全问题。例如,与语言安全密切相关的语言活力问题,语言与贫穷问题,语言传播,或是日常生活中产生潜移默化影响的语言教育问题,都会导致程度不一的语言安全威胁。从这个角度看,语言安全是构建人类命运共同体的基本要求。

从发生学的机理看,语言安全问题就其本质而言,并不是单一的语言自身问题所致,而是由语言本体或语言使用导致的一系列影响社会政治、经济和文化等多个领域的综合性问题,存在着被"安全化"或"政治化"的可能性。语言安全规划作为一个重要现实问题,其完整的过程基本上经历了从发生到发现,从发现到认识,从被发现到受重视关注或是严重激化,从语言安全规划到语言安全状态四个发展阶段。由这四个阶段可见,语言安全实质上是在历史与现实交织之下的语言功能问题。

李宇明与王春辉在按照语言谱系和类型两种语言结构特征分类的基础上,提出了按照语言功能分类的想法。他们将语言按照工具和文化功能进行分类①,这一创新性的分类法为语言安全规划提供了重要参考。这一分类实际上说明在语言安全问题到语言安全规划的过程中,语言规划的焦点应该关注到不同语言功能的变化,需要及时调整与不同语言使用者或使用群体之间的语言关系。因此,语言功能的分类是破解语言安全难题的一把钥匙,也是语言安全规划的依据。在人类命运共同体建设中,基于世界不同语言格局的语言安全规划是服务与推进这一共同体建设的语言机制,也是实现语言和谐的重要途径。因此,语言安全是构建人类命运共同体的基本要求,语言安全规划则是实现和满足这一基本要求的保障机制。

二、从话语规划到话语共同体

语言资源理论与语言功能的分类,拓宽了语言规划的范围与层次,推动语言安全规划向纵深方向发展。李宇明先生提出,随着全球治理广度和深度的提升,中国语言学要不断开阔视野,从本体研究向话语研究转变②。人类命运共同体建设中的话语规划问题尤其值得重视。首先,话语规划是近年来语言规划的新兴领域,是语言规划在经历了从语言本体到语言使用和应用领域的转变之后,面临的又一次转型任务。话语规划也是语言安全规划的重要内容领域之一。在人类命运共同体建设过程中,至少包括三大规

---

① 李宇明、王春辉,2019,论语言的功能分类[J],当代语言学(1)。
② 李先生提出:"中国语言学要不断开阔视野,研究国外各种语言,研究各个国家与国际组织的语言政策与语言生活,同时,由于中国语言学界历来重视语言结构研究,也即'本体研究',应用语言学发展起步较晚,以话语为中心的语言运用研究,包括话语体系和话语权方面的研究,相对来说还比较薄弱。话语研究是考察语言的真实状态,探究个人、社团的语言运用;话语研究对意识、文化与社会发展的影响巨大,对全球治理的功用也极为显著,语言学界必须给予充分重视。"参见:李宇明,2018,语言在全球治理中的重要作用[J],外语界(5)。

划目标,一是确保话语安全,二是话语权提升,三是构建话语共同体。

第一,话语安全体现出话语规划的底线思维。从话语层面看,语言安全包括话语安全,话语侧重于语言在不同领域或层次的运用,揭示出语言的真实使用状况。话语更容易反映出语言意识形态和文化与社会发展之间的互动关系。人类命运共同体建设中的话语安全,是指基于一定的话语安全指标评价体系,注重话语安全环境的创设与维护,实现人类命运共同体理念和观念的传播与接受,从而确保中国话语体系的总体安全。

第二,话语权的提升关乎话语规划的成败。话语权是构建人类命运共同体的必要条件,也是大国参与和主导全球治理的重要基础,是话语规划的主要任务。进入全球化时代后,国际话语权不仅体现在国家与政府层面,超越国家边界的国际组织和网络空间,乃至在后真相时代的面向民众的话语权问题都已经进入话语规划的范畴之中。提升国家话语权,应该是循序渐进的一个过程。一是要熟悉和了解国际话语规则与习惯,建立能够融通中外的话语态度;二是要对国际话语体系的构建或是重构,演绎出具有新概念和新话语的国际话语体系,乃是提升话语权的关键所在;三是要在此基础上,探讨中华文化的国际表达和本土知识的世界传播;最后是依靠强大的话语能力,提升强烈的话题设置意识,塑造良好的中国国际形象。

第三,构建话语共同体是话语规划的终极目标。在建立话语安全机制,并提升国际话语权的基础上,话语规划对接人类命运共同体的终极任务,就是要在认同、共识与默契达成过程中形成一个融合不同语言文化、观念、意识形态等于一体的话语共同体。话语共同体是构成政治共同体、安全共同体、文化共同体、经济共同体和生态共同体,乃至人类命运共同体的前提条件。现实地看,由于人类语言多样性现实的客观存在,人类命运共同体并不需要,也不可能建立在一个语言共同体的基础之上。从世界语言格局和全球语言生活现状来看,一个"环宇同音"的世界梦想实在太过遥远,通天塔也不会在一朝一夕就能建成。但是,基于多样和谐的话语共同体,却是人类命运共同体的基本条件。

语言安全规划基于语言资源价值范式,珍视人类语言多样性,将世界语言文化视为人类共同财富予以保护、应用与开发,共同呵护语言这一人类共同的精神家园,为人类命运共同体建设创造和谐的语言生态。话语共同体融合了语言资源价值取向的规范性目标与描述性目标,正是语言资源观的现实体现。语言与政治共同体、经济共同体、安全共同体、文化共同体和生态共同体五个内涵领域息息相关,密不可分。

在全球化背景下,语言安全规划的首要目标就是创建话语共同体,以此作为上述五大共同体的基础,为政治协商共治与沟通创造对话的桥梁,为达成国际安全建构理解通道,也为经济往来、文化互鉴和生态合作创造话语基础。因此,话语共同体是构建人类命运共同体的基本条件。无论是从语言能力提升的角度考虑,还是话语安全构建的角度考虑,话语共同体都应当成为语言安全规划服务于人类命运共同体建设的终极目标和规划理念。

第二节 国家语言能力:构建全球治理体系的战略保障

一、从语言安全到全球治理变革

美国加州大学伯克利分校政治学家马克·倍威尔(Mark Bevir)教授在其专著《治理理论》中提到,治理(governance)是涉及不同主体通过法律、规范、权力和语言等手段实现社会实践中规则和秩序生成的所有过程,从哲学角度看,治理需要通过语言、意义和信仰构成①。全球治理是各国政府、国际组织、各国公民为最大限度地增加共同利益而进行的民主协商与合作,其核心内容应当是健全与发展一整套维护全人类安全、和平、发展、福利、平等与人权的新国际政治经济秩序,包括处理国际政治经济问题的全球规则与制度②。同时,也有学者认为,所谓全球治理,是以人类整体论与共同利益论为价值导向的,多元行为体平等对话、协商合作,共同应对全球变革和全球问题挑战的一种新的管理人类公共事务的规则、机制、方法和活动③。由此我们可以看出全球治理的目的是解决以全球危机为代表的公共问题,治理主体是多元的,治理方式也是合作式的。因此,全球治理实质上是一个在全球层次上如何通过多元主体合作来供给全球公共产品的问题,是一个集体行动的问题④。

参与和推动全球治理,积极引导全球治理格局变革是构建人类命运共同体的重要战略使命。自党的十八大以来,中国正从本土型国家向国际型国家转变,以更加自信、更加主动的心态在全球治理中发挥了重要参与者、建设者和贡献者的作用。在全球治理议程上,中国正从规则接受者向制定者转变,从被动参与者向主动塑造者转变,从外围协商者向核心决策者转变。全球治理是实现人类命运共同体重要思想的途径与方法,也是"一带一路"建设的核心使命与战略目标。全球治理已经成为当前人文社科研究必须持续关注和深入研究的重要命题和关键领域。

语言与全球治理关系密切。随着语言学研究的宏观转向,以及区域国别研究的兴起,语言研究服务与对接全球治理的研究将是未来中国语言学开展学科发展转型的新路。正如李宇明先生所

---

① Bevir, M. 2013. *A Theory of Governance* [M]. Berkeley: University of California Press, 2013. pp. 1-24.
② 俞可平,2002,全球治理引论[J],马克思主义与现实(1)。
③ 蔡拓,2004,全球治理的中国视角与实践[J],中国社会科学(1)。
④ 蔡拓,2018,全球学与全球治理[M],北京:北京大学出版社,第289页。

言,中国在积极参与全球治理体系的改革与建设中,为全球治理不断贡献中国智慧和中国力量的过程中,必须充分重视和发挥语言的作用①。从最近两年国家一流学科建设来看,国家对语言学发展寄予了厚望,在首批公布的一流学科中,与语言有关的学科数量是最多的,这在一定程度上说明了语言研究的重要性,也反映出语言学科建设的责任重大。语言学研究必须对接国家战略,服务一流学科的建设要求,进一步提升语言学的学科声誉与学术影响力。

在对接全球治理新格局变革战略需求的背景下,语言安全是当前语言学研究最需要加强并深入研究的新兴领域。传统语言学研究对于语言应用研究认识不够,应用语言学的学科视域也比较狭隘,忽视了语言安全与全球治理的关系,即便是语言与国家安全的研究,也仅仅只是把语言看成是国家安全的一个构成要素。事实上,语言安全与全球治理的关系主要体现在两个方面。

一方面,语言安全是全球治理中的基础性问题。全球治理的问题主要分两大类,一类是社会热点问题,如国际合作与竞争,反恐维和等全球性问题;另一类则是基础性问题,如涉及文化、宗教和语言的矛盾与冲突性问题②。一些全球性的语言安全问题,例如语言冲突、语言濒危、英语霸权、语言信息鸿沟等问题,倘若处理不当,就会导致这些日常具有隐蔽性和潜在性的基础性问题,转换为社会热点问题,这方面的例子已经不胜枚举。因此,在全球语言生活治理中,语言安全问题最不容忽视,语言安全是全球治理必须予以重视的基础性问题。

另一方面,语言安全是全球治理安全的主体性体现。全球治理变革的新格局的形成,意味着在国际合作与竞争过程中的共商共治共享,全球治理的安全性包括治理过程中的主观与客观安全,相对安全与绝对安全,内在安全与外在安全等逻辑关系。由于语

---

①② 李宇明,2018,语言在全球治理中的重要作用[J],外语界(5)。

言安全问题具有高度渗透性与普遍性的特征,涉及安全环境的构建与营造、安全冲突的预防与管理、安全观念的塑造与传播以及安全途径的沟通与疏导等多个安全领域,体现出全球治理安全的主体性特征。因此,语言安全在全球治理变革过程起到了至关重要的作用。

二、全球治理视域下的国家语言能力

面对全球治理变革的新格局,提高我国参与全球治理的能力,着力增强规则制定能力、议程设置能力、舆论宣传能力、统筹协调能力已成为当务之急。全球治理所需要的上述各种能力,都离不开一种不可或缺的能力——国家语言能力。国家语言能力是提升和建设这几种能力的基本前提和重要基础,也是检验和实现这些能力的核心指标和关键表征。

在积极参与和推进全球治理规则和秩序完善和改革过程中,一个大国的整体语言能力的提升和建设问题是一个不折不扣的战略问题,事关国家处理和应对全球治理的能力,这也是语言安全规划必须重点关注的问题。

在语言安全规划中,国家语言能力不仅涉及国家语言资源能力,即国家在语种数量、能力质量高低、语言能力类型和领域等诸多方面,还包括国家对外话语能力的高低,其中就包括话语安全与国家话语权问题[①]。从语言地位角度看,语言安全是国家话语能力的基础。话语共同体的构建必须依赖具有中国特色的话语体系,同时也需要具备融通中外的国家话语能力。

必须承认的是,当前中国国家语言能力建设刚刚起步,相关理论研究也不尽完善,尚有待深入,原有的国家语言能力建设模式无法适应现有的全球治理新局面提出的挑战,这主要体现在两个方面:

---

① 沈骑、赵丹,2020,全球治理视域下的国家语言能力规划[J],云南师范大学学报(哲学社会科学版)52(03).

一方面,国际中文教育战略亟待提升。随着中国国际地位转变,面临新型国际关系大变局之下,国家语言能力似乎还没有做好充分的准备,单从全球语言治理任务来看,"汉语走出去"就遭遇很多瓶颈问题没有解决,我们的国家语言能力建设对错综复杂的国际形势还有很多不适应的问题。例如,孔子学院对外传播中国语言文化,在过去十几年发展迅速。但是,正是由于中国国际地位有所变化,一个出于善意的语言推广与传播规划,在西方某些国家被政治化,甚至是妖魔化。这不仅给国家语言能力建设提出了新问题,也给广大语言研究者提出了重要的研究新命题。一方面,中国对外语言推广与传播需要全面加强语言安全规划的研究,从汉语国际教育的课程、教材和师资等源头抓问题,找原因,"练好内功",加强语言推广和传播的效果分析和接受调查,加强汉语国际教育能力建设;另一方面,语言研究者一定要从全球治理与国际关系高度审视语言推广与传播背后政治博弈,系统研究和分析国际中文教育的语言社会政治因素,及时为全球语言治理献计献策。

另一方面,新时代国家外语能力建设面临着战略新任务。国家外语能力建设是一项构建人类命运共同体的长期基础性工程。国家外语能力建设要从战略高度提升中国在不同领域参与和推动全球治理的能力。从全球语言竞争格局看,国家外语能力建设不仅仅是培养一些懂外语能进行有效沟通的人才,它更应该是一个大国构建全球话语体系知识库的一项基础工程。当前中国对于外部世界依然缺乏全面而必要的了解,中国在国际上声音较弱,话语权及影响力不足,尤其在传播重要概念、应对重大事件时,往往话语运用无效、出现偏差,甚而招致负面效应,处于"有理说不出、说了传不开的境地"。这类问题的出现,说明国家话语规划没有跟上,亟须构建面向全球的话语体系知识库,提升国家对外话语能力。在承前启后、继往开来的新时期,如何讲好"中国故事",向世界发出"中国声音",是国家外语能力建设的重大命题。近年来,中国与"一带一路"沿线国家和地区的交流和接触日益增多,但是无论是在政府之间还是民间层面,我们都对这些国家和地区知之甚少,缺乏起码的区域和国别知识储备,对外话语能力更是无从谈起。因此,系统开展对外话语规划,构建融通世界的对外话语体系,增强国家对外话语能力,将是未来国家外语能力建设过程中的一项重要工作。

经过改革开放40年发展,中国外语教育发展迅速,有力推动国家建设与开放大局,全民外语能力有了明显提升,这是国家外语能力建设的基本条件。在新时代,中国在世界舞台上的"朋友圈"日益扩大,当下的中国比任何时候都需要提升和加强国际沟通和交流对话的能力,对于中国外语教育规划来说,其中作为核心的要素就是需要提升人的全球素养,而国家外语能力建设的根本任务之一就是提升各类人才的全球素养。所谓全球素养,是指个人参与全球合作与竞争的能力,对全球和跨文化议题的知识掌握与理解,与多元背景的人们共处、互相学习的能力,以及带着尊重与他人互动所需要的态度和价值观[①]。全球素养不仅是青少年培养的重要目标,同时也是加快"双一流"建设,培养世界一流人才的核心素养。国家外语能力建设需要充分考虑其与公民外语能力的关系,形成个人外语能力与全球素养的直接关联。在全球化3.0时代,公民除了加强国家认同、民族认同、文化认同,还需要全球认同和人类认同,着眼于建立人类命运共同体,提升全球素养。通过国家外语能力建设,加强外语教育规划,推进外语教学改革,培养各类外语人才,是提升全球素养的根本保障。

基于语言安全规划观,展望未来,在构建人类命运共同体理念指引下,国家外语能力建设必须加强国家安全意识,从全球治理、

---

① 徐星,2016,OECD宣布:PISA2018或增加"全球胜任力"评估[J],上海教育(29)。

构建对外话语体系和提升全球素养的新高度,谋求新的发展,维护国家语言安全,推进国家外语能力建设。

第三节 语言安全战略:"一带一路"建设的基础性工程

一、"一带一路"建设中的语言安全问题

"一带一路",语言铺路! 语言规划,安全为本。"一带一路"建设中的语言安全问题主要由语言本身及其使用中的问题,以及语言外部相关的社会因素构成。这些社会因素包括科技革命、社会转型、地缘政治、经济发展、文化冲突、民族关系以及语言政策等诸多变化[①]。基于非传统安全理论,一国所面对的非传统安全风险和威胁类型,根据其发生源和问题属性,主要分为内源性、外源性、双源性和多源性四类[②]。为此,我们也将"一带一路"建设中的语言安全问题分为如下四类:

(一)内源性语言安全问题

内源性问题主要是指"一带一路"国内地区的语言安全问题,主要涉及事关"一带一路"建设的国家语言资源、语言服务和语言能力等领域。这类问题若处理和应对不当,可能在境内外乃至国际上都会产生影响,甚至会威胁或激发一系列安全问题,需要国家开展语言管理和规划工作来应对和防范。具体而言,内源性语言安全问题主要体现在以下两个方面:

1."一带一路"建设中的外语资源安全问题

"一带一路"倡议的提出,意味着中国由"本土型"国家转变为

---

① 沈骑,2020,语言安全理论的源与流[J],当代外语研究(03)。
② 余潇枫,2012,平安中国:价值转换与体系建构[J],中共浙江省委党校学报(4)。

"国际型"国家,这给中国外语规划提出了新的任务和挑战。我们必须清醒看到,我国至今还没有完全覆盖"一带一路"沿线国家和地区的主要官方语言,更不能奢谈具备较高水平的对象国语言和文化人才。外语语种严重不足,以及外语资源质量不高这两个问题,正凸显出我国外语资源安全的危机和风险。改革开放以来,我国外语教育事业发展迅速,但在国家外语能力和外语资源建设方面还存在一些结构性问题。就结构性问题而言,除了外语语种和外语高水平质量之外,国家外语能力的范畴还有待进一步扩大。对此我们不妨重温下许国璋先生在20世纪90年代对国家外语人才培养规格和模式的质疑:

> "自从某年某月有了'翻译干部'这个概念起,对于外语界人才,只要求你会外语,此外别无所求。从那时起,外语人才是外事大员的附庸,似乎已经定局。这是要自省的。50年代以后第一批外语人才出山,我们不曾听见培养出英国通、美国通、法国通,也没有听说有什么国际法专家、海事法专家、保险法专家,只听见培养出翻译干部。局面既定,学外语取得专业技能的这个主流方面受到忽视,甚至不予置理。1978年时,曾有跃跃欲试之势。那时有人出来说,还是训练翻译干部牢靠,外语好了,什么都可以学会,外语不好,两头落空——依然是翻译干部万能论。14年过去,翻译学校生源愈来愈窄,档次愈来愈低,陷于困境而不知自拔,背于时代而不知转身,徒唤奈何而已。"[①]

从许先生的观点看,国家外语能力建设还不能忽视在外语资源类型和领域维度两个层面进行拓展。在服务于"互联互通"建设

---

① 许国璋,1992,外语界的自省与自强[J],外语教学与研究(4)。

过程中,我国将需要大量精通外语,懂得国际规则,熟悉对象国文化的法律、经贸、科技、金融和文化等多领域的高层次国际化精英人才,这就对国家外语能力建设提出了"类型"和"领域"两个新的维度。从类型维度看,精通多种外语的"复语型"人才,精通专业+外语的"复合型"人才,以及精通国际区域与国别问题的"研究型"人才将是国家外语资源建设的新重点。从领域维度看,国际基建、能源、航空、铁路等重点和关键领域的行业人才外语能力尤其值得关注,这些都是亟待及时解决的外语资源安全问题。

2. "一带一路"沿线地区语言资源安全问题

"一带一路"建设将给国内沿线西北、东北、西南以及广大中部地区带来重要发展机遇,而城镇化建设则是大势所趋。根据中央提出的国家新型城镇化规划(2014—2020),在当前以及今后相当长的一段时期内,我国社会面临着快速发展的城镇化进程。在这一进程中,人员不断流动和城乡二元结构的打破,都会带来语言生活的重要变化,伴随着城乡地图的快速变化,在不长的时间内,中国"语言地图"必将大幅度改写①。在"一带一路"互联互通大势之下,沿线地区的少数民族语言和地方方言保护值得关注。所谓语言资源安全问题,主要就是各类中华语言及其方言可能出现的濒危和消亡问题。这些问题如果处理不好,就会在一定程度上造成语言不安全,更将造成国家语言资源的严重流失,是中华文化难以弥补的损失。因此,对语言资源的保护、利用和开发工作必须提上议事日程,而且任务艰巨。

(二)外源性语言安全问题

外源性语言问题主要发生在"一带一路"国外沿线国家和地区,国境之外的语言障碍重重,在陌生的语言环境之中,由于语言使用不当或是语言交际受限而带来的语言冲突在所难免,这些问

---

① 李宇明,2012,当代中国语言生活中的问题[J],中国社会科学(9)。

题会对国内乃至世界产生影响或是连锁反应,直接影响到我国海外利益安全和公民人身安全问题。欧洲有句古话:"入境而不通其文,只能如孩提学话。"在建设"一带一路"过程中,中国企业走出去将会面临更多跨语言和跨文化沟通问题,语言安全问题就会随之而来。首先,语言障碍影响中国企业海外利益。2002年到2015年上半年,中国企业对外投资总案例数为2018起,其中跨国并购案例数为1817宗,企业在"走出去"的过程中,往往面临文化和语言的障碍以及文化认同障碍,这些都能左右企业的兼并是否能够最终成功①。其次,语言能力成为企业国际化战略的"短板"。以"高铁出海"为例,我国高铁在技术上已领先于世界,在"一带一路"沿线拥有广阔市场,然而,"高铁出海",语言是第一道难以逾越的"门槛"! 由于语言能力不足,对当地语言文化不了解,成为高铁国际化的最大短板。再以近来中国企业在乌兹别克斯坦生存和发展境遇为例,中国企业遭遇到的语言障碍就与"语言"知识储备、能力密切相关,给合资企业或独资企业的生存和发展带来消极影响,甚至导致企业的倒闭和破产。最后,语言文化风险严重制约海外企业生存和发展。在对我国海外直接投资风险评估中,在众多风险因素之中,与语言紧密相关的文化风险覆盖率高达71.3%,甚至高于主权风险(46.9%)②。例如:泰国是东南亚一个以旅游文化闻名的佛教国家,但是其南部却持续一直存在着持续十数年的穆斯林分裂运动,当地的分离主义和极端主义分子往往因为语言问题引发冲突,仅2014年就造成330人死亡,600余人受伤③,这对当地投资和旅游环境,特别是人身安全带来重大隐患。

---

① 徐蔚冰,2015,中国企业走出去要注重文化融合和人才国际化[N],中国经济时报,2015-03-6(6)。
② 汪段泳、苏长和,2011,中国海外利益研究年度报告(2008—2009)[C],上海:上海人民出版社。
③ 李捷、周鹏强,2015,泰南分离主义与极端主义:工具化与结合的趋势[J],南洋问题研究(1)。

针对上述外源性语言安全问题,有关部门首先要对语言安全问题及其影响进行必要的识别、评估、预判和应对。由于这类问题发生和出现具有不确定性,还涉及外交外事工作,乃至国家利益,对其应对往往具有滞后性,因此,更有必要提前启动相关准备和预案研究,需要建立常态化的语言和文化风险预警监测机制。

(三)双源性语言安全问题

双源性语言安全问题主要发生在我国周边国家与边疆区域(特别是民族自治地区),双源性语言安全问题的主体往往是双重的,甚至是内外联动的,对其应对往往有两难性质,且治理方式具有复杂性。我国边疆地区多为语言、文化和信仰不同的多民族聚居地,不仅存在"守边、管边、控边"的分散性和涉外性明显,而且"固边、治边、富边"的任务复杂性和自治性突出[①]。不少边疆民族地区的语言问题与国际关系和民族问题相互交织在一起,牵涉内政外交工作,个别语言问题甚至会被境内外分离主义势力和极端主义分子利用,倘若处置不力就会对国内乃至世界产生负面影响。目前我国与"一带一路"周边国家跨境分布约50种语言,相比而言,跨境分布的同一民族语言,存在族群内部语言文化认同和不同国家语言文化认同的问题,也存在由于不同国家语言本体规划和地位规划的差异,因此这些跨境语言在语言身份及语言社会使用功能等方面存在差异[②]。这些差异造成的语言活力和语言地位的变化,在"一带一路"核心区不少跨境语言的语言活力有限、有的语言受到威胁、面临转用、有的甚至处于濒危和几近消亡状态[③],存在着较为严重的语言安全问题。语言安全问题同样还体现在我国

---

① 余潇枫、徐黎丽,2009,边安学刍议[J],浙江大学学报(人文社会科学版)(5)。
② 黄行、许峰,2014,我国与周边国家跨境语言的语言规划研究[J],语言文字应用(2)。
③ 黄行,2015,我国与"一带一路"国家核心区跨境语言文字状况[J],云南师范大学学报(哲学社会科学版)(5)。

媒体在包括少数民族语言在内的国际传播实力仍处于绝对的弱势地位,境外敌对势力利用少数民族语言文字媒体对我国的宣传和渗透不断加大力度,我国所占话语权十分有限[①]。此外,由于周边地区政治和军事动荡,也会给边疆边境地区带来难民问题,以2015年初缅甸果敢地区战乱为例,至少有10万难民涌入我国境内。尽管从目前情况来看,果敢难民的涌入对我国边境地区的影响处于可控范围内,尚没有引起社会混乱等严重不良影响。但是,果敢难民问题在近20年已经屡屡发生,而且从世界范围看,难民问题处理不当,就可能会成为暴恐温床,会形成公共安全问题。因此,积极开展难民语言服务和语言融入工作,未雨绸缪,是防范和避免语言安全问题的关键。

(四)多源性语言安全问题

多源性语言安全问题是指语言问题体现出其发生源及问题属性的不确定性这一新特征。除了语言问题本身的复杂性、综合性等常规特征外,还更加典型、直接、明显呈现出国内因素和国际因素交叉互动、自然与人为因素交叠共生、国家与非国家行为体相互冲突、虚拟空间与现实世界时空交错、常态与非常态危机交替转化等特征。首先,"一带一路"的非传统安全领域的语言问题十分突出。例如:境内外"三股势力"若隐若现,全球恐怖主义最为猖獗和活跃国家基本都在"一带一路"沿线。作为"一带一路"倡议的提出者,中国国际地位的日益提升,需要履行一个大国的国际义务和责任,在参与处理国际公共安全问题时,如联合国维和部队、维和警察、派遣国际医疗队等国际事务的时候,都对相关人员的外语能力提出新的要求。为此,非传统安全领域的语言规划和语言应急机制亟待建立。以国际反恐为例,在中东地区臭名昭著的"伊斯兰国"正不断向世界各地渗透,将会成为威胁"一带一路"建设安全的

---

① 黄行、许峰,2014,我国与周边国家跨境语言的语言规划研究[J],语言文字应用(2)。

重要隐患之一。为此,我国必须立即启动针对"伊斯兰国"关键语言规划工作,提升国家语言安全防范措施。其中,库尔德语就应当成为关键战略语种,亟待开设课程,培养专门关键语种人才,以应对未来反恐之需。

其次,多源性语言安全问题还涉及网络与语言信息技术安全问题。语言信息技术在很大程度上决定了国家信息化的水平,是国家信息安全的保障,但由于我国语言文字技术标准严重滞后,现代语言技术的创造力、控制力和使用能力等不甚理想[①],这制约着国家信息"红利",是"一带一路"建设中信息安全的"隐患"。因此,在推进"一带一路"信息化建设中,语言信息技术安全将是国家网络安全的重要一环。

最后,多源性语言安全还涉及舆情和话语权问题。首先,舆情的媒介和载体离不开语言,舆情的传播分析和评价离不开言语、修辞和语用策略,其本质就是一种话语权。在"一带一路"建设过程中,无论是汉语国际传播,还是话语规划问题,都事关中国"文化走出去"大局,是实现"民心相通"的关键。为此,有关部门需要系统开展话语安全规划和传播研究,讲好中国故事,发出中国声音。

二、"一带一路"语言安全战略的基本内容

"一带一路"建设中的语言规划是分层多样的,大到区域、国际组织和各主权国家语言战略,小到企业语言管理或是学校语言教育,从宏观、中观到微观,各个层次的规划问题与任务也不尽相同。语言战略规划源于语言规划,但在规划层次和组织上明显属于宏观规划,属于典型的自上而下的(超)国家、政府或是机构组织的规划行为。基于语言规划理论,我们基本可以确定"一带一路"语言安全战略规划的六大基本问题。

---

① 李宇明,2011,提升国家语言能力的若干思考[J],南开语言学刊(1)。

（一）语言地位的战略规划

面向"一带一路"建设的语言地位的战略规划问题主要体现在两个方面：一个是"一带一路"建设中不同场合和领域的语言功能的战略规划，另一个是"一带一路"所涉及的沿线国家语种的战略规划。

1. 语言功能的战略规划

"一带一路"建设中的语言功能定位是一个战略问题。由于"一带一路"沿线国家至少有 65 个，涉及 44 亿人口，目前尚有不少国家积极准备加入，呈现出开放扩大的格局，因此就有必要提前进行顶层设计，对语言功能开展战略规划工作。语言功能的战略规划能够在很大程度上降低语言沟通成本，实现语言"互联互通"，达到互惠平等的目的。到目前为止，"一带一路"建设中还没有充分考虑到语言互通的问题，相关企业和机构在实践中，往往受制于语言障碍，交流渠道并不通畅。在现有语言格局中，除了迥然不同的各国通用语或是民族共同语之外，在沿线主要语言中，俄语是中亚的区域通用语，阿拉伯语在中东和北非地区是跨区域通用语，法语在西非和北非等地也是实际上的跨区域通用语，而英语作为国际通用语，不仅在东南亚具有较大影响力，在中亚的影响力也在稳步提升。值得注意的是，英语目前在国际金融、世界贸易、科学研究和高等教育等领域都占有绝对主导地位，这一局面暂时还无法改变。但是，中国作为"一带一路"倡议的发起者和重要建设者，应对语言功能早作战略安排与规划。语言功能战略规划的任务主要有两个：一方面，以各类通用语建设为抓手，加强"一带一路"区域通用语战略研究，调查沿线国家各类通用语使用现状、分布、活力状况等社会语言学问题，在尊重各国语言主权的基础上，尽早推动沿线国家确定"一带一路"通用语，具体可以确定若干个"一带一路"建设的工作语言，或者在友好协商基础上，通过划片方式，确定部分区域的通用工作语言。另一方面，应尽快着手将汉语确定为"一带一路"建设的通用语言之一,为扩大汉语在沿线国家政府和主要建设领域中的主导地位提前布局规划,确保汉语在关键领域、重要项目和重大工程的基础文本、工作文件、谈判文书和国际会议中的主导地位和作用,这符合中国作为"一带一路"建设主要投资者和重要建设者的国家利益,具有重要战略意义。从长远看,世界语言发展格局并非一成不变,随着国际人口移动、经济发展、文化交融和社会变迁,英语作为国际强势语言地位并非不可动摇,"一带一路"建设是千秋大业,语言功能的战略规划更要放眼未来,未雨绸缪,尽早把汉语功能战略规划提到议事日程上来。

2. 语种战略规划

语言地位规划的核心议题就是语言选择。"一带一路"国家语言丰富多样,有些国家不仅有多个官方语言,还有重要民族或部族语言、方言,在某些地区或某些领域具有重要战略价值,在语种战略规划时都应重视起来。

首先,官方语言的语种规划成效显著。根据教育部统一部署和规划,截至2018年我国高校在外语专业设置方面把沿线国家官方语言全面覆盖,这对于我国扩展与"一带一路"国家官方层面交往意义重大。随着更多国家参与"一带一路"建设之中,我国外语语种专业建设也需要加快进度。

其次,地区通用语规划亟待改善。"一带一路"建设并不仅限于单纯的政府交往和外交事务,跨国合作和民间贸易都会涉及当地非官方语言。因此,从国际地缘政治和中国海外利益角度考虑,单单考虑官方语言语种规划还远远不够。仅以非洲为例,阿拉伯语、斯瓦希里语是官方语言,豪萨语、祖鲁语、阿姆哈拉语、富拉尼语、曼丁哥语等五种语言都不是官方语言,但却是具有通用语价值的语言,在非洲部分地区是实质上的贸易通用语,而我国尚未开设富拉尼语和曼丁哥语专业。近年来,我国对非投资日益增加,中资企业一旦在非遭遇纠纷和困难,若向当地政府投诉交涉无门,往往需要求助于地方部族首领出面调停解决,这就需要相关精通社会文化者处理和协调,而熟稔当地语言就显得尤为重要。

最后,战略语种规划迫在眉睫。语言战略观告诉我们,语言不仅是政治外交对话工具,也不仅是贸易沟通载体,同时也是事关战略安全的重要资源。"一带一路"倡导共商共建,合作共赢,是实现地区和世界和平、发展和共赢的新路。但是,"一带一路"沿线不少国家和地区都存在着非传统安全问题,恐怖主义、分离主义、跨国犯罪、非法移民、国际人道救援和搜救等突发事件时有发生。语言在防范、规避、预警及保障丝路安全问题时,在消除和化解非传统安全威胁和风险过程中,都具有无可替代的战略价值。面对"一带一路"的语言安全隐忧,我国在语种布局和规划方面,还有待改善,尤其需要加强具有安全价值的战略语种规划和研究,例如中东地区的库尔德语,就事关我国海外能源利益和安全,应当予以优先发展和建设。

(二) 语言本体的战略规划

语言本体规划中的战略问题涉及国家安全和社会发展等重要领域,对于"一带一路"建设至关重要。

1. 语言标准化

中国术语、字体设计和借词标准规范历来都是技术传播的关键内容,事关国家语言主权,随着中国装备、技术和产品走出国门,走向世界,相关的术语标准国际化就显得尤为重要。在全球化时代,现代科技日新月异,外来科技名词层出不穷,术语统一和规范等领域中都暗藏玄机,充满了语言竞争。特别是我国与不少周边国家的跨境民族语言国际标准化的工作,事关民族关系和国家安全大局。例如朝鲜文就涉及我国、韩国与朝鲜三个国家,而且目前三国语言标准差异较大,我国亟须争取主动权,进行协调规划。

2. 语言信息化

语言信息技术在很大程度上决定了国家信息化的水平,是国家信息安全的保障。"一带一路"潜在较多的非传统安全风险,计算机语言信息化,特别是依托人工智能的多语种语音识别技术,对于防范和应对跨国跨地区恐怖主义和国际犯罪等活动,具有重要战略意义和安全价值。因此,在推进"一带一路"信息化建设中,语言信息技术安全将是国家网络和信息安全的重要一环,基于多语种的语言分析和语音识别技术研究和开发工作将为"一带一路"建设"保驾护航"。

3. 语言材料编纂

双(多)语辞典和语法书等语言材料编纂对于"一带一路"沿线国家的语言传播和学习普及意义也不容忽视。例如:外国来华的第一个基督教传教士马礼逊曾于1823年编撰出版了世界上第一部的汉英对照字典——《华英字典》,为当时欧洲传教士学习汉语和从事翻译工作提供了极大便利,在中西文化交流史上发挥了重要作用。当前辞书建设的主要任务,除了了解和学习沿线国家语言的对内型辞典需要加强规划之外,为了推广汉语国际教育和传播战略,还急需考虑开展对外型本体战略规划,即针对不同外国汉语学习者的辞书出版尤为重要。过去我国对外辞书建设往往千篇一律,没有重视和考虑国外社会文化环境与国内的重大差异,致使辞书和语言学习材料在国外"水土不服",无法满足国外学习者汉语学习需求。因此,编纂适合"一带一路"沿线不同国家和不同语言文化背景学习者需求的双语辞典,已经成为新时期对外辞书编纂规划的重要任务之一。

(三)语言教育的战略规划

面向"一带一路"建设的语言教育战略规划不仅是语言战略的一个重要分支,更是一种人力资源发展的战略布局,施惠于沿线各国教育发展,全面服务于教育部《推进共建"一带一路"教育行动》教育合作战略。当下我国"一带一路"语言教育的战略规划需要考虑三个问题,即国际中文教育规划、外语教育规划与汉语作为教学语言规划。

1. 汉语国际教育规划

在"一带一路"沿线国家推广汉语国际教育,不仅具有文化战略意义,可以促进中外人文交流,实现"民心相通"的需要,同时也具有经济价值。中国早在 2004 年就开始汉语国际教育的战略布局,目前已经在 51 个沿线国家开设了 126 个孔子学院,这一战略还应继续完善和加强。我们近年来赴欧美等国调研发现,由于中国经济崛起,汉语在国外越来越受到重视和推崇,很多国外家长都认为精通汉语将是一种明智的"语言投资",对自己孩子将来发展有很大益处。以美国西部俄勒冈州为例,近年来该州工商业越来越注重员工的中文能力培训,用以满足与中国企业国际贸易往来沟通的需求。在调研中,笔者发现,美国很多中小学都希望将汉语课程作为提升学生多语能力的首选语种之一。这种语言选择符合语言资源观和语言工具主义的观点,即当一种外语能够促进交流沟通便利,或者带来更多经济增长和收入提高等受益时,则学习者的外语学习动机会有明显提高。那么,"一带一路"是否会对国际中文教育提出更大需求?我们可从国际贸易领域对于语言需求变化给出肯定的回答。国际贸易进出口主要产品分为劳动密集型、技术密集型和资本密集型三类。第一类劳动密集型服务产品的出口主要是通过标准化合约来完成的,这一领域主要涉及以英语作为国际通用语言在文本层面的语言问题。但是"一带一路"很多国家普遍不缺劳动力,缺的恰恰是技术和资本密集型服务产品。这两类产品交易则更多地需要贸易双方的沟通来实现,为避免语言障碍,减少跨文化冲突,作为进口方往往会对出口国家语言产生重大需求。因此,考虑到语言学习规律和效率,中国作为"一带一路"建设主要投资国和出口国,应积极开展汉语需求调查,有效促进汉语进入沿线国家基础教育体系之中,使其成为外语教育语种之一。无论是孔子学院还是汉语作为外语教育课程规划,都需要从语言战略规划角度统筹课程对象、师资队伍、课程政策、教材教法、资源配置、测试评价以及社会需求等规划内容,加大对沿线国家全方位的支持,推进教育共同体建设。在这方面,新疆维吾尔自治区依托辐射中亚的区位优势,在汉语国际推广、孔子学院建设和中亚基地对外汉语教材建设方面成效卓著,值得借鉴。

2. 外语教育战略规划

近年来,国家逐渐重视外语教育规划工作,教育部关于加强外语非通用语种教育的文件也于2015年正式出台,外语教育在语种、布点与资源投入等方面都有了很大改善,"单一型"外语语种失衡问题有望解决,加强"一带一路"非通用语种人才建设已经成为共识。但是我们注意到,现有高层次外语人才规划定位和目标尚不清晰,小语种专业和课程设置也缺乏科学调研,外语教育发展中一些结构性问题较为突出,外语规划还存在一定的盲目性和无序性。"一带一路"外语人才需求是什么?需要什么样规格和类型的外语人才?哪些领域和行业需要外语人才?在这一系列问题尚无法给出准确的回答情况下,盲目和无序地开展外语教育规划势必会产生严重的问题。例如,各地高校纷纷开设"一带一路"沿线国家的小语种专业,致使小语种专业和布点都出现"井喷"式增长的趋势。在2017年教育部公布的新设本科专业中,有一半是小语种专业。通过增设新专业,确实可以在一定程度上缓解小语种人才欠缺的问题。但是客观地说,这样的外语人才规划方式存在明显问题。

首先,小语种人才缺乏问题不是单纯数量问题,而是质量问题。我国外语人才规划的弊端在于人才培养"一茬齐",普遍存在专业水平不高,培养模式单一的问题,致使外语专业毕业生"大才难觅,小才拥挤"。因此,小语种人才规划不是单靠增加语种专业和布点能够解决。而且小语种师资水平参差不齐,扩大招生和布点之后,恐怕连基本教学质量保证都成问题,奢谈高层次人才培养?

其次,小语种人才规划应该分层次,不能"一刀切"。对于国家而言,"一带一路"建设最缺乏的是通语言,懂文化,熟悉专业或是领域知识的人才。现有外语人才培养只注重一般语言技能,还无法满足国家和社会重大需求。"一带一路"真正紧缺的是高层次小语种人才,这个量究竟有多大?还需要扎扎实实地调查研究。事实上,小语种发展过热早已有过严重的教训。以韩语专业为例,在"韩流"刺激之下,国内在十余年前就兴起了"韩语热",高校中的韩语专业数量从原来的个位数专业教学点,一下子陡增到200多个专业。更有甚者,开设韩语专业的院校又多为新建本科院校、独立学院或是高职高专,因此,培养的韩语专业学生层次普遍不高。随着近年来韩国经济低迷和朝鲜半岛政治风云变幻,众多韩语专业毕业生就业一下子就出现了严重的问题,这个教训值得我们深思和警惕。

最后,小语种建设需要科学规划,不宜操之过急。"一带一路"建设需要各类外语人才,但是从外语教育规划来说,需要有轻重缓急和适当取舍。例如,一般企业在"一带一路"即便有外语需求,往往可以通过在当地寻求专业翻译或是通过国际外服公司解决语言需求,不会因此招聘或是雇佣专门的小语种人才。据了解,在没有充分开展需求论证情况下,不少高校盲目设置小语种专业,更有某些省份的教育主管部门要求省内每所高校至少"认领"一个"一带一路"小语种专业建设任务。这种"摊大饼"式的外语规划令人啼笑皆非。综上所述,我们认为"一带一路"语种布局无论是在语种选择、专业建设、市场需求方面,还是在人才定位与培养模式方面都需要缜密的前期论证和研究,此外,各地还须结合国家战略和地方实际进行统筹规划,实现外语教育均衡发展和规划,否则就会事倍功半。

3. 汉语作为教学语言规划

语言教育战略规划不仅关注语言教育领域,同时还需要重视教育语言规划问题。在"一带一路"高等教育领域,教学语言规划是一个充满战略博弈和竞争的领域。在欧洲、东南亚、非洲、中东乃至中亚等国,英语作为教学语言(English as Medium of Instruction,简称为 EMI)规划已经成为这些地区推进高等教育国际化的重要战略举措之一。在"一带一路"沿线国家中,英美著名高校早已"捷足先登",不仅通过英语这一强势语言进入这些国家高等教育体系之中,而且还在中亚、中东和东南亚等地设立或资助成立大量的全英文授课大学。在这样的战略竞争态势下,我国教育部正在有序推动国内高校在"一带一路"国家办学。截至 2016 年,我国高校已在境外设立了 4 个机构和 98 个办学项目,分布在"一带一路"沿线 14 个国家和地区。中国必须在推进教育国际化规划中,加强汉语作为教学语言(Chinese as Medium of Instruction,简称为 CMI)的战略规划,例如可以鼓励在境外办学的高校,在体现中国特色的课程中尝试实施 CMI 课程,可以在中国语言文学、中医学、中国文化、中国武术等传统文化课程中创设 CMI 教学模式,同时也可积极探索在更多专业课程中实施这一战略可行性和实践性。如果说汉语国际教育与孔子学院是中国语言文化走出去的重要举措的话,那么 CMI 将是推进中国语言文化在"一带一路"推广并繁荣的关键战略。

(四)语言声誉的战略规划

在"一带一路"建设过程中,语言声誉战略规划服务于丝路语言国际传播战略,至少需要考虑汉语、民族语言和翻译的丝路传播等三个问题。

1. 汉语传播的声誉规划

国际中文教育不仅需要语言教育战略规划,也不能忽视其声誉规划。从国际语言传播经验来看,对语言自身形象的规划有利于其被广泛接受。英国文化委员会为在东南亚地区推广英语,不遗余力地将英语学习包装成为"国家、社会与个人发展必需之语言",充分显示出语言工具主义形象,颇具煽动性。法国政府也特别注重法语的声誉规划,将法语形象定格在"世界上最美丽的语言",使得法语推广成为高雅生活方式的表现。韩国政府则是将语言文化巧妙地蕴藏在动漫、韩剧等娱乐节目之中,吸引大量"哈韩族"趋之若鹜地学习韩语。在丝路建设中,汉语国际推广和传播战略也必须在语言形象方面下功夫。在"一带一路"推广国际中文教育,传播的对象是没有在中国生活和学习过的外国人,我们就更需要考虑国外社会对汉语的社会接受,构建一种全方位的语言传播与教育的互动关系。面对"一带一路"不同国家和社会微妙复杂的多元语言环境,我们要设身处地考虑语言教学与社会宏观语言环境,乃至国外社会政治文化等非语言因素交织在一起的问题。笔者在与众多外国学生交流过程中了解到,"汉语是最难学的语言"已经成为外国学习者心目中的刻板印象。从语言声誉规划角度看,我们不能把博大精深的中国文化定位成为让国外学习者"畏难畏学"的语言。广大语言工作者应该充分挖掘汉语文化之美,利用文学创作传播汉语美好形象。在这方面,语言学研究者和工作者都具有不可推卸的责任,在注重教学研究的同时,应当重视对象国受众对于汉语的社会接受,主动融入语言声誉和形象塑造规划活动之中。

2. 民族语言声誉规划

在丝路建设中,我国少数民族语言,特别是跨境民族语言,不仅应加大保护和传承力度,还应当推动少数民族语言文化对外传播,使其成为我国保护和开发多民族语言文化资源的亮丽名片,塑造并展示我国多民族语言文化共同繁荣的国际形象,避免和消除国际社会对中国民族政策和民族文化发展存在的误解和偏见。为此,少数民族地区需要集思广益,挖掘本民族优秀语言文化遗产加以推广和传播。这对繁荣各民族文化,萃取民族文化精华走向世界具有战略意义和价值。

3. 翻译声誉规划

翻译作为跨文化传播与交流的传播活动,并不是简单的文字转换过程,它至少涉及两个文化系统的交流、交锋与交融,其本质是一种文化传播规划。改革开放以来,我国对外翻译重心主要在西方欧美国家,对于"一带一路"沿线国家的翻译规划刚刚启动。我国向丝路沿线的翻译活动的结果或是产品都需要考虑其市场和社会的可接受性,这就需要语言声誉规划。在翻译输出方面,无论是技术传播和科技翻译,还是文学文化作品外译,都需要高度重视翻译声誉规划,提升中国翻译的国际形象和口碑。在对外传播过程中,我们需要全程关注针对丝路外译产品或是作品的市场和社会接受、流通度和传播形象,充分考虑到不同国家和地区的社会风土人情,政治与宗教文化禁忌等问题,避免翻译产品或作品带来不良社会影响,可见,"一带一路"的翻译声誉规划对"民心相通"意义深远。

(五)语言服务的战略规划

语言服务将语言研究与行业领域的语言需求、语言支持、语言资源配置与语言能力等诸多方面有机联系起来,是国内一个研究热点领域。语言服务规划涉及行业领域众多,如语言翻译、语言培训、在线语言教育、语言技术支持以及语言咨询等产业类型。目前国内对语言服务产业研究较多,但是对语言服务战略规划的讨论却明显不足。两者虽然在内容上有类似之处,但在语言资源配置和规划的战略价值上区别较大。

笔者亲身经历一个真实事例是,华为手机产量有 80% 都是出口海外,其拓展的国际市场遍布"一带一路"沿线国家。企业在海外市场竞争中发现,华为手机语言在本地化方面存在技术短板,从手机的开机问候语到操作界面语言都无法完全满足沿线国家市场客户需求,与国际竞争对手存在一定差距。为此,华为公司主动联系语言学专家,希望从语言技术、翻译文本质量以及跨文化适应等角度帮助其改善和解决这一问题。由此可见,在语言服务战略规划下,语言科学研究在基础和应用层面都可以为企业走出去助力,这对语言科学研究"走出书斋",面向社会也会产生积极促进作用。

（六）丝路话语的战略规划

面向"一带一路"建设的话语战略规划的目标之一就是提升国家在沿线国家乃至国际的话语能力，但其根本在于建构丝路话语体系，这是当前我国语言战略规划的重要责任和时代使命。

丝路话语战略规划是从国家战略利益出发，以提高话语能力，提升国家形象的一种规划行为。"一带一路"是中国积极参与和推动全球治理格局变革的重要举措之一，与我国在丝路沿线港口、铁路和高铁等"硬件"建设相比，以文化和话语为主的"软件"建设也要加强。当前在国际舞台上"西强我弱"的国际话语权格局尚未发生根本改变。丝路话语战略规划的目标就是促进民心相通，争取丝路战略的重要话语权，扩大设置话题的权利，提升中国话语体系在"一带一路"建设中的国际影响力，需要充分考虑各类话语规划问题，如政策性话语、学术性话语、制度性话语以及结构性话语等。以政策性话语规划为例，在丝路话语中就要避免将"一带一路"说成是中国"马歇尔"计划，各省区和城市对外话语中也要慎用"桥头堡""冲锋队""排头兵""主力军"等军事话语。过度使用这类军事术语，与"一带一路"开放合作的本意并不相符，容易招致误解。再以学术话语战略规划为例，"一带一路"建设中的学术话语问题亟待重视起来，例如，对于古丝绸之路的人文历史研究与德国、美国、英国和日本相比还有很大差距，如西域研究、敦煌学研究的学术话语权并没有掌握在我们手中。另一方面，由于研究语言受限，我国对丝路沿线国家的区域和国别研究也不够深入，尚无法掌握和洞悉当地学术话语，丝路学术话语规划"任重而道远"。因此，如何传播中国声音，讲好中国故事，是当前丝路话语战略规划不容忽视的重要任务。

三、"一带一路"语言安全战略规划建议

"一带一路"建设是新时期国家转型升级、对外战略转向的重

要举措,语言在"一带一路"建设中是拓展和维护国家利益,增强互通互联能力的重要纽带,而语言安全问题事关"一带一路"建设稳定推进的大局,具有重要战略价值和现实意义。因此,深入关注并准确预判四类语言安全问题,防范与规避语言安全带来的重要风险和威胁,是当前语言战略与语言规划研究的重中之重。为此,我们提出建构"一带一路"语言安全战略的对策与建议如下:

(一)加强丝路语言安全规划研究

内源性语言安全问题是影响和制约"一带一路"建设的重要隐患之一,有关部门应该及时开展系统全面的语言安全规划研究。首当其冲的就是国家外语资源安全调查和国家外语安全能力建设问题。国家外语资源安全调查是指根据"一带一路"建设中的重大现实外语需求,尤其要开展战略性、全局性外语资源需求调查,明确现有外语资源现状是否可以满足丝路各行业和领域的重大现实需求。例如:从国家安全战略角度看,面向非传统安全威胁的国家外语安全能力调查以及丝路关键外语资源调研等工作亟待启动;从海外利益拓展需求入手,中国高铁丝路战略下的外语需求调查、"亚投行"外语需求调研,以及各类自贸区外语需求调查等等课题,都需要逐步开展。只有在科学细致调查基础上,才能研制外语安全战略需求清单,对外语资源种类、质量、类型和领域四个方面都做出精准的判断,为制定提升国家外语安全能力提供现实依据和参考。

另一方面,我国语言资源安全规划工作也不容忽视。语言资源安全规划必须以准确真实的语言资源调查为基础,2015年教育部、国家语委正式启动中国语言资源保护工程,在全国范围内开展以语言资源调查、保存、展示和开发利用等为核心的各项工作。"一带一路"沿线的少数民族语言和地域方言保护应当成为语言资源保护工程的重中之重。语言资源安全规划还必须考虑不同语言的安全等级,如消亡、濒危、不活跃、较为活跃等多个级别,据此采取相应保护和开发措施。另外,语言安全规划除了关注语言本身问题之外,还需要借鉴风险管理和安全管理经验和做法,要认真做好不同语言资源安全状况的环境评估、社会评估和冲突评估,确保丝路语言资源整体安全。

(二) 启动跨文化语言安全战略研究

外源性语言安全问题主要源于对异域语言文化的陌生、生疏、甚至是误解误判。语言安全的重心也应该放在语言使用和话语传播层面考虑,使用主体和传播主体免受由于语言使用和传播带来的安全隐患与忧虑。我们很欣喜地注意到国内已经有不少机构开始着手对"一带一路"国外语言状况和语言国情进行介绍和普及工作。但是,鉴于"一带一路"涉及至少64个国家,200多种主要语言,民族、宗教、历史、政治和社会等文化差异乃至深层次的潜在冲突在所难免,单纯的、简单的介绍和普及还远远不够。有关部门宜尽早启动跨文化语言安全战略研究。语言安全战略主要定位于语言服务,主要满足国家和企业海外利益对于"一带一路"语言文化的重大现实需求。首先,语言安全战略研究需要开展对象国语言文化现状开展调研,重点考察和监测其语言文化领域潜在的安全风险,例如民族语言问题、语言纠纷、语言冲突乃至重要语言舆情事件,切实提高战略预见性。其次,语言安全战略研究需要重视跨文化语言管理问题,这里的语言服务就涉及向海外投资企业提供投资国的语言文化历史、习俗、禁忌等跨语言文化交流和沟通的服务,还涉及为中国企业走出去提供重要跨文化案例数据库,以及基于多语种翻译和语言技术传播的海外舆情、政情、社情、商情诸领域的语言服务。最后,语言安全战略还涉及"一带一路"对外传播话语的安全问题。无论是中国跨文化形象塑造、对外文化传播、哪怕是"一带一路"话语体系传播都不能忽视语言的传播价值和本质,都需要从语言安全战略高度审慎对待。西方个别国家和势力,一度刻意丑化我国的"一带一路"倡议,致使"中国威胁论"和"新殖民论调"甚嚣尘上,更有甚者,海外还有人将孔子学院对外文化传播污蔑为"意识形态输出",这些问题的出现,一方面反映出国际政治生态霸权主义盛行,另一方面也暴露出中国在走出去的过程中,对海外传播的话语安全意识不足,缺乏话语安全战略规划,亟须建立维护话语安全为主体的话语危机公关机制。此外,我国还应积极规划"一带一路"话语体系,避免出现包括"一带一路"英文译名在内的跨文化传播标准混乱问题,积极主动利用跨文化语言安全战略讲好中国故事,规划中国话语。

(三)探索边疆语言安全治理能力建设

双源性语言安全问题事关边疆稳定和长治久安大局。在边疆问题研究领域,继"边政学""边疆学"及"边防学"之后,近年来"边疆安全学",即"边安学"研究日益受到关注。"边安学"是一门以边疆安全为研究对象、以探索边疆安全治理规律为主要内容的交叉性学科,关注重点是边疆安全治理的理论范式及运行模式、边疆危机的治理和传统/非传统安全威胁的应对,至少牵涉到认同安全、社会安全与人的安全等领域。由于"一带一路"跨境边疆地区的语言问题的安全风险和隐患客观存在,边疆语言问题也属于"边安学"范畴,涉及语言与民族认同,语言与社会安定,个人语言身份安全等复杂问题,也应该尽早开展边疆语言安全治理能力建设。

20世纪90年代以来,治理理论被广泛应用于各个领域。全球治理理论的创始人詹姆斯·罗西瑙[1]指出:"治理与统治不同,是一种有共同目标支持的活动,这种管理活动的主体未必是政府,实现其目的也未必一定要依靠国家的强制力量,治理是一系列活动领域里的管理机制,它们虽未得到正式授权,却能有效发挥作用"。基于治理理论,边疆语言安全治理能力建设需要关注和加强语言安全的治理主体、治理向度、治理范围以及治理权威四个维度

---

[1] [美]詹姆斯·罗西瑙,2001,没有政府的治理:世界政治中的秩序与变革[M],张胜军、刘小林等译,南昌:江西人民出版社。

的研究[①]。第一,就治理主体结构来看,语言安全治理的主体既可以是国家和自治区各级政府、非政府的公共机构(如专业协会、智库等),也可以形成跨国或多国语言合作和交流机制等多种组合,如边疆难民语言服务问题,就需要多方协作,齐抓共管。第二,从权力运行的向度看,语言安全治理是一个上下互动方式的管理过程,它主要通过对话、合作、协商和伙伴关系,确立认同或是共同的目标等方式实施对语言问题的管理,例如西部边疆民族地区的双语问题较为敏感,需要探索"优态共存"的治理模式,避免出现"危态对抗"的局面。第三,从管理涉及的范围看,语言安全治理所涉及对象要宽泛得多,例如,跨境语言安全治理问题实质就超越了领域界限,形成超国家的方式。第四,从权威形成的基础看,边疆语言安全治理的权威除了法规命令之外,更源于中国各民族语言认同与共识,黄行先生[②]提出用市场化政策提升国家语言工具认同和用非市场化优惠政策保障民族语言的区域自治权利,是实现民族语言—国家语言认同和谐的策略,也是形成边疆语言安全治理能力建设的重要基础。

(四)建立语言安全风险评估和应对机制

多源性语言安全问题的存在,充分说明在消除和化解安全威胁和风险过程中,语言是防范、规避、预警及保障"一带一路"安全的战略资源。在中国开展海外投资和海外利益拓展过程中,语言/文化风险相较于传统的经济/体制风险和政治/军事风险而言,更为隐蔽、深刻且持久,具有普遍性和不确定性。因此,有关部门有必要建立面向"一带一路"建设的语言安全风险评估和应对机制,着力防范和规避相关语言风险。具体而言,语言管理部门一方面需要开展针对"一带一路"非传统安全领域的语言安全问题的监

[①] 余潇枫等,2013,中国非传统安全能力建设:理论、范式与思路[M],北京:中国社会科学出版社,第54页。

[②] 黄行,2016,论中国民族语言认同[J],语言战略研究(1)。

测、识别与评估机制,建立健全基于多语种语言安全风险信息和案例库,如为中国企业走出去提供语言文化风险案例数据库建设,及时发布和提供语言安全资讯和预警信息。另一方面,在评估各个领域语言安全风险基础上,建立语言安全应急和救援机制,设立应对语言安全风险的语言服务志愿者团队,减少语言障碍带来的沟通不畅问题。最后,基于语言传播安全和信息安全角度考虑,有关部门应该重视"一带一路"跨国网络空间语言舆情监测,特别需要重视基于社会化媒介的语言舆情监测和语言信息技术安全问题。在"一带一路"建设倡议下,沿线国家可以共同开发建立媒体语言监测和研究平台,共享语情,维护语言信息技术安全。

第四节 全球治理视域下的中国语言安全规划

语言安全是中国在参与全球治理进程中语言学研究面临的重大课题之一。正如李宇明[①]所言,中国在积极参与全球治理体系的改革与建设中,以及为全球治理不断贡献中国智慧和中国力量的过程中,必须充分重视和发挥语言的作用。在这样的时代背景下,语言安全是亟待加强并深入研究的一个重要领域。近十年来,不少国内学者试图从理论层面对语言安全的概念、内涵和分类指标进行界定[②],上述研究均为中国语言安全研究提供了有益的理

---

① 李宇明,2018,语言在全球治理中的重要作用[J],外语界(5)。
② 相关成果参见:陈章太,2009,语言资源与语言问题[J],云南师范大学学报(哲学社会科学版)(4);沈骑,2014,非传统安全领域的语言规划研究:问题与框架[J],语言教学与研究(5);沈骑,2016,"一带一路"建设中的语言安全战略[J],语言战略研究(2);陈新仁、方小兵,2015,全球化语境下的语言规划与安全研究[M],南京:南京大学出版社;彭爽,2014,中国语言安全问题产生的原因分析[J],东北师大学报(哲学社会科学版)(4);尹小荣,2015,语言安全视角下的新疆语言战略研究[J],新疆社会科学(6);张日培,2018,国家安全语言规划:总体国家安全观下的范式建构[J],新疆师范大学学报(哲学社会科学版)(6);张治国,2018,语言安全分类及中国情况分析[J],云南师范大学学报(哲学社会科学版)(3);方小兵,2018,语言安全的内涵、特征及评价指标[J],辞书研究(6)。

论探索。但迄今为止,国内研究尚未从语言规划角度对语言安全问题进行系统全面地分析,也没有回应新时代全球治理对语言安全规划的现实需求。本节分析全球治理视域下的语言安全问题,并从治理领域、治理层次和规划内容三个维度建构起语言安全规划的基本框架。

一、全球治理视域下的语言安全问题

(一) 全球治理的兴起与发展

冷战结束后,世界进入多极化社会,一些全球性问题日益凸显,一系列的世界事务需要得到系统治理。在这样的时代背景下,全球治理概念被正式提出。1995年,在联合国成立五十周年之际,"全球治理委员会"发布研究报告,指出治理是个人和制度、公共部门与私营部门管理公共事务的各种方法的综合,其实质是由包括各国政府、国际组织、非政府组织、私营机构和所有人在内的多元行为主体参与、谈判与协调的持续集体行动过程[①]。美国学者也指出,治理是涉及不同主体通过法律、规范、权力和语言等手段实现社会实践中规则和秩序生成的所有过程,从哲学角度看,治理需要通过语言、意义和信仰构成[②]。全球治理是国际社会应对全球变革和全球性问题挑战的一种新的管理人类公共事务的理念、机制与实践活动,用以解决世界性问题,其目标是实现全球的公共利益。全球治理的目的是解决以全球危机为代表的公共问题,治理主体是多元的,治理方式也是合作式的,涉及政治治理、经济治理、安全治理、文化治理与生态治理等多领域。因此,全球治理实质上是一个在全球层面上如何通过多元主体合作来供给全球

---

① 英瓦尔·卡尔松、什里达特·兰法尔,1995,天涯成比邻——全球治理委员会的报告[M],北京:中国对外翻译出版公司。

② Bevir, M. 2013. *A Theory of Governance* [M]. Berkeley: University of California Press, pp. 1-24.

公共产品的问题,是一个集体行动的问题①。从治理主体来看,国家是全球治理的重要主体。此外,国际组织(如联合国、世界卫生组织)、区域组织(如欧盟、东盟)、机构或社区(如跨国公司、学校或族群社区)和个人都是全球治理的行为体,这标志着全球治理已经不仅涉及多边治理关系,同时也呈现出多层治理的发展态势。

进入 21 世纪以来,中国参与全球治理步伐加快,在世界舞台发挥着越来越重要的作用,正在成为全球治理的重要参与者和治理机制变革的推动者。孙吉胜②认为从新中国成立至今,中国在国际体系中的角色定位经历了局外人、接触者、被动参与者、努力融入者到积极参与者的改变,已经开始从参与、深度参与,发展为在某些领域发挥一定的引领作用。展望未来,中国将在全球治理各领域中发挥更大作用,更多地履行负责任大国的国际义务和使命,同时也要未雨绸缪,提前为应对全球治理中的风险与安全问题做好准备。

(二) 全球治理中的语言安全问题

在全球治理中,语言看似无形,实则关键。近十年来,世界科技与经济快速发展,随之而来的全球问题就是人的流动性和文化的混杂性,这是当今全球治理需要面对的两大挑战③。在全球治理应对这两大挑战的过程中,语言至关重要,因为在全球日益频繁的人际流动与日趋混杂多样的文化之间,语言不仅仅是沟通和交流工具,同时也是全球公共产品和社会资源。在很大程度上,全球治理中的语言安全问题正是由于人的流动性与文化的混杂性所引起的。基于语言安全的定义,全球治理中的语言安全问题可分为三类:

第一类问题是语言安全的基础性问题。在全球治理进程中,

---

① 蔡拓,2018,全球学与全球治理[M],北京:北京大学出版社,第 259 页。
② 孙吉胜,2019,"人类命运共同体"视阈下的全球治理:理念与实践创新[J],中国社会科学评价(3)。
③ 高奇琦,2017,全球治理、人的流动与人类命运共同体[J],世界经济与政治(1)。

第六章
人类命运共同体视域下的语言安全战略

人类语言在演化发展中遭遇到语言安全问题,如语言传承、语言濒危、语言生态危机等基础性问题。这类全球治理中的基础性语言安全问题,往往涉及文化、宗教和语言的矛盾与冲突[①],如处置不善,会转换成社会文化问题。在北美加拿大、欧洲的爱尔兰和威尔士等国家和地区,保护濒危语言研究日益成为热点。可喜的是,近年来随着"中国语保工程"的深入开展,国内语言安全的基础性问题明显减少。

第二类问题是社会的语言安全问题。这类问题是直接由语言引发的社会语言问题,如语言权利和语言矛盾问题,这类语言问题往往与政治、社会以及文化问题交织在一起,对于维护和保持社会稳定意义重大。如果处理不当,会导致语言矛盾激化,语言冲突升级。例如,2010年比利时法语党派与荷语党派因语言政治问题之争,致使政府垮台,导致该国长达530多天处于无政府状态,造成严重的政府政治危机[②]。

第三类问题是与语言使用相关的安全问题。这类问题是指语言的使用和功能所引起的社会问题,属于广义的语言安全问题范畴。在全球治理中,一系列的全球性安全问题,如国际救援、反恐维和、公共卫生等问题都需要语言应急服务、国际语言支持和语言技术提供安全保障。例如,2020年新型冠状病毒肺炎疫情就是典型的国际重大公共卫生事件,席卷全球的疫情对国家乃至全球医疗救援中的语言应急能力提出了前所未有的挑战。这类全球性问题与语言的社会应用领域有着密不可分的关系。

值得注意的是,全球治理视域下的语言安全问题是一个整体,上述三类问题相互影响,具有相互转换的可能性。语言安全是全球治理必须予以重视的系统问题,涉及语言安全环境的构建与营

---

① 李宇明,2018,语言在全球治理中的重要作用[J],外语界(5)。
② Blommaert, J. & 董洁,2011,比利时语言问题与政府危机[A],中国语言生活状况报告(2011)[C]. 北京:商务印书馆。

造、安全冲突的预防与管理、安全观念的塑造与传播以及安全途径的沟通与疏导等多个安全领域。随着中国参与全球治理脚步日益加快,开展中国语言安全规划研究尤为重要。

二、全球治理视域下中国语言安全规划的基本框架

为了服务中国参与全球治理的大局,我们基于全球治理多领域和多行为体的特征,结合语言规划的理论框架,尝试建构中国语言安全规划的基本框架,这一框架从治理领域、治理层次和内容类型三个维度来考虑,基本框架参见下图6.1。

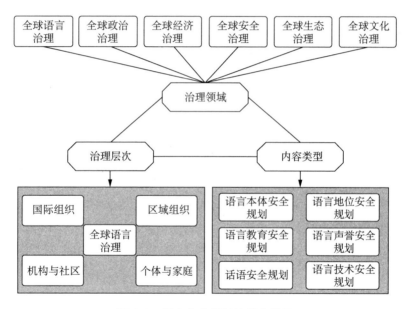

图 6.1 语言安全规划的基本框架

(一)语言安全规划的治理领域

基于全球治理的领域分类,同时结合语言安全在不同治理领域中可能产生的冲突和矛盾,我们将语言安全规划的治理领域确定如下:全球语言治理、全球政治治理、全球经济治理、全球安全治

理、全球生态治理和全球文化治理等六个领域。上述领域分类中，我们赞同李宇明①提出全球语言生活治理的观点。在全球治理三类语言安全问题中，前两类问题都属于全球语言治理的范畴，第三类问题是从语言的使用和应用等功能层面考虑，需要全面考察语言问题是如何影响和制约、抑或是保障和维护其他五个领域的安全问题的，这贯穿于全球治理各领域的全过程之中。

第一，全球语言治理领域。国际组织、地区组织、各国政府、各类国际性机构或专业团体以及个体，为了解决人类沟通与交流中的全球性语言问题，共同协调合作，推动人类语言生活和谐发展。语言安全规划是全球语言治理的题中之义。在三类语言安全问题中，语言自身安全与社会语言安全问题都是全球语言治理必须关注的重要问题。因此，语言安全问题就是全球语言治理需要应对和解决的重要问题。

第二，全球政治治理领域。语言和政治治理联系紧密。一方面，语言安全对于全球范围的政治稳定具有重要意义。在国际政治舞台上，语言民族主义与语言分裂主义"你方唱罢我登场"，给国家安全带来极大隐患。另一方面，语言与政治的内在联系，决定了在全球治理中语言安全是国家政治安全的重要保障。当前，在全球政治秩序中，国际组织、区域国际组织、国际政治与公共事务领域中的语言安全问题主要涉及国际话语权、国家语言能力与政治治理之间的关系。

第三，全球经济治理领域。全球经济治理关注全球发展与经济安全。从语言经济学角度看，通用语言能力的提升对于扶贫减贫具有促进和推动作用，有助于贫困地区经济发展，打赢脱贫攻坚战。从国际经济安全角度看，健全合理的外语规划，可以合理调动外语资源配置，规避和应对海外投资的安全风险，化解国家在海外

---

① 李宇明,2018,语言在全球治理中的重要作用[J],外语界(5)。

利益拓展中可能遇到的跨文化语言风险。

第四,全球安全治理领域。全球安全治理不仅涉及传统安全,如军事安全,也涉及非传统安全问题,如公共卫生安全、国际反恐、国际人道主义援助问题等。这一领域的语言安全问题具有紧急性、突发性、跨国性等特征。全球重大或紧急安全问题语言援助,就包括为克服语言障碍而提供的语言服务、语言技术和语言救助。

第五,全球文化治理领域。全球文化治理的核心问题是维护和保障人类的文化安全,维护世界文明多样性,减少或是避免文明冲突是全球文化治理的重要任务。文化安全指人们认为自己所属"国家—民族"的基本价值和文化特性不会在全球化大势下逐渐消失或退化的"安全感"①。语言是文化传承、文化传播、国家形象构建,乃至提升国家文化"软实力"和对外文化传播的重要保障和手段,是跨文化传播的桥梁和渠道。

第六,全球生态治理领域。全球生态治理是指对影响人类与生物生存与发展的外界条件和生态环境的治理②。全球生态环境、气候环保和可持续发展等方面与生态话语规划关系密切。正如英国语言学家韩礼德③所言,人类社会以及语言两个方面正在发生危及人类生存的生态环境的渐变,语言的渐变正在推动着这一渐变。他认为语言的使用能够影响人们的观念,影响人们的行为,构成一系列的社会问题,最终造成人类社会生态环境的失衡。可见,语言安全规划对于全球生态治理的观念与行为都有重要作用。

(二)语言安全规划的治理层次

全球治理涉及不同领域,同时,还具有多元化的治理层次,至少涉及国际组织、跨区域组织、国家、机构和社区,以及个人和家庭

---

① 潘一禾,2007,文化安全[M],杭州:浙江大学出版社。
② 蔡拓、杨雪冬、吴志成,2016,全球治理概论[M],北京:北京大学出版社。
③ Halliday, M. A. K. 2001. New Ways of Meaning: The Challenges to Applied Linguistics [A]. In A. Fill & P. Mühlhäusler(eds.). *The Ecolinguistics Reader: Language Ecology and Environment* [C]. New York: Continuum, pp. 175-202.

等五个层次。这一治理层次的划分也与语言规划研究的发展趋势相匹配。语言安全因其问题的多样性和复杂性,突破了单一的规划层次,渗透到不同的物理空间,乃至进入虚拟空间,语言安全规划也必须要深入到不同治理层次,形成覆盖宏观、中观和微观等多层次,兼顾各方利益相关者的系统规划格局。

第一,国际组织。各类国际组织,如联合国、联合国教科文组织和世界卫生组织等,是全球治理应对各类安全问题的重要行为体。全球语言安全问题是国际组织必须正视的一个重要语言问题。国际组织所面临的语言问题包括三个方面:一是世界语言多样性问题。这个问题早已引起了联合国与联合国教科文组织的重视。近年来中国和联合国教科文组织密切合作,一直在为世界语言生态危机与平衡问题努力,先后发布《苏州共识》和《岳麓宣言》,与国际社会一道,致力于构建全球语言生活和谐发展的新格局。二是语言与发展问题。语言与贫穷、语言与教育普及、语言与经济发展等问题都与联合国"千年目标"紧密关联。三是全球话语安全与国际话语权问题。当前全球治理所面临的话语权之争,从根本上看,就是传统西方大国主导的话语体系霸权与新兴国家在国际舞台上长期失语之间的矛盾。中国作为负责任的大国,积极参与全球治理,理应获得相应的国际话语权,扩大中国话语的国际影响力。

第二,区域组织。区域组织是全球化不断加深背景下,区域一体化蓬勃发展的产物。同一区域内的国家常常面对共同的难题,如欧盟就是区域一体化的典范。在应对语言安全问题时,区域内国家在经济水平、政治制度和历史文化方面具有更多相似性,相应的区域语言治理机制就会建立起来。区域组织语言安全,是区域政治稳定的基础要素,有助于区域合作顺利开展。在这方面,欧盟推动的多语机制在区域一体化进程中发挥了一定作用[①],这些经

---

① 陈宇、沈骑,2019,"脱欧"背景下欧盟语言规划的困境与出路[J],复旦外国语言文学论丛(1).

验和做法,为中国推动建设的区域组织语言安全规划提供了有益借鉴。

第三,国家。国家是语言安全规划最重要的规划主体。在国家治理层次上,语言安全规划主要面临两大安全问题:一是语言资源单一性与多样性的安全困境。全球治理面对国际人口流动,以及由此带来的多语社会正成为一个世界性图景。在这样的现实语言生活图景下,语言资源面临着单一性与多元性之间的矛盾,这给国家语言能力带来了严重的安全困境。二是语言竞争导致的国际化与本土化的安全悖论。在全球"英语化"愈演愈烈态势之下,强势国际化语言冲击与捍卫本土语言安全这一语言竞争问题,涉及语言安全规划的价值博弈,事关一个国家对于全球知识体系的掌握和创新,战略意义深刻,影响深远。在现有的国际格局中,这些语言现象背后充满知识话语和国际力量的较量与角逐,需要从语言安全规划角度深入思考。

第四,机构与社区。机构和社区的语言安全问题是语言规划范式转型的关键领域。在全球治理进程中,社团或是机构在推动语言的使用与传播过程中,正在发挥着越来越重要的作用,但同时机构与社区语言冲突也是语言安全的一大隐患,需要结合不同地方实际情况、族群特征以及不同机构的现实需求来制定相关语言规划,解决语言安全问题。例如,学校作为教育机构,在语言文化传承、发展与创新方面扮演着举足轻重的角色,当前学校外语教育规划就面临着如何平衡和兼顾母语安全的问题。近些年来,关于外语是否要退出高考的争论,以及小学是否有必要开设英语课程的讨论,都是涉及语言安全规划的问题。

第五,个人与家庭。个人(家庭)语言安全问题是语言安全规划领域的微观问题。近五年来,个人与家庭语言规划问题逐渐得到国内学界关注。从语言安全视角看,个人和家庭往往会对母语危机和语言传承的问题产生担忧。具体而言,就是国家通用语言或是国际强势语言的读写能力规划、母语或是方言文化传承这两个具体问题。这两个问题会千丝万缕地涉及个人家庭面临的多语竞争关系,以及由此引发的不同语言地位或是语言身份的安全忧虑。可以预见的是,在社会转型趋势之下,此类语言安全问题越来越值得关注。

(三)语言安全规划的内容类型

基于传统的语言规划内容类型,我们拟从语言本体规划、地位规划、教育规划、声誉规划、话语规划与技术规划六个类型进行论述分析。

第一,语言本体安全规划。语言本体规划指的是对语言本身的改造与规定,如词典的编辑、语法的说明、借词的规定、术语的修订以及书写系统的完善和规范等。语言文字本体的安全是语言安全的重要基础。在全球治理新格局中,世界语言文字本体安全不容忽视,语言本体规划是语言安全规划的保障与基石。语言本体的安全规划主要是确保各种语言文字的规范性、标准化和文字化工作顺利开展,有利于维护和加强国家安全。

第二,语言地位安全规划。语言安全规划必须综合考虑不同语言在国家安全体系中的地位与作用。国家需要处理好不同语言在社会生活中的竞争关系和功能分配,进而构建良性互动的语言秩序。当前,在"大力推广和规范使用国家通用语言文字,科学保护各民族语言文字"的语言政策方针之下,国内语言秩序保持整体良好的状态。语言地位规划就是要针对不同地区现实语言环境与语言状况,促进并提高语言治理和语言管理的水平,尽量避免出现语言管理不足或是过度的情况,防止语言生活出现紧张局面,规避语言冲突的发生[1]。

第三,语言教育安全规划。语言教育规划事关语言学习、传承

---

[1] 张日培,2018,国家安全语言规划:总体国家安全观下的范式建构[J],新疆师范大学学报(哲学社会科学版)(6)。

与传播,是语言安全规划最为核心的内容类型,也是确保和实现语言安全的重要途径之一。陆俭明[①]明确提出国民语言能力和汉语走向世界两大问题关涉国家安全的语言战略,并认为必须重视语言文字的基础性建设问题。陆先生提出的这两个问题实际上都属于语言教育规划范畴,也是语言教育规划的重点内容。

第四,语言声誉安全规划。语言声誉规划是中国语言安全规划中的一个重要问题,事关国际中文教育战略的成败。任何语言的传播与推广,无论是在国内还是国外,都应把语言作为一种公共产品进行语言市场调查、分析与规划工作,综合分析语言推广战略的适用性和可行性,熟悉推广对象国和地区的社会政治环境和经济发展状况,要充分考虑到语言推广市场的接受能力和受众反应。如何从语言形象上塑造中文之美,展现中文世界的缤纷多彩,才是语言声誉规划题中的应有之义。

第五,话语安全规划。话语安全规划是语言安全规划的关键领域,也是语言规划服务国家安全战略,实现语言研究进入社会实践领域,对接国家需求最为直接的规划内容[②]。在全球治理时代,中国不仅需要强大的硬实力,也需要文化领导力和国家软实力。话语安全规划不仅应该关注国际中文教育,更应站在国家战略的高度,采用多语种,为国家国际形象建设、国家话语传播、舆情监测提供智力支持。

第六,语言技术安全规划。语言技术安全规划主要是指利用语言信息化技术、语言智能技术与语言技术等手段,提升相关领域安全防范能力,避免出现安全隐患,防止在信息技术竞争中处于劣势。在语言技术研发能力的提升上,语言技术安全规划顺应人工

---

① 陆俭明,2018,关涉国家安全的语言战略实施中语言文字基础性建设问题[J],浙江大学学报(人文社会科学版)(3)。
② 沈骑,2019,中国话语规划:人类命运共同体建设中语言规划的新任务[J],语言文字应用(4)。

智能时代对语言智能发展产业升级和科技进步的需求,也可以为国家信息安全提供高科技保障。语言技术可以在反恐、抗击疫情、打击跨国犯罪、保护海外利益安全等诸多领域提供必要的技术支持。此外,语言技术规划对于社会安全领域如网络安全治理也很重要。当前网络传谣、网络虚假信息以及网络涉黄涉黑问题不断,网络语言技术规划需要加强相关识别和分析能力,为网络空间的语言安全保驾护航。语言技术安全规划是网络空间全球治理和构建网络命运共同体的重要抓手。一方面,网络空间对世界语言生态构成了新的挑战,互联网空间的世界语言活力值得深入关注[①]。另一方面,由于网络空间语言使用与分布不均衡问题产生的网络空间"语言鸿沟",会进一步导致"信息鸿沟"乃至经济和社会发展的不平衡问题,给人工智能时代的全球治理带来安全风险。当前亟须开展网络空间语言战略研究,为构建全球和谐的网络空间人类命运共同体创造良好的语言技术保障。

需要指出的是,在语言安全规划框架中,三个维度形成互动关系。首先,不同治理领域都会不同程度地显现出语言安全问题,同时,不同领域的问题都会在一定条件下激化或转化为重大安全问题。其次,不同治理层次在不同领域也会遭遇或是构成不同语言安全问题,但是不同层次之间的语言安全问题,从个体到国际安全层次,其领域和性质却是同一的,只是语言安全主体和程度存在差异而已。在一定条件下,不同层次的语言安全问题会出现"链式效应"或是"蝴蝶效应",个体问题会有整体影响,局部威胁会引发全局性问题。最后,不同领域与不同层次的语言安全问题,都会要求对语言规划类型和内容有全面的考虑。因此,对于语言安全规划内容类型来说,不同领域的不同对象层次的语言安全问题,都是"牵一发而动全身"的规划对象。

[①] 郭书谏、沈骑,2018,互联网空间的世界语言活力及其成因[J],语言文字应用(1).

语言安全规划是全球治理中的一项基础性工程，是新时代中国语言规划与政策研究的重要新命题。开展语言安全规划研究，有利于拓展中国语言规划与语言政策研究的深度与广度，拓展学科发展空间，也有利于在总体国家安全观视域下建构语言安全的学术价值。与此同时，中国语言生活研究应将语言安全作为学科增长点，推进以语言安全问题为导向，基于现实语言生活实践的重大问题研究。全球治理视域下中国语言安全规划的基本框架的提出，有助于推动面向全球治理的语言安全规划与战略研究的进一步深入与发展。

本 章 小 结

习近平同志提出的构建人类命运共同体的思想，与语言规划关系密切。语言规划学科发展已经有60多年历史，其学科全部意义都在于解决和协调人类社会的语言沟通与交际的问题。语言规划是实现"语言互通"，保护和促进语言文化多样性，构建人类命运共同体的基础性工程，也是促进和推动这一重要中国主张落实落地的必要途径。语言安全规划对于构建人类命运共同体具有特殊的意义和价值。

首先，在理念层面上，话语共同体是人类命运共同体建设的基本条件，人类命运共同体不仅需要安全共同体的支撑，更不能缺少话语共同体发挥沟通和交流的作用。

其次，在战略层面，全球治理是贯彻人类命运共同体建设的重要国际战略，中国不仅要积极参与全球治理，而且要争取对全球治理做出特殊贡献，以人类命运共同体的理念去引领全球治理[①]。语言安全规划视野下的国家语言能力建设是全球治理体系的基本

---

① 蔡拓，2018，全球学与全球治理[M]，北京：北京大学出版社，第259页。

保障。

最后,在实践层面,"一带一路"建设是人类命运共同体建设的伟大实践,是中国参与并引领全球治理新格局向世界提供国际公共产品,而语言安全规划则是"一带一路"建设的基础性工程。另一方面,在后疫情时代,面对百年未有之大变局的复杂国际形势,中国参与全球治理势必面临全新的挑战与机遇。疫情终将过去,但世界从此不同!在日益扑朔迷离,错综复杂的国际安全与发展新形势下,语言安全规划是提升中国参与全球治理能力的重要途径和保障机制,本章提出的全球治理视域下的语言安全规划框架将有助于推动全球语言治理,提升中国参与全球治理能力建设水平。

◀ 结　　语 ▶

　　就在本书写作过程中，突如其来的新型冠状疫情已经演变为一场由重大突发公共卫生事件引发的全球性危机。日益严峻的全球风险社会预示着总体国家安全形势的迫切性。在应对重大突发公共卫生事件时，语言安全问题突出，不容忽视。语言所发挥的作用与价值愈益凸显，从紧急动员、科普宣传到支援湖北、舆情监测、对外援助等环节，语言都不可或缺，语言学家责无旁贷。但是，目前国内研究多从语言服务角度，探讨国家应急语言能力建设，提出了不少真知灼见。国家应急语言能力是国家语言能力建设的必要组成部分，强化了语言对于国家安全的重要价值。但是，在国家应急管理机制之中，语言安全规划作为一项不容忽视的基础工程，至今尚未引起全社会的重视。我们认为停留在语言服务层面的应急语言能力建设，体现了语言安全的工具观，但是却忽视了语言作为公共产品这一资源本质，未能体现语言安全的资源观。现有研究都强调了国家加强投入，提升国家语言服务能力的迫切要求。但是需要指出的是，面对重大疫情，特别是在后疫情时代，国家会更倾向于将有限资源优先投入到更为紧要的领域之中，用于改善医疗条件，促进公共卫生教育或是全力投入疫苗的研发之中。居安思危，如何提升国家和整个社会的语言安全意识，应是广大语言研究者需要思考的重要问题。我们认为，语言在国家应急能力建设中应更多定位为一种具有基础设施属性的公共产品，就好比道路两侧的路灯,看似不起眼,但不可或缺。因此,后疫情时代中国语言规划的重点首先应该放在确保语言作为公共产品的安全性上,切实开展语言安全规划,这体现了现代国家的公共社会和政策层面的底线思维。

本书通过从应用语言学的安全取向入手,从国家安全视域下的语言观嬗变,梳理语言安全观的变迁,并通过爬梳语言安全理论的源流,探究语言安全学科发展脉络与轨迹,探索建构语言安全规划的理论体系与实践体系,全书试图从学科发展、理论发展、研究范式及方法等多维度阐释语言安全理论体系,并从国际比较与本土实践两个维度建构语言安全规划的实践研究范式,为语言安全规划的后续深入奠定了初步基础。

语言安全规划起步于语言安全现象,逐步演变为语言行为,进而成为语言规划的重要动机之一,同时,在后疫情时代,语言安全也是语言规划的重要价值取向,是驱动国家语言安全规划的根本因素。基于语言规划动机与价值取向,本书提出语言安全规划的价值范式与基本内容,为语言安全规划提供了一个理论分析框架。其中价值范式是语言安全规划的关键要素,问题领域是其横向延伸范围,对象层次则是纵深拓展,规划类型构成了语言安全规划的中坚核心。语言安全规划各要素互相交织互动,构成了语言安全规划的多维框架,为后疫情时代的语言安全规划提供了理论依据。

囿于篇幅与研究条件,本书还存在一定不足,尚未从实际角度对中国语言安全规划问题进行深入调查与研究。当前,中国语言安全规划研究是语言学研究贯彻总体国家安全观,立足国内国际两个大局,推进国家语言文字治理体系和治理能力现代化建设的重要命题之一。语言安全不仅是总体国家安全观的重要领域之一,同时也是影响国家安全诸多领域的基本要素之一。在新形势下,国家语言安全事关国家安全与发展全局。展望未来,笔者认为这一重要命题的后续研究,还需要系统全面地探究在总体国家安全观视域下语言安全存在的现实问题,基于理论探索、实证调查、数据采集与分析,构建国家语言安全大数据平台,为国家安全治理提供语言安全监测与预警服务。

在世界多极化、经济全球化、社会信息化、文化多样化的全球新时代,国家语言安全规划研究是中国语言学对习近平总书记"坚持总体国家安全观,统筹传统安全与非传统安全"重要思想的学术回应。

一方面,国家语言安全是总体国家安全观下不容忽视的安全要素。语言安全看似无形,实则关键。当前,语言安全的概念体系、理论体系和方法体系都亟待建构和创新。国家语言安全大数据平台建设是亟待深耕和突破的一个战略性领域,是关系到语言资源建设、语言服务以及国家语言治理能力与治理能力现代化的一项关键语言工程。该平台建设及应用研究对于语言学、国家安全学和计算机科学等多学科实现交叉融合,整合大数据技术、语言规划、社会语言学、翻译学、语料库语言学、多模态话语分析、语言智能、自然语言处理、信息科学与跨文化管理等多学科理论,瞄准和对接国家总体安全能力建设对理论创新的现实需求,具有学术创新价值。

另一方面,国家语言安全大数据平台建设与研究是提升国家语言安全治理能力的有力支撑。自冷战结束以来,语言安全问题一直是西方大国难以解决的棘手问题,从美国遭受的"9·11"恐怖袭击所暴露出的国家语言安全危机,到欧洲各国所面临的多语生态治理困境,再到全球抗疫所凸显的应急语言服务赤字,都折射出国家语言安全问题的现实复杂性。近年来,中国周边国家与地区频频出现由语言政治矛盾与语言民族主义引发的安全冲突。这些现实教训都凸显出当前开展中国语言安全现实应用研究的重要性与紧迫性,未来亟需加强对国家语言安全问题的深入系统调查和监控,研究建立国家语言安全预警与防范机制,研制国家语言安全评价指标体系,构建国家语言安全指数,服务与回应国家语言安全治理的迫切现实需求。

◀参 考 文 献▶

[1] Ager, D. E. *Identity, Insecurity and Image: France and Language*. Clevedon: Multilingual Matters Ltd., 1999.
[2] Ager, D. E. *Motivations in Language Planning and Language Policy*. Clevedon: Multilingual Matters Ltd., 2001: 12.
[3] Ammon, U. "Global Scientific Communication: Open Questions and Policy Suggestions." *AILA Review*, 20, 2007: 123-133.
[4] Ammon, U. "Language Planning for International Scientific Communication: An Overview of Questions and Potential Solutions." Current Issues in *Language Planning*, 7, 2008: 1-30.
[5] Ammon, U. *The Dominance of English as a Language of Science*. Berlin: Mouton de Gruyter, 2001.
[6] Appel, R. & Muysken, P. *Language Contact and Bilingualism*. Amsterdam: Amsterdam University Press, 2005.
[7] Baldauf, R. B. Jr. "Language Planning: Where Have We Been? Where Might We Be Going?" *BLA* 12, 2012: 233-248.
[8] Baldauf, R. B. Jr. "Rearticulating the Case for Micro Language Planning in a Language Ecology Context." In *Language Planning* in Local Contexts, edited by A. J. Liddicoat and R. B. Baldauf. Clevedon: Multilingual Matters Ltd., 2008: 18-41.
[9] Baldauf, R. B. Jr. "The Language Situation in American Samoa: Planners, Plans and Planning." *Language Planning Newsletter*, 8, 1982: 1-6.
[10] Baldauf, R. B. Jr., M. L. Li and S. H. Zhao. "Language Acquisition Management: Inside and Outside the School." In *The Handbook of Educational Linguistics*, Edited by B. Spolsky and F. M. Hult.

Malden. MA: Blackwell, 2008: 233-250.

[11] Bang, J. C. &. Døør, J. *Language, Ecology and Society: A Dialectical Approach*. London: Continuum, 2007.

[12] Bauman, Z. *Liquid Fear*. London: Polity, 2007.

[13] Bevir, M. *A Theory of Governance*. Berkeley: University of California Press, 2013: 1-24.

[14] Bucci, W. &. Baxter, M. "Problems of Linguistic Insecurity in Multicultural Speech Contexts." *Annals New York Academy of Science*, 433, 1984: 185-200.

[15] Burden-Leahy S. M. "Globalisation and Education in the Postcolonial World: The Conundrum of the Higher Education System of the United Arab Emirates." *Comparative Education*, 45. 4, 2009: 525-544.

[16] Burn, B. B. "The President's Commission on Foreign Language and International Studies: Its Origin and Work." *The Modern Language Journal*, 1, 1980: 7-8.

[17] Buzan, B. *People, State and Fear: The National Security Problem in International Relations*. Chapel Hill: The University of North Carolina Press, 1983.

[18] Calaresu, E. "The Declining Status of Italian as a Language of Scientific Communication and the Issue of Diglossia in Scientific Communities." *International Journal of Sociology of Language*, 210, 2011: 93-108.

[19] Calvet, L-J. *Towards an Ecology of World Languages*. (A. Brown, Trans.). Cambridge: Polity Press, 2006.

[20] Canagarajah, A. S. *A Geopolitics of Academic Writing*. Pittsburgh: University of Pittsburgh Press, 2002: 60-62.

[21] Cardinal, L. &. Sonntag, S. K. *State Traditions and Language Regimes*. Quebec: McGill-Queen's University Press, 2015.

[22] Chiswick, B. &. Miller, P. *The Economics of Language: International Analyses*. New York: Routledge, 2007.

[23] Chua, S. K C. and R. B. Baldauf, Jr. "Micro language planning." In *Handbook of Research in Second Language Teaching and Learning*. v. 2, Edited by E. Hinkel. New York: Routledge, 2011: 936-951.

[24] Cook, W. R. A. "More Vision than Renaissance: Arabic As a Language of Science in the UAE." *Language Policy*, 58, 2016: 1-22.

[25] Cooper, R. *Language Planning and Social Change*. Cambridge:

CUP, 1989.
[26] Cots, J. M. , Lasagabaster, D. & Garrett, P. "Multilingual Policies and Practices of Universities in Three Bilingual Regions in Europe." *International Journal of the Sociology of Language*, 216, 2012.
[27] Crawford, J. *At War with Diversity*. Clevedon: Multilingual Matters Ltd. , 2001.
[28] Crystal, D. *English as a Global Language*. Cambridge: Cambridge University Press, 2003.
[29] Crystal, D. *Language and the Internet*. Cambridge: CUP, 2006.
[30] Dalby, A. *Language in Danger: The Loss of Linguistic Diversity and the Threat to Our Future*. New York: Columbia University Press, 2003.
[31] Dalmazzone, S. "Economics of Language: A Network Externalities Approach." In Albert Breton (ed.), *Exploring the Economics of Language*. Ottawa: Department of Public Works and Government, 1999.
[32] Deklaration om Nordisk Språkpolitik. *Declaration on Nordic Language Policy*. Copenhagen: Nordic Council of Ministers, 2007.
[33] Dong, J. *Discourse, Identity, and China's Internal Migration: the Long March to the City*. Bristol: Multilingual Matters Ltd. , 2011.
[34] Dor, D. "From Englishization to Imposed Multilingualism: Globalization, the Internet and the Political Economy of the Linguistic Code." In Kingsley Bolton and Braj B. Kachru (eds.), *World Englishes: Critical Concepts in Linguistics (VI)*. New York: Routledge, 2006: 264.
[35] Dunbar, R. "The Gaelic Language (Scotland) Act 2005." *Edinburgh Law Review*, 9. 3, 2005: 466-479.
[36] Escandell, J. M. B. "Relations between Formal Linguistic Insecurity and the Perception of Linguistic Insecurity: A Quantitative Study in an Educational Environment at the Valencian Community (Spain)." *Journal of Multilingual and Multicultural Development*, 32. 4, 2011: 325-342.
[37] Feuerherm, E. M. & Ramanathan, V. "Introduction to Refugee Resettlement in the United States: Language, Politics, Pedagogy." In Emily M. Feuerherm and Vaidehi Ramanathan (Eds.), *Refugee Resettlement in the United States: Language, Politics, Pedagogy*.

Bristol: Multilingual Matters Ltd. , 2016.

[38] Fishman, J. A. "Putting the 'Socio' Back into the Sociolinguistic Enterprise." *International Journal of Sociology of Language*, 92. 1, 1991: 127-138.

[39] Fishman, J. A. *Reversing Language Shift: Theoretical and Empirical Foundations of Assistance to Threatened Languages.* Multilingual Matters Ltd. , 76, 1991.

[40] Francard, M. *L'Insécuriteé Linguistique en Communauté Française de Belgique.* Brussels: Service de la Langue Française, 1993.

[41] Gao, X. "The Ideological Framing of 'Dialect': An Analysis of Mainland China's State Media Coverage of 'Dialect Crisis' (2002—2012)." *Journal of Multilingual and Multicultural Development*, 36, 2015: 468-482.

[42] Gil, J. *Soft Power and the Worldwide promotion of Chinese Language Learning: The Confucius Institute Project.* Bristol: Multilingual Matters Ltd. , 2017.

[43] Graddol, D. *English Next.* London: British Council, 2006: 14-15.

[44] Grin, F. "Language Planning and Economics." *Current Issues in Language Planning*, 4, 2003.

[45] Grin, F. "Economic Approaches to Language and Language Planning: An Introduction." *International Journal of the Sociology of Language*, 1, 1996.

[46] Haarmann, H. "Language Planning in the Light of a General Theory of Language: A Methodological Framework." *International Journal of Sociology of Language*, 86, 1990: 103-126.

[47] Halliday, M. A. K. "National Language and Language Planning in a Multilingual Society." In Jonathan J. Webster(eds.), *Language and Education*(Vol. 9 in the *Collected Works of M. A. K. Halliday*). New York: Continuum, 2007.

[48] Halliday, M. A. K. "New Ways of Meaning: The Challenges to Applied Linguistics." In A. Fill & P. Mühlhäusler (eds.). *The Ecolinguistics Reader: Language Ecology and Environment.* New York: Continuum, 2001.

[49] Hamel, R. E. "Spanish in Science and Higher Education: Perspectives for a Plurilingual Language Policy in the Spanish-speaking World."

Current Issues in Language Planning. 7. 1, 2006: 95-125.

[50] Harbert, W. Language and Poverty. Bristol: Multilingual Matters Ltd. , 2009.

[51] Harlig, J. "National Consolidation vs European Integration: The Language Issue in Slovakia." *Security Dialogue*, 28. 4, 1997: 479-491.

[52] Haugen, E. "The Implementation of Corpus Planning: Theory and Practice." Cobarrubias, J. & Fishman, J. A. *Progress in Language Planning*. Mouton Publishers, 1983.

[53] Haugen, E. "Schizoglossia and the Linguistic Norm." *Monograph Series on Languages and Linguistics*, 15, 1962: 63-73.

[54] Haugen, E. *Linguistics and Language Planning*. Sociolinguistics: Proceedings of the UCLA Sociolinguistics Conference, 1964: 50-71.

[55] Herzberg, B. *The Politics of Discourse Communities*. Paper presented at the CCC Convention, 1986.

[56] Hogan-Brun, G. *Linguanomics*. London: Bloomsbury Academic, 2017.

[57] Hogwood, B. W. & Gunn, L. A. *Public Policy Analysis for the Real World*. Oxford: OUP, 1985: 109-112.

[58] Holt, R. *Introduction of National Security Language Act*. Congressional Record, Dec. 9, 2003.

[59] Hornberger, N. H. *Honoring Richard Ruiz and His Work on Language Planning and Bilingual Education*. Bristol: Multilingual Matters Ltd. , 2017.

[60] Hult, F. M. & Hornberger, N. H. "Revisiting Orientations in Language Planning: Problem, Rights and Resource as an Analytical Heuristic." *The Bilingual Review*, 33. 3, 2016: 30-49.

[61] Internationalisering af de Danske Universiteter. Vilkår og Virkemidler [Internationalization of Danish Universities: Terms and Measures]. Copenhagen: Danish Rectors' Conference, 2004.

[62] Jernudd, B. H. & Rubin, J. "Towards a Theory of Language Planning." in Rubin & Jernudd (eds.). *Can Language Be Planned?*. Honolulu: The University of Hawaii Press, 1971: 195-215.

[63] Joseph. J. E. *Language and Politics*. Edinburgh: Edinburgh University Press, 2006.

[64] Källkvist, M. & Hult, F. M. "Discursive Mechanisms and Human Agency in Language Policy Formation: Negotiating Bilingualism and Parallel Language Use at a Swedish University." *International Journal of Bilingual Education & Bilingualism*, 1, 2016.

[65] Kaplan, R. B. & Baldauf, R. *Language and Language-in-Education Planning in the Pacific Basin*. Kluwer Academic, 2003.

[66] Kaplan, R. B. and R. B. Baldauf Jr. *Language Planning: From Practice to Theory*. Clevedon: Multilingual Matters Ltd., 1997.

[67] King, C. "Policing Language: Linguistic Security and the Sources of Ethnic Conflict: A Rejoinder." *Security Dialogue*, 28. 4, 1997: 493-496.

[68] Kloss, H. *Research Possibilities on Group Bilingualism: A Report*. Quebec: International Center for Research on Bilingualism, 1969.

[69] Kontra, M., Skutnabb-Kangas, T., Phillipson, R. & Varady, T. (eds.). *Language: A Right and a Resource: Approaches to Linguistic Human Rights*. Budapest: Central European University Press, 1999.

[70] Kramsch, C. "Post 9/11, Foreign Languages between Knowledge and Power." *Applied Linguistics*, 4, 2005: 545-567.

[71] Labov, W. "The Social Motivation of a Sound Change." *Word*, 19. 3, 1963: 273-309.

[72] Labov, W. *Sociolinguistics Patterns*. Oxford: Blackwell, 1978.

[73] Labov, W. *The Social Stratification of English in New York City*, 2nd ed. Cambridge: Cambridge University Press, 2006.

[74] Lasswell, H. D. *A Preview of Policy Science*. New York: Elsevier, 1971: 1.

[75] Liddicoat, A. J. "Language Planning and Questions of National Security: An Overview of Planning Approaches." *Current Issues in Language Planning*, 9. 2, 2008: 129-153.

[76] Lo Bianco, J. "Including Discourse in Language Planning Theory." in Bruthiaux, Paul et al, (eds.). *Directions in Applied Linguistics: Essays in Honor of Robert B. Kaplan*. Clevedon: Multilingual Matters Ltd., 2005: 261-262, 263.

[77] Lo Bianco, J. "The Importance of Language Policies and Multilingualism for Cultural Diversity." *International Social Science Journal*, 1, 2010: 37-67.

[78] Maffi, L. *On Biocultural Diversity: Linking Language, Knowledge, and the Environment*. Washington, D. C.: Smithsonian Institution Press, 2001.

[79] Martinez, G. A. & Petrucci, P. R. "Institutional Dimensions of Cultural Bias on the Texas-Mexico Border: Linguistic Insecurity among Heritage Language Learners." *Critical Inquiry in Language Studies*, 1. 2, 2004: 89-104.

[80] May, S. "Language Rights: Moving the Debate Forward." *Journal of Sociolinguistics*, 9, 2005: 319-347.

[81] May, S. *Language and Minority Rights: Ethnicity, Nationalism, and the Politics of Language*. London: Longman, 2001.

[82] McLeod, W. *Divided Gaels: Gaelic Cultural Identities in Scotland and Ireland, c. 1200-c. 1650*. Oxford University Press, USA, 2004.

[83] Mühlhäusler, P. "Language Planning and Language Ecology." *Current Issues in Language Planning*, 1, 2000: 306-367.

[84] Mühlhäusler, P. *Linguistics Ecology: Language Change and Linguistic Imperialism in the Pacific Region*. London and New York: Routledge, 1996.

[85] Müller, K. E. *Language Competence: Implications for National Security*. New York: Praeger Publishers, 1986.

[86] Murdoch, S. *Language Politics in Scotland*. AUSLQ Aberdeen, 1995.

[87] Neeley, T. & Kaplan, R. S. "What is your Language Strategy." *Harvard Business Review*, 7, 2014: 70-76.

[88] Nettle, D. & Romaine, S. *Vanishing Voices: The Extinction of the World's Languages*. Oxford: Oxford University Press, 2000.

[89] Nichols, R. L. "'Struggling with Language': Indigenous Movements for Linguistic Security and the Politics of Local Community." *Ethnicities*, 6. 1, 2006: 27-51.

[90] Owens, T. & Baker, P. "Linguistic Insecurity in Winnipeg: Validation of a Canadian Index of Linguistic Insecurity." *Language in Society, Vol. 13*. 3, 1984: 337-350.

[91] Parker, W. R. *The National Interest and Foreign Languages*. Washington: U. S Government Printing Office, 1954, 1957, 1961.

[92] Parsons, W. *Public Policy: An Introduction to the Theory and*

Practice of Policy Analysis. Cheltenham, UK: Edward Elgar, 1995.

[93] Pavlenko, A. "Language Rights versus Speakers' Rights: on the Applicability of Western Language Rights Approaches in Eastern European Contexts". *Language Policy*, 10, 2011: 37-58.

[94] Phillipson, R. "Additive University Multilingualism in English-dominant Empire: the Language Policy Challenges." In Facetten der Mehrsprachigkeit, *Reflets du Plurilinguisme*. Michael Langner und Vic Jovanovic (Hg.). Bern: Peter Lang, 2017: 139-161.

[95] Phillipson, R. *English-only Europe: Challenging Language Policy*. London: Routledge, 2003.

[96] Phillipson, R. *Linguistic Imperialism Continued*. London and New York: Routledge, 2010.

[97] Phillipson, R. *Linguistic Imperialism*. Oxford: Oxford University Press, 1992.

[98] Phillipson, R. & Skutnabb-Kangas, T. "Linguistic Rights and Wrongs." *Applied Linguistics*, 16, 1995: 483-504.

[99] Pool, J. "The World Language Problem." *Rationality and Society*, 3(1991).

[100] Randall, M. "The Status of English in Dubai." *English Today*, 26. 1, 2010: 43-50.

[101] Réaume, D. "The Group Right to Linguistic Security: Whose Right, What Duties." In Judith Baker (ed), *Group Right*. Toronto: University of Toronto Press, 1994: 118-141.

[102] Réaume, D. & Green, L. "Education and Linguistic Security in the ChanteR." *McGill Law Journal*, 34. 4, 1989: 777-816.

[103] Ricento, T. "Foreword." In F. Hult & D. Johnson (eds.), *Research Methods in Language Policy and Planning*. Malden: Wiley-Blackwell, 2015: 1.

[104] Ricento, T. "Historical and Theoretical Perspectives in Language Policy and Planning." *Journal of Sociolinguistics*, 4. 2, 2010: 196-213.

[105] Ricento, T. & Hornberger, N. "Unpeeling the Onion: Language Planning and Policy and the ELT Professional." *TESOL Quarterly*, 30. 3, 1996: 401-427.

[106] Ronen, S. et al. "Links That Speaks: The Global Language Network

and Its Association with Global Fame." *PNAS*, 111(52): E5616-E5622, 2014.

[107] Rubin, J. & Jernudd, B. H. "Introduction: Language Planning as an Element in Modernisaion." In Rubin & Jernudd (eds.), *Can Language Be Planned?*. Honolulu: The University Press of Hawaii, 1971: xiii-xxiv.

[108] Ruiz, R. "Reorienting Language-as-resource." In J. Petrovic (Ed.), *International Perspectives on Bilingual Education*. Charlotte, NC: Information Age, 2010: 155-172.

[109] Ruiz, R. "Orientations in Language Planning." NABE Journal, 8. 2, 1984.

[110] Saran, K. G. "Change in Language Policy in Malaysia: The Reality of Implementation in Public Universities." *Current Issues in Language Planning*, 1, 2006.

[111] Schmid, C. L. *The Politics of Language: Conflict, Identity and Cultural Pluralism in Comparative Perspective*. Oxford: Oxford University Press, 2001.

[112] Schneider, A. & Ingram, H. "Behavioral Assumptions of Policy Tools." *Journal of Politics*, 52. 2, 1990: 510-530.

[113] Scollon, R. "Teaching Language and Culture as Hegemonic Practice." *The Modern Language Journal*, 2(2004): 271-274.

[114] Shohamy, E. A. "Critical Perspective on the Use of English". In A. Doiz, D. Lasagabaster, D. and Siera, J. M. (eds.), *English-Medium Instruction at Universities: Global Challenges*. Bristol: Multilingual Matters, 2013.

[115] Siiner, M. "University Administrators as Forced Language Policy Agents. An Institutional Ethnography of Parallel Language Strategy and Practices at the University of Copenhagen." *Current Issues in Language Planning*, 2016: 17.

[116] Skutnabb-Kangas, T. *Linguistic Genocide in Education—or Worldwide Diversity and Human Rights?*. Mahwah: LEA, INC, 2000.

[117] Spolsky, B. "What Is Language Policy." in Spolsky (ed.). *The Cambridge Handbook of Language Policy*. Cambridge: CUP, 2012: 3-15.

[118] Spolsky, B. *Language Management*. Cambridge University Press, 2009.

[119] Spolsky, B. *Language Policy*. Cambridge: CUP, 2004.

[120] Spolsky, B. *The Cambridge Handbook of Language Policy*. Cambridge: CUP, 2012.

[121] *Sprog til Tiden [Language in Time]*. Copenhagen: Danish Ministry of Culture, 2008.

[122] Stewart, Jenny. *Public Policy Values*. Palgrave Macmillan, 2009: 25-30.

[123] Swales, J. *Genre Analysis: English in Academic and Research Settings*. Cambridge: CUP, 1990.

[124] Tonkin, H. & Frank, M. E. *The Translator as Mediator of Cultures*. Amsterdam: John Benjamins Publishing Company, 2010.

[125] Toury, G. "Translation as a Means of Planning and the Planning of Translation: A Theoretical Framework and an Exemplary Case." In Saliha Parker (ed.), *Translations: (Re)Shaping of Literature and Culture*. Istanbul: Bogazici University Press, 2002: 154.

[126] Tove. "Against the Mainstream: Universities with an Alternative Language Policy." *International Journal of the Sociology of Language*, 216, 2012.

[127] Ullman, R. H. "Redifining Security." *International Security*, 8. 1, 1983: 129-153.

[128] Wee, L. *Language without Rights*. Oxford: OUP, 2011.

[129] Wiley, T. G. "The Foreign Language 'Crisis' in the United States: Are Heritage and Community Languages the Remedy?". *Critical Inquiry in Language Studies*, 2-3, 2007: 179-205.

[130] Wright, S. *Community and Communication: The Role of Language in Nation State Building and European Integration*. Clevedon: Multilingual Matters Ltd., 2000.

[131] Zentella, A. C. "'Dime con quién hablas, y te diré quién eres': Linguistic (In)security and Latina/o Unity." In Juan Flores and Renata Rosaldo (eds.), *A Companion to Latina/o Studies*. Malden: Blackwell Publishing Ltd., 2007: 25-38.

[132] 阿马亚蒂·森[印度],以自由看待发展[M],任赜、于真译,北京:中国人民大学出版社,2002:247。

[133] 巴里·布赞[英]、琳娜·汉森[丹麦],国际安全研究的演化[M],杭州:浙江大学出版社,2011:9。

[134] 巴瑞·布赞[英]等,新安全论[M],朱宁译,杭州:浙江人民出版社,2003:32—35。
[135] Blommaert, J, & 董洁,比利时语言问题与政府危机[A],中国语言生活状况报告[C],北京:商务印书馆,2011。
[136] 薄守生,语言规划的经济学分析[J],制度经济学研究,2008(2)。
[137] 蔡拓,全球治理的中国视角与实践[J],中国社会科学,2004(1):94—106+207。
[138] 蔡拓、杨雪冬、吴志成,全球治理概论[M],北京:北京大学出版社,2016。
[139] 蔡拓,全球学与全球治理[M],北京:北京大学出版社,2018。
[140] 蔡永良、王克非,从美国英语官方化运动看语言的统一与同化功能[J],外语教学与研究,2013(6):865—875。
[141] 蔡永良,从文化生态视角解读语言衰亡[J],外语教学与研究,2011(1):75—83。
[142] 蔡永良,关于我国语言战略问题的几点思考[J],外语界,2011(1):10—17。
[143] 蔡永良,美国的语言教育与语言政策[M],上海:上海三联书店,2007。
[144] 曹志耘,中国语言资源保护工程的定位、目标与任务[J],语言文字应用,2015(04):10—17。
[145] 陈理斌、武夷山,世界学术期刊出版语言选择现状与趋势[J],技管理研究,2011(1):35—39,43。
[146] 陈明瑶,人文社会科学研究的英语著述出版现状和趋势考察[J],中国出版,2011(17):57—59。
[147] 陈新仁、方小兵,全球化语境下的语言规划与安全研究[M],南京:南京大学出版社,2015。
[148] 陈宇、沈骑,"脱欧"背景下欧盟语言规划的困境与出路[J],复旦外国语言文学论丛,2019(1):12—21。
[149] 陈章太,论语言资源[J],语言文字应用,2008(1):9—14。
[150] 陈章太,语言规划概论[M],北京:商务印书馆,2015(11)。
[151] 陈章太,语言资源与语言问题[J],云南师范大学学报(哲学社会科学版),2009(4):1—7。
[152] 陈正良,软实力发展战略视阈下的中国国际话语权研究[M],北京:人民出版社,2016:26。
[153] 程方平,教育:国家安全的基础[J],教育科学,2006(3):1—5。
[154] 褚孝泉,世界强势语言的产生[M],上海:复旦大学出版社,2016:82。

[155] 从丛、李联明,美国高校外语教学服务国家安全战略的启示[J],南京社会科学,2008(10)。

[156] 戴曼纯、刘润清,波罗的海国家的语言政策与民族整合[J],俄罗斯中亚东欧研究,2010(4):17—24。

[157] 戴曼纯、刘润清等,国外语言规划的理论与实践研究[J],北京:外语教学与研究出版社,2012:49—54。

[158] 戴曼纯,国家语言能力、语言规划与国家安全[J],语言文字应用,2011(4)。

[159] 戴曼纯,以国家安全为导向的美国外语教育政策[J],外语教学与研究,2012(4)。

[160] 戴庆厦,语言关系与国家安全[J],云南师范大学学报(哲学社会科学版),2010(2)。

[161] 戴维·赫尔德[英]等,全球大变革:全球化时代的政治、经济与文化[M],杨雪冬等译,北京:社会科学文献出版社,2001:480—482。

[162] 戴炜栋、吴菲,我国外语学科发展的约束与对策[J],外语教学与研究,2010(3)。

[163] 党生翠,美国标准能成为中国人文社科成果的最高评价标准吗?——以SSCI为例[J],社会科学论坛,2005(4):62—72。

[164] 范俊军、肖自辉,语言资源论纲,南京社会科学[J],2008(4):128—132。

[165] 范俊军,少数民族濒危语言有声语档建设四论——关于语料采录和加工、技术培训等问题[J],西北民族大学学报(哲学社会科学版),2015(01):78—82。

[166] 方小兵,语言安全的内涵、特征及评价指标[J],辞书研究,2018(6):33—41+94。

[167] 菲利普·佩迪特[爱尔兰],语词的创造:霍布斯论语言、心智与政治[M],于明译,北京:北京大学出版社,2010:1—10。

[168] 封帅,人工智能时代的国际关系:走向变革且不平等的世界[J],外交评论,2018(1):128—156。

[169] 冯志伟,汉语拼音国际标准化的新进展[J],语言战略研究,2016(2):94—96。

[170] 弗雷德里克·马特尔[法],智能:互联网时代的文化疆域[M],君瑞图、左玉冰译,北京:商务印书馆,2015。

[171] 弗里德曼、托马斯,世界是平的:21世纪世界简史[M],何帆译,长沙:湖南科学技术出版社,2006。

[172] 高奇琦,全球治理、人的流动与人类命运共同体[J],世界经济与政治,

2017(1):30—45+156—157。

[173] 高一虹,大学生英语学习动机与自我认同发展:四年五校跟踪研究[M],北京:高等教育出版社,2013。

[174] 龚献静,第二次世界大战后美国高校外语教育发展研究[M],青岛:中国海洋大学出版社,2013。

[175] 龚献静,致力于建立国家语言资源和人才储备库[J],外语教学与研究,2012(4)。

[176] 官忠明,巴基斯坦独立后的语言问题之一[J],南亚研究季刊,2002(1):59—61。

[177] 郭佳,机构话语与专门用途语言的关系探析——以话语共同体为考察维度[J],外语学刊,2015(4):49—52。

[178] 郭可,国际传播学导论[M],上海:复旦大学出版社,2004。

[179] 郭书谏、沈骑,互联网空间的世界语言活力及其成因[J],语言文字应用 2018(1):27—36。

[180] 郭熙,面向社会的社会语言学:理想与现实[J],语言文字应用,2005(3):22—24。

[181] 郭熙,"语言与国家"高层论坛纪要[J],语言科学,2006(2)。

[182] 郭友旭,语言权利的法理[M],昆明:云南大学出版社,2010:90。

[183] 海拉德·威尔则[德],不平等的世界:21世纪杀戮预告[M],史行果译,北京:中国友谊出版公司,2013:27。

[184] 海然热[法],反对单一语言:语言与文化多样性[M],陈杰译,北京:商务印书馆,2015。

[185] 何俊芳、周庆生,语言冲突研究[M],北京:中央民族大学出版社,2010。

[186] 何俊芳,论语言冲突的若干基本理论问题[J],中央民族大学学报(哲学社会科学版),2009(3):140—144。

[187] 何俊芳,族体、语言与政策:关于苏联、俄罗斯民族问题的探讨[M],北京:社会科学文献出版社,2017:160。

[188] 何山华,国语地位维护与国族认同构建——斯洛伐克建国以来语言政策析要[J],语言政策与规划研究,2015(2):20—30。

[189] 何亚非,选择:中国与全球治理[M],北京:中国人民大学出版社,2015。

[190] 侯钧生,西方社会学理论教程,3版[M],天津:南开大学出版社,2010。

[191] 胡范铸等,目标设定、路径选择、队伍建设:新时代汉语国际教育的重新认识[J],世界汉语教学,2018(1):3—11。

[192] 胡惠林,中国国家文化安全论[M],上海:上海人民出版社,2011。

[193] 胡明扬,外语学习与教学往事谈[J],外国语,2002(5)。

[194] 黄行、许峰,我国与周边国家跨境语言的语言规划研究[J],语言文字应用,2014(2)。

[195] 黄行,论中国民族语言认同[J],语言战略研究,2016(1)。

[196] 黄行,我国与"一带一路"国家核心区跨境语言文字状况[J],云南师范大学学报(哲学社会科学版),2015(5)。

[197] 黄友义等,加强党政文献对外翻译,加强对外话语体系建设[J],中国翻译 2014(3):5—7。

[198] 霍布斯[英]、利维坦[M],黎思复、黎廷弼译,杨昌裕校,北京:商务印书馆,2017:132。

[199] 季舒鸿,美国外语教育战略演变与现状分析,国家行政学院学报[J],2012(6)。

[200] 贾爱武,以国家安全为取向的美国外语教育政策[J],比较教育研究,2007(4)。

[201] 江桂英,语言经济学视角下的中国英语教育成本——收益分析[J],制度经济学研究,2010(1)。

[202] 蒋传瑛,阿拉伯联合酋长国的语言危机[R],世界语言生活报告(2016)[M],北京:商务印书馆,2016:131—139。

[203] 杰克·奈特,制度与社会冲突[M],周伟林译,上海:上海人民出版社,2009。

[204] L.科塞,社会冲突的功能[M],孙立平等译,北京:华夏出版社,1989:35。

[205] 靳光瑾,语言文字信息化与国家安全[J],云南师范大学学报(哲学社会科学版),2010(2):17—22。

[206] 寇福明,语言安全界定之批判思考[J],外语学刊,2016,(5):74—77。

[207] 莱娜·汉森[丹麦],作为实践的安全:话语分析与波斯尼亚战争[M],孙吉胜、梅琼译,北京:世界知识出版社,2016。

[208] 李洪乾、梁晓波,语言战略化背景下的我国国防语言教育现状及策略研究[J],云梦学刊,2018(2):1—6。

[209] 李洪乾,中国军事维和人员外语技能培养现状及其途径研究[J],高等教育研究学报,2014(2):38—40。

[210] 李捷、周鹏强,泰南分离主义与极端主义:工具化与结合的趋势[J],南洋问题研究,2015(1)。

[211] 李生文,试论国家安全体系中的语言安全问题[J],攀登,2014(4):119—123。

[212] 李文中,英语全球化及其在中国本土化的人文影响[J],河南师范大学

学报(哲学社会科学版),2006(5):131—134。
[213] 李艳红,美国关键语言教育政策的战略演变[D],北京外国语大学博士论文,2015。
[214] 李迎迎,新时期俄罗斯军队外语能力建设概观[J],外语研究,2013(6):7—11。
[215] 李宇明,"一带一路"需要语言铺路[N],人民日报,2015年9月22日第7版。
[216] 李宇明,当代中国语言生活中的问题[J],中国社会科学,2012(9):150—156。
[217] 李宇明,当今人类三大语言话题[J],云南师范大学学报(哲学社会科学版),2008(4):21—26。
[218] 李宇明,论语言生活的层级[J],语言教学与研究,2012(5):1—10。
[219] 李宇明,提升国家语言能力的若干思考[J],南开语言学刊,2011(1):1—11。
[220] 李宇明,序:知识领土,载高晓芳,晚清洋务学堂的外语教育研究[M],北京:商务印书馆,2006。
[221] 李宇明,序:我们需要研究世界,载王辉,澳大利亚语言政策研究[M],北京:中国社会科学出版社,2010。
[222] 李宇明,语言的文化职能的规划[J],民族翻译,2014(3):22—27。
[223] 李宇明,语言功能刍议[J],语言文字应用,2008(1):2—8。
[224] 李宇明,语言规划学的学科构想[J],语言规划学研究,2015(1):3—11。
[225] 李宇明,语言竞争试说[J],外语教学与研究,2016(2):212—225。
[226] 李宇明,语言资源观及中国语言普查[J],郑州大学学报(哲学社会科学版),2008(1):5—7。
[227] 李宇明,中国的话语权问题[J],河北大学学报(哲学社会科学版),2006(6):1—4。
[228] 李宇明,中国外语规划的若干思考[J],外国语,2010(1)。
[229] 李宇明,中国语言规划论[M],长春:东北师范大学出版社,2006。
[230] 李宇明,中国语言规划续论[M],北京:商务印书馆,2010。
[231] 李宇明,"一带一路"需要语言铺路[N],人民日报,2015年9月22日第7版。
[232] 理查德·斯科特,制度与组织——思想观念与物质利益[M],姚伟、王黎芳译,北京:中国人民大学出版社,2010。
[233] 栗进英、易点点,晚清军事需求下的外语教育研究[M],长沙:湖南大学出版社,2010:89—96。

[234] 梁晓波,"国防和军队改革视野下的国防语言能力建设研究"专题[J],云梦学刊,2018(2)。

[235] 蔺丰奇,高校实施"双语教学"中存在的问题及对策[J],复旦教育论坛,2003(3)。

[236] 刘昌华,网络空间的语言安全问题研究[J],华侨大学学报(哲学社会科学版),2018(1):122—130。

[237] 刘海涛,语言规划的动机分析[J],北华大学学报(社会科学版),2007(4):63—68。

[238] 刘红婴,语言法导论[M],北京:法制出版社,2006:24。

[239] 刘辉、沈骑,欧洲难民危机中的语言问题论析[J],外语学刊,2016(6):166—170。

[240] 刘金质,美国国家战略[M],沈阳:辽宁人民出版社,1997:1。

[241] 刘美兰,美国关键语言战略研究[M],上海:复旦大学出版社,2016。

[242] 刘文宇、王慧莉,当代美国外语教育现状及政策的演变[J],外国教育研究,2010(7)。

[243] 刘永涛,话语政治:符号权力和美国对外政策[M],上海:复旦大学出版社,2014:116。

[244] 刘跃进,国家安全体系中的语言文字问题[J],语言教学与研究,2011(6):38—43。

[245] 刘跃进,国家安全学[M],北京:中国政法大学出版社,2012。

[246] 刘跃进,解析国家文化安全的基本内容[J],北方论丛,2004(5):88—91。

[247] 刘跃进,为国家安全立学:国家安全学科的探索历程及若干问题研究[M],长春:吉林大学出版社,2014。

[248] 鲁子问,外语政策与国家安全:美国的经验与启示[J],当代教育论坛,2007(4)。

[249] 陆俭明,关涉国家安全的语言战略实施中语言文字基础性建设问题[J],浙江大学学报(人文社会科学版),2018(3):57—64。

[250] 陆忠伟,非传统安全论[M],北京:时事出版社,2003。

[251] 马丁·麦格,族群社会学[M],祖力亚提·司马义译,北京:华夏出版社,2007。

[252] 马丽蓉,西方霸权语境中的阿拉伯——伊斯兰问题研究[M],北京:时事出版社,2007。

[253] 门洪华,应对全球治理危机与变革的中国方略[J],中国社会科学,2017(10):36—46。

[254] 宁继鸣,语言国际推广:全球公共产品和国家公共产品的二重性[J],文史哲,2008(3):125—130。

[255] 潘国文,危机下的中文[M],沈阳:辽宁人民出版社,2008。

[256] 潘一禾,文化安全[M],杭州:浙江大学出版社,2007。

[257] 潘月洲,美国语言政策中的语言意识形态[J],北华大学学报(社会科学版),2014(2):17—21。

[258] 彭爽,中国语言安全问题产生的原因分析[J],东北师大学报(哲学社会科学版),2014(4):142—147。

[259] 彭泽润,"英汉双语教学"跟"国家汉语战略"矛盾——语言学家、南开大学博士生导师马庆株教授访谈录[Z],北华大学学报(社会科学版),2005(2):24—27。

[260] 乔书亚·费什曼[美],语言社会学[M],黄希敏译,台北:巨流图书公司,1971:8。

[261] 乔治·奥威尔[英],1984[M],董乐山译,上海:上海译文出版社,2003。

[262] 邱质朴,试论语言资源的开发——兼论汉语面向世界问题[J],语言教学与研究,1981(3):111—123。

[263] 屈文生,笔尖上的战争:《望厦条约》订立前顾圣与程裔采问照会交涉研究[J],浙江大学学报(人文社会科学版),2017(5):100—117。

[264] 屈文生,早期中英条约的翻译问题,历史研究,2013(6):86—101。

[265] 屈文生,《望厦条约》订立前后中美往来照会及翻译活动研究[J],复旦学报(社会科学版),2017(1):113—126。

[266] 塞缪尔·亨廷顿[美],文明的冲突与世界秩序的重建[M],周琪等译,北京:新华出版社,2003。

[267] 塞缪尔·亨廷顿,谁是美国人?——美国国民特性面临的挑战[M],程克雄译,北京:新华出版社,2010。

[268] 桑海,中国学术国际化的三重境界[J],理论视野,2013(7)。

[269] 沈骑,夏天,国际学术交流领域的语言规划研究:问题与方法[J],外语教学与研究,2013(6)。

[270] 沈骑,东亚外语教育政策发展研究[M],北京:北京大学出版社,2012。

[271] 沈骑,非传统安全领域的语言规划研究:问题与框架[J],语言教学与研究,2014:5。

[272] 沈骑,外语教育政策价值国际比较研究[M],上海:复旦大学出版社,2017:227—233。

[273] 沈骑,外语学科发展的责任与使命——略论许国璋外语教育思想三观[J],当代外语研究,2015(11)。

[274] 沈骑,整合与创新——美国高校外语教育的变革策略探析[J],现代教育科学,2009(2):83—86+100。

[275] 沈骑,"一带一路"建设中的语言安全战略[J],语言战略研究,2016(2):20—25。

[276] 沈骑,中国话语规划:人类命运共同体建设中语言规划的新任务[J],语言文字应用,2019(4):35—43。

[277] 沈骑,语言安全理论的源与流[J],当代外语研究,2020(3):39—45。

[278] 沈骑,后疫情时代中国语言安全规划的三大要素[J],当代外语研究,2020(4):37—45。

[279] 沈骑,语言在全球治理中的安全价值[J],当代外语研究,2020(2):7—13,。

[280] 沈骑、赵丹,全球治理视域下的国家语言能力规划[J],云南师范大学学报(哲学社会科学版),2020,52(3):47—53。

[281] 束定芳,高等教育国际化与大学英语教学的目标和定位——德国高校英语授课学位课程及其启示[J],外语教学与研究,2011(1):137—144+160。

[282] 宋晖、张文璐,非传统安全视域下的语言安全观[J],南京邮电大学学报(社会科学版),2018(1):19—26。

[283] 苏·赖特[英],语言政策与语言规划——从民族主义到全球化[J],陈新仁译,北京:商务印书馆,2012:7。

[284] 苏长和,国际学术话语体系的中国转向如何可能[N],文汇报,2011年8月22日第12版。

[285] 苏长和,假如世界只有英文[R],东方早报,2010年10月20日第A18版。

[286] 苏长和,学术自觉与社会科学自主创新[J],复旦国际关系评论,2013(12):1—11。

[287] 苏长和,中国哲学社科研究和教育的国际化目标[J],神州学人,2017(1):16—19。

[288] 孙春颖、杨书俊,青海玉树救灾中的语言障碍与语言援助[R],载于《中国语言生活状况报告》,北京:商务印书馆,2011。

[289] 孙宏开,少数民族语言规划的新情况和新问题[J],语言文字应用,2005(1):13—17。

[290] 孙吉胜,国家外语能力建设与"一带一路"的民心相通[J],公共外交季刊,2016(3):53—59+124—125。

[291] 孙吉胜,国际政治经济学:理论与实践[M],北京:世界知识出版社,2017:79。

[292] 孙吉胜,后结构主义国际关系理论视域下的身份与对外政策[J],国外

理论动态,2017(10):115—126。

[293] 孙吉胜,"人类命运共同体"视阈下的全球治理:理念与实践创新[J],中国社会科学评价,2019(3):121—130+144。

[294] 孙曼丽,从"能力本位"到"表现标准本位"[D],福建师范大学博士论文,2012。

[295] 孙茂松、周建设,从机器翻译历程看自然语言处理研究的发展策略[J],语言战略研究,2016(6):12—18。

[296] 孙渝红,语言教育与国家战略——多维视角下的美国语言教育研究[D],重庆:西南大学,2009。

[297] 覃涛、王寰,民族语言权利保护与民族文化传承[J],兴义民族师范学院学报,2015(6):54—59。

[298] 汤哲远,"孔子"为什么要走向世界[N],中国教育报,2007年6月23日。

[299] 汪段泳、苏长和,中国海外利益研究年度报告(2008—2009)[R],上海:上海人民出版社,2011。

[300] 汪品先,汉语被挤出科学,还是科学融入汉语[R],文汇报,2015年2月27日第6版。

[301] 汪卫红、张晓兰,中国儿童语言培养的家庭语言规划研究:以城市中产阶级为例[J],语言战略研究,2017(6):25—34。

[302] 王淳,安全诉求与认同危机:论美国国家语言战略的重塑[J],国外理论动态,2010(9):41—45。

[303] 王海兰、宁继鸣,作为人力资本的语言技能:一个经济学的分析框架[J],制度经济学研究,2012(1):252—264。

[304] 王宏志,"给予"还是"割让"——鸦片战争中的琦善与义律有关香港谈判的翻译问题,翻译史研究[C],复旦大学出版社,2014。

[305] 王宏志,第一次鸦片战争中的译者:上篇:中方的译者,翻译史研究[C],上海:复旦大学出版社,2011:82—113。

[306] 王宏志,第一次鸦片战争中的译者:下篇:英方的译者,翻译史研究[C],上海:复旦大学出版社,2012:1—58。

[307] 王辉,"一带一路"国家语言状况与语言政策,第一卷[M],北京:社会科学文献出版社,2015。

[308] 王建勤,美国"关键语言"战略与我国国家安全语言战略[J],云南师范大学学报(哲学社会科学版),2010(2):13—17。

[309] 王建勤,语言问题安全化与国家安全对策研究[J],语言教学与研究,2011(6):31—37。

[310] 王克非,中日近代对西方政治哲学思想的摄取[M],北京:中国社会科学出版社,1996。

[311] 王克非等,国外外语教育研究[C],北京:外语教学与研究出版社,2012。

[312] 王宁,对人文社会科学现行学术评价系统的确认和辩护[J],学术研究,2006(3):5—9。

[313] 王添淼、李伟言,美国 K-12 教育中国家外语教育目标述评[J],外国教育研究,2006(11)。

[314] 王义桅,"一带一路"的国际话语权探析[J],探索,2016(2):46—54。

[315] 王义桅,世界是通的:"一带一路"的中国逻辑[M],北京:商务印书馆,2016。

[316] 王逸舟,中国学者看世界 2:国家利益卷[M],北京:新世界出版社,2007。

[317] 王逸舟,重视非传统安全研究[N],人民日报,2003 年 5 月 22 日第 7 版。

[318] 王勇,论相互依存对我国国家安全的影响[J],世界政治与经济,1994(6):2—4。

[319] 王玉珏,英国军队外语能力建设历史及现状评析[J],解放军外国语学院学报,2017(6):95—102。

[320] 韦森,语言与制序:经济学的语言与制度的语言之维[M],北京:商务印书馆,2014:62。

[321] 魏晖,文化强国视野下的国家语言战略探讨[M],文化软实力,2016(3):27—36。

[322] 文秋芳、濮实,中国学者对人文社科领域内中文地位的认知与原因分析[J],云南师范大学学报(哲学社会科学版),2017(6):22—28。

[323] 文秋芳、苏静,美军外语能力及其形成——来自美国《国防语言变革路线图》的启示[J],外语研究,2011(4):1—7。

[324] 文秋芳、张天伟,美国国家外语能力建设模式分析[J],外语教学与研究,2013(6)。

[325] 文秋芳,国家话语能力的内涵:对国家语言能力的新认识[J],新疆师范大学学报(哲学社会科学版),2017(3):66—72。

[326] 文秋芳,国家外语能力现状,载教育部语言文字管理司《中国语言生活状况报告》(2012)[R],北京:商务印书馆,2012。

[327] 文秋芳,美国国防部新外语战略评析[J],外语教学与研究,2011(5):100—109。

[328] 文秋芳.美国语言研究的基本特征:服务于国家安全战略——以马里兰大学高级语言研究中心为中心[J].云南师范大学学报(哲学社会科学版),2014(3):1—9.

[329] 文秋芳."一带一路"语言人才的培养[J].语言战略研究,2016(2):26—32.

[330] 吴瑛.孔子学院与中国文化的国际传播[M].杭州:浙江大学出版社,2013.

[331] 吴增基、吴鹏森、苏振芳.现代社会学[M].上海:上海人民出版社,2006.

[332] 奚洁.全球化语境下的语言认同与外语教育规划研究[M].南京:南京大学出版社,2017.

[333] 习近平.坚持合作创新法治共赢,携手开展全球安全治理[N].人民日报,2017年9月26日第1版.

[334] 习近平.决胜全面建成小康社会 夺取新时代中国特色社会主义伟大胜利[M].北京:人民出版社,2017:57—58.

[335] 习近平.习近平谈治国理政[M].北京:外文出版社,2014:162.

[336] 习近平.在党的新闻舆论工作座谈会上的讲话(2016年2月19日),载习近平关于总体国家安全观论述摘[Z].北京:人民出版社,2018:122.

[337] 习近平.在网络安全和信息化工作座谈会上的讲话(2016年4月19日)[Z].北京:人民出版社单行本,2016:19页.

[338] 习近平.在中央国家安全委员会第一次会议上的讲话[Z],2014.

[339] 夏磊、张顺生.从翻译安全观看"南海仲裁案"新闻翻译及报道[J].上海理工大学学报(社会科学版),2018(1):18—23.

[340] 谢倩.外语教育政策的国际比较研究[M].武汉:华中科技大学出版社,2014.

[341] 新华通讯社课题组.习近平新闻舆论思想要论[M].北京:新华出版社,2017:71.

[342] 邢欣、张全生."一带一路"倡议下的语言需求与语言服务[J].中国语文,2016(6):761—765.

[343] 徐大明.语言资源管理规划及语言资源议题[J].郑州大学学报(哲学社会科学版),2008(1):12—15.

[344] 徐蔚冰.中国企业走出去要注重文化融合和人才国际化[N].中国经济时报,2015年12月3日第6版.

[345] 徐英.冷战以来美国的语言战略变迁[J].美国研究,2018(1):103—126.

[346] 许国璋,外语界的自省与自强[J],外语教学与研究,1992(4)。

[347] 许国璋,语言的定义、功能、起源[J],外语教学与研究,1986(2):15—22。

[348] 许建忠,翻译安全学·翻译研究·翻译教学[C],天津市社会科学界联合会会议论文集,2017:241—246。

[349] 严明,话语分析的基础:话语共同体[J],外语学刊,2009(4):100—102。

[350] 严明,话语共同体理论建构[M],上海:复旦大学出版社,2013。

[351] 严怡宁,国家利益与国际舆论[M],北京:中国传媒大学出版社,2009。

[352] 阎光才,话语霸权、强势语言和大学国际化[J],华东师范大学学报(教育科学版),2004(1):14—20。

[353] 阎学通,中国国家利益分析[M],天津:天津人民出版社,1996。

[354] 杨启光,教育国际化进程与发展模式[M],社会科学文献出版社,2011。

[355] 尹小荣,语言安全视角下的新疆语言战略研究[J],新疆社会科学,2015(6):158—163。

[356] 尹小荣,语言问题安全化的反思[J],语言政策与规划研究,2017(1):56—63。

[357] 应琛,全世界都在说中国话[J],新民周刊,2018(8):8—11。

[358] 英瓦尔·卡尔松、什里达特·兰法尔,天涯成比邻——全球治理委员会的报告[M],北京:中国对外翻译出版公司,1995。

[359] 于明,人生"言语"忧患始——《语词的创造:霍布斯论语言、心智与政治》译后[J],北京大学研究生学志,2019(2):102—111。

[360] 余江英,东道国语言选择对FDI流入影响的实证研究[J],长江大学学报(社会科学版),2016(8):48—51,55。

[361] 余潇枫、潘一禾、王江丽,非传统安全概论[M],杭州:浙江大学出版社,2006:52。

[362] 余潇枫、徐黎丽,边安学刍议[J],浙江大学学报(人文社会科学版),2009(5)。

[363] 余潇枫,边疆安全研究:架构与思考[N],中国社会科学报,2010年5月18日第11版。

[364] 余潇枫,从危态对抗到优态共存——广义安全观与非传统安全战略的价值定位[J],世界经济与政治,2004(2):8—13。

[365] 余潇枫,非传统安全概论[M],2版,北京:北京大学出版社,2015:232—233。

[366] 余潇枫,平安中国:价值转换与体系建构[J],中共浙江省委党校学报,2012,28(4):12—17。

[367] 余潇枫等,非传统安全概论[M],杭州:浙江大学出版社,2006。
[368] 余潇枫等,中国非传统安全能力建设:理论、范式和思路[M],北京:中国社会科学出版社,2013:1。
[369] 俞理明,袁平华,双语教学与大学英语教学改革[J],高等教育研究,2005(3)。
[370] 袁森,以石油和天然气工程为依托的应用型外语本科人才培养模式研究,俞理明主编《大学外语教学研究》[M],上海:上海交通大学出版社,2013。
[371] 詹姆斯·罗西瑙[美],没有政府的治理:世界政治中的秩序与变革[M],张胜军,刘小林等译,南昌:江西人民出版社,2001。
[372] 张红玲,跨文化外语教学[M],上海:上海外语教育出版社,2007。
[373] 张康之、张乾友,共同体的进化[M],北京:中国社会科学出版社,2012:16。
[374] 张日培、刘思静,"一带一路"语言规划与全球语言生活治理[J],新疆师范大学学报(哲学社会科学版),2017(6):93—102。
[375] 张日培,国家安全语言规划:总体国家安全观下的范式建构[J],新疆师范大学学报(哲学社会科学版),2018(6):15—26。
[376] 张天伟,美国军队外语能力的培养体系及其启示[J],外语研究,2013(6):1—6。
[377] 张卫国、孙涛,语言的经济力量:国民英语能力对中国对外服务贸易的影响[J],国际贸易问题,2016(8):97—107。
[378] 张卫国,语言的经济学分析——一个初步框架[D],山东大学博士学位论文,2008。
[379] 张卫国,作为人力资本、公共产品和制度的语言[J],经济研究,2008(2)。
[380] 张译方、金晓艳,国外维护语言安全的经验与启示[J],东北师大学报(哲学社会科学版),2014(6):141—145。
[381] 张志洲,加强国际政治话语权研究[N],人民日报,2016年1月11日第14版。
[382] 张治国,中国的关键外语探讨[J],外语教学与研究,2011(1):66—74。
[383] 张治国,中美语言教育政策比较研究[M],北京:北京大学出版社,2012。
[384] 张治国,中国周边国家通用语研究[J],外语教学与研究,2016(2):226—235。
[385] 张治国,语言安全分类及中国情况分析[J],云南师范大学学报(哲学社会科学版),2018,50(3):35—44。

[386] 赵蓉晖,国家安全视域的中国外语规划[J],云南师范大学学报(哲学社会科学版),2010(2):13—16。
[387] 赵世举,打造"语言武器"[N],中国教育报,2013年11月15日。
[388] 赵世举,全球竞争中的国家语言能力[J],中国社会科学,2015(3)。
[389] 赵世举,语言观的演进与国家语言战略的调适[J],长江学术,2010(3)。
[390] 赵世举,语言与国家[M],北京:商务印书馆,2015。
[391] 赵守辉、张东波,语言规划的国际化趋势:一个语言传播与竞争的新领域[J],外国语,2012(4):2—11。
[392] 赵宴群,对我国人文社会科学工作者在SSCI、A&HCI期刊发表论文的分析和思考[M],复旦教育论坛,2010(1):75—79。
[393] 赵远良、主父笑飞,非传统安全与中国外交新战略[M],北京:中国社会科学出版社,2011:29—30。
[394] 郑咏滟、高雪松,国际学术发表的语言生态研究——以中国人文社科学者发表为例[J],中国外语,2016(5):75—83。
[395] 周庆生,论我国少数民族双语教学模式转型[J],新疆师范大学学报(哲学社会科学版),2014(2)。
[396] 周庆生,语言规划发展及微观语言规划[J],北华大学学报(社会科学版),2010(6):20—27。
[397] 周庆生,中国"主体多样"语言政策的发展[J],新疆师范大学学报(哲学社会科学版),2013(2):32—44+4。
[398] 周晓梅,欧盟语言政策研究[M],昆明:云南大学出版社,2012。
[399] 朱峰,"非传统安全"解析[J],中国社会科学,2004(4):139—146。
[400] 朱剑,学术评价、学术期刊和学术国际化——对人文社会科学国际化热潮的冷思考[J],清华大学学报(哲社版),2009(5):26—137。
[401] 宗成庆,中文信息处理研究现状分析[J],语言战略研究,2016(6):19—26。

◀ 后　　记 ▶

　　这本专著从酝酿课题到申报获批,从课题研究到成果发表,从书稿修改到提交出版,前前后后共计10年时间,可谓是"十年磨一剑"。在过去10年中,书稿见证了我在语言安全与语言规划这一领域开疆拓土,探索前进的全过程。

　　近15年来,我主要从事语言安全与语言规划研究,始终致力于探索适用于中国语言国情的语言规划与政策理论范式和研究方法,揭示解决语言安全与语言规划领域诸多现实问题的路径与方法。回顾学术发展历程,我对这一领域的探索与认识经历三个阶段,这编织成了我的学术成长史。

　　第一阶段:探究外语教育规划与国家安全的关系(2006—2010)

　　2006年,我开始准备攻读比较教育学博士,在导师冯增俊教授和国内众多语言规划研究前辈学者的启发和指导下,我尝试从国际比较视角探究语言规划与国家安全的关系。首先,在对联合国教科文组织、亚太经合组织、美国和东亚国家和地区的外语教育规划价值取向进行系统比较与分析,我提出基于政策内容、过程与价值三个维度的外语教育政策分析框架。其次,2010年,我很幸运地获批教育部人文社科青年项目"外语教育政策价值的国际比较研究",并明确将语言安全作为国家外语教育规划的战略立足点进行国际比较考察;最后,在博士论文《东亚外语教育政策发展研究》中,我开始着眼从国家安全与发展维度探究外语教育规划的基本价值取向,该成果已由北京大学出版社于2012年正式出版,并获得第十一届上海市教育科学研究优秀成果三等奖(2016)。

第二阶段:构建国家语言安全规划的理论体系(2011—2018)

2011年,我作为高层次人才被引进到上海外国语大学语言研究院任专职研究员,兼任国家语委首家科研基地——中国外语战略研究中心副主任。在众多领导与前辈专家指导下,我继续从事语言安全与语言规划研究。记得2011年秋,一个偶然的机会,我从上外国关研究学者那里获知"非传统安全"这一跨学科的新概念,由此萌生了在非传统安全领域探究语言安全的研究设想。经过近半年时间的准备、选题酝酿并论证写作,我大胆尝试了开拓语言安全与语言规划这一新领域的研究计划。

2012年6月,我成功获批国家社科基金青年项目"非传统安全领域语言安全问题与语言规划研究"。根据研究计划,我立足非传统安全领域语言安全问题,探索构建国家语言安全规划的分析框架,面向"一带一路"建设、人类命运共同体建设和中国参与全球治理进程中的语言安全战略需求,从语言战略、国家外语能力建设和外语教育规划等维度提出理论概念体系和研究路径。在此期间,我还先后主持并完成上海市教育科学项目"语言安全视野下的外语教育战略比较研究"、国家语委重点项目"国家外语能力调查及公民外语能力提升策略研究"和"国家利益视野下的语言教育战略发展研究"等课题。这些课题的开展,在很大程度上丰富和拓展了我的学术视野。2016年,我有幸入选上海市"曙光学者"计划,成为当年唯一入选的语言学研究者,这是对我继续进行语言安全规划研究的重大激励。在2017年出版的专著《外语教育政策价值取向的国际比较研究》中,我提出国家外语教育规划的核心要义是寻求国家语言安全的战略价值取向。

第三阶段：拓展国家语言安全规划的应用领域(2019—至今)

2019年，我在同济大学各级领导与专家支持鼓励下，成立语言规划与全球治理研究中心。该中心依托同济大学在大数据平台以及作为理工科大学的学科交叉优势，开展实证数据驱动的语言安全研究，拓展语言安全规划在数字人文领域中的应用。近3年来，我先后主持国家社科基金一般项目、中国外文局及教育部语合中心课题3项，聚焦语言安全规划视域下的国家语言能力评价指标体系、"一带一路"非通用语种人才培养现状和世界各国中文教育状况调查，将语言安全理论运用到实践中，为构建中国特色的语言安全理论与实践体系而不懈努力。

本书是我近10年来在语言安全与语言规划领域理论研究成果，试图从学科发展、理论演进与范式构建等多层面探讨语言安全规划这一新课题，不仅论证了国家语言安全这一交叉学科研究的必要性与合理性，同时也提出了拓展这一领域研究的途径与方法，希望本书对国内学界开展语言安全研究能有所裨益，更希望本书能够消除国内学界对语言安全研究的错误认识，澄清误解，加深理解，融合分歧，一同致力于探索语言研究服务总体国家安全的学术事业。

本书写作过程中，得到了众多领导、专家与同行的关心与支持，在此一并表示感谢。他们是：北京语言大学李宇明教授、北京外国语大学王克非教授和文秋芳教授、浙江大学刘海涛教授、复旦大学郑咏滟教授、武汉大学赵世举教授、南京大学陈新仁教授、同济大学吕培明教授、吴赟教授和门洪华教授、东南大学陈美华教授、安徽大学朱跃教授、合肥工业大学张四红教授、上海外国语大学曹德明教授、姜锋教授、陈坚林教授、杨波教授、王雪梅教授、上海海事大学蔡永良教授和张治国教授等。

本书第五章"语言安全规划的国际比较"由我与研究生合作发表的论文修改而成，同学们在写作过程中提供了宝贵的资料与数据。同时,在本书修改过程中,我的博士生赵丹对书稿进行了校对工作,并对书中图表进行了统一规范。在此对这些同学的劳动表示感谢!

最后,本书能够顺利出版,还需要感谢复旦大学出版社外语分社唐敏女士的鼎力支持。是为记!

沈　骑

2021年10月10日　于同济大学汇文楼

2022年8月20日　修订于同济大学同文楼

图书在版编目(CIP)数据

语言安全与语言规划研究/沈骑著.—上海:复旦大学出版社,2022.8
(语言规划与全球治理丛书/沈骑总主编)
ISBN 978-7-309-16305-6

Ⅰ.①语… Ⅱ.①沈… Ⅲ.①语言规划-研究 Ⅳ.①H002

中国版本图书馆 CIP 数据核字(2022)第 131734 号

语言安全与语言规划研究
沈 骑 著
责任编辑/唐 敏

复旦大学出版社有限公司出版发行
上海市国权路 579 号 邮编:200433
网址:fupnet@fudanpress.com http://www.fudanpress.com
门市零售:86-21-65102580 团体订购:86-21-65104505
出版部电话:86-21-65642845
上海新艺印刷有限公司

开本 890×1240 1/32 印张 11.375 字数 285 千
2022 年 8 月第 1 版
2022 年 8 月第 1 版第 1 次印刷

ISBN 978-7-309-16305-6/H·3181
定价:48.00 元

如有印装质量问题,请向复旦大学出版社有限公司出版部调换。
版权所有 侵权必究